Karen Gloy

Philosophiegeschichte der Zeit

Karen Gloy

# Philosophiegeschichte der Zeit

Wilhelm Fink

Herrn cand. phil. Marius Mosimann sei herzlich gedankt
für seine akkurate Mitarbeit und Redaktion der Arbeit.

Bibliografische Information der Deutschen Nationalbibliothek

Die Deutsche Nationalbibliothek verzeichnet diese Publikation in der Deutschen Nationalbibliografie; detaillierte bibliografische Daten sind im Internet über http://dnb.d-nb.de abrufbar.

Alle Rechte, auch die des auszugsweisen Nachdrucks, der fotomechanischen Wiedergabe und der Übersetzung, sind vorbehalten. Dies betrifft auch die Vervielfältigung und Übertragung einzelner Textabschnitte, Zeichnungen oder Bilder durch alle Verfahren wie Speicherung und Übertragung auf Papier, Transparente, Filme, Bänder, Platten und andere Medien, soweit es nicht §§ 53 und 54 URG ausdrücklich gestatten.

© 2008 Wilhelm Fink Verlag, München
(Wilhelm Fink GmbH & Co. Verlags-KG, Jühenplatz 1, D-33098 Paderborn)

Internet: www.fink.de

Einbandgestaltung: Evelyn Ziegler, München
Herstellung: Ferdinand Schöningh GmbH & Co. KG, Paderborn

ISBN 978-3-7705-4671-8

zeichnet seinen Lehrer Döblin

HRE 1890

*Gra*

# Neue Rundscha

BEGRÜNDET VON S. FISCHER IM

# Inhaltsverzeichnis

I. Einleitung .................................................... 7

II. Die Zeitvorstellung der Vorsokratiker und ihre Konfrontation
    mit anderen Zeittypen ................................... 15

III. Platons Zeittheorie ........................................ 37

IV. Die Zeitgestalt des Jetzt bei Aristoteles.................... 59

V. Die Struktur der Zeit in Plotins Zeittheorie................. 73

VI. Die Struktur der Augustinischen Zeittheorie im XI. Buch
    der *Confessiones* ........................................ 97

VII. Newtons Zeittheorie und ihre Rezeption bei Kant .......... 123

VIII. Das Verhältnis von Zeit, Raum und Bewegung bei Kant ..... 139

IX. Husserls Zeittheorie ..................................... 159

X. Heideggers Zeittheorie.................................... 179

Literaturhinweise zu den einzelnen Kapiteln ................... 195

# I.

# Einleitung

Reflexionen über Zeit begleiten das philosophische Nachdenken seit seinen Anfängen. Schon das prä-philosophische, mythologische Weltverständnis operiert mit bewußten Zeitvorstellungen, freilich nicht abstraktiv, sondern so, wie sie in symbolischen Handlungen, Riten, Kulten, Sitten und Gebräuchen konkretisiert sind. Auch das vorwissenschaftliche, alltägliche Leben und Handeln ist geleitet von Zeitvorstellungen unterschiedlichster Art, die in das Verhalten des Einzelnen wie der Gemeinschaft eingehen und deren Rhythmen bestimmen. Zeit ist ein Grundfaktor des Lebens, der in diversen Formen, Spielarten und Modifikationen dem Leben und Denken zugrunde liegt.

Die erste zusammenhängende Zeittheorie im Rahmen der europäischen Geistes- und Kulturgeschichte ist die Platonische, wie sie in Platons Spätdialog, dem *Timaios*, exponiert und in den Dialogen *Parmenides* und *Politikos* ergänzt und modifiziert wird. So komprimiert und defizitär die Ausführungen sein mögen, so sind sie doch zum Ausgangspunkt der weiteren Tradition geworden, die sich positiv oder negativ auf sie bezieht, d.h. entweder so, daß sie die platonischen Vorstellungen aufgreift und ausbaut, eventuell auch modifiziert, oder so, daß sie sich kritisch und polemisch gegen sie richtet und ihr andere Theorien opponiert. Die Bezugnahme ist selbst dort noch spürbar, wo der Traditionszusammenhang verlassen wird und neue Themen auf den Plan kommen.

In Platons Theorie sind wie in einem Knoten drei Problemkomplexe verschlungen, die die weitere Tradition auseinanderlegt. Es überrascht daher nicht, daß sie wie ein Leitfaden die weitere Auseinandersetzung durchziehen und in ihr ihre Explikation finden. Es sind die folgenden:

1. In *Timaios* 37 c wird die Zeit definiert als Abbild des Äon (Ewigkeit), genauerhin als bewegtes, in Zahlen fortschreitendes, Kreise beschreibendes Abbild des im Einen verharrenden Äon (Ewigen). Dadurch daß Zeit und Ewigkeit nicht einfach getrennt angesetzt, sondern in eine Abbildfunktion und damit Ähnlichkeitsbeziehung gebracht werden – zwar ist das Abbild dem Urbild nicht total konform, wohl aber ihm ähnlich –, wird ein Thema angesprochen, das sich für die weitere Tradition als von ungeheurer Relevanz erweist. Zugleich wird es in spezifischer Weise gedeutet, indem zwei Zeitbegriffe aufgestellt werden, ein rein zeitlicher und ein ewiger, zeitenthobener. Hinzu kommt, daß Platon bezüglich der Zeitauffassung Unterschiede eruiert wie Teile und Aspekte der Zeit, von denen die ersten quantitativer Art sind und das Zeitschema konstituieren, die anderen qualitativer Art und die Zeitmodi der Vergangenheit, Gegenwart und Zukunft ausmachen. Das hier von Platon angeschnittene Problem betrifft die Frage der Quantifizierbarkeit und der Modalität der Zeit.

2. Des weiteren enthält der *Timaios* einen Mythos. Er berichtet, daß der göttliche Demiurg bei der Welterschaffung, nachdem er aus der amorphen Materie im Blick auf die vorgegebenen Ideen den Kosmos geformt habe, diesen mit Wohlgefallen betrachtete als ein Schmuckstück der ewigen Götter und ihm zum Zwecke noch größerer Ähnlichkeit mit dem Vorbild die Zeit verlieh. Dadurch daß die dem Kosmos zukommende Zeit als Abbild des Äon statuiert wird, stellt sich die Frage nach der Beziehung der Zeit einerseits zum sinnlich wahrnehmbaren Kosmos und seiner Materie, andererseits zum ideellen Kosmos, dem Ideen- oder Begriffsbereich und seiner Ewigkeit. Sind Zeit und Kosmos identisch oder ist die Zeit eine Eigenschaft am beweglichen Kosmos? In welchem Verhältnis steht die Zeit zum räumlich extendierten, bewegten Kosmos? Anvisiert wird hier erstmals das theoretische Verhältnis von Zeit, Bewegung und Raum bzw. Materie.

3. Das dritte Spezifikum ist die kosmologische Fundierung der Zeit, indem sie an die Planetenbewegungen, letztlich an die Himmelsrotation gebunden wird. Dadurch tritt sie als reales, objektives Geschehen auf, das einen Grundsachverhalt der Realität ausmacht. Andererseits jedoch hat die Zeit eine genuine Beziehung zur Seele – zunächst zur Weltseele, an der die Einzelseelen partizipieren – dergestalt, daß die Planetenumschwünge, -geschwindigkeiten und -verhältnisse intelligierbar sind. Nach platonischer Auffassung sind sie aber nicht nur epistemologisch, sondern auch ontologisch in der Weltseele und vermittels dieser in den Einzelseelen begründet. Platon nennt die Planeten aufgrund ihrer kreisförmigen, ebenmäßigen Bewegung Vernunftwesen, die sogar vernünftiger sind als die Menschen mit ihren heterogenen, diffusen Bewegungen. Mit Platon beginnt das Problem der Realität oder Idealität, der Objektivität oder Subjektivität der Zeit, d.h. die Frage nach ihrer Existenzweise außerhalb des Subjekts in der realen Welt oder innerhalb des Subjekts.

Alle diese Probleme sind Ausgangspunkt und Grundlage einer weitreichenden Tradition und kritischen Auseinandersetzung geworden.

So hat das letztgenannte Problem eine Entwicklung zunehmender Subjektivation erfahren. Wurde der Zusammenhang von Zeit und Seele bei Platon nur erst angedeutet und im Sinne einer Konstitution der Welt und mit ihr der Weltzeit durch die Seele supponiert, so tritt er bei Aristoteles bereits schärfer heraus, indem in seiner berühmten Definition die Zeit als Zahl der Bewegung hinsichtlich ihres Früher und Später definiert wird, was die Aktualität der zählenden Seele voraussetzt. Schon hier stellt sich das Problem, ob die Zeit überhaupt ohne Seele möglich sei oder diese stets zu ihrer Voraussetzung habe. Da Aristoteles zudem auf die Notwendigkeit äußerer Bewegung zum Zeitverständnis zu verzichten scheint, weil wir auch bei geschlossenen Augen und bei Fehlen äußerer Eindrücke aufgrund innerer Bewegung Zeit in uns wahrnehmen, bahnt sich hier eine Verlagerung der Zeit aus der objektiven Welt in das Subjekt an sowie eine stärkere Akzentuierung des subjektiven Charakters der Zeit, allerdings bleibt die Aristotelische Theorie ambivalent.

Entschiedener als Aristoteles vollzieht Plotin den Schritt zur Entkosmologisierung der Zeit und zu ihrer Psychologisierung, indem er die Zeit zur Existenzweise und Auftrittsform der Seele erklärt. Freilich bleibt auch bei ihm die Zeit noch Konstitutionsprinzip des sinnlichen Kosmos und damit in ihrer Beziehung zur Realität erhalten.

Ist Zeit bei Plotin noch die Daseinsweise des Subjekts, wie auch andere Dinge ihr Dasein in der Zeit haben, so wird sie bei Augustin zur Vorstellung im Subjekt. Aufgrund ontologischer Aporien transferiert Augustin die Zeit ins Subjekt, wo sie als Zeitvorstellung auftritt. Damit ist der Schritt in den neuzeitlichen Subjektivismus vollzogen und eine Position erreicht, die sich in Kants transzendentalphilosophischem Ansatz epistemologisch vollendet, indem die subjektiven Bedingungen möglicher Zeiterfahrung zugleich objektkonstituierende Funktion haben, d.h. überhaupt erst das Zeitobjekt hervorbringen, das nun nicht mehr reales Ding an sich, sondern Erscheinung von etwas ist. In Husserls transzendental-phänomenologischem Ansatz mit seiner bewußtseinstheoretischen und psychologischen Analyse des immanenten Zeitflusses (Zeitbewußtseins) nach seinen beiden Seiten, der noetischen und noematischen, wie er sich in den Vorlesungen *Zur Phänomenologie des inneren Zeitbewußtseins* findet, kommt diese Position zu ihrem Abschluß und zu ihrer Vollendung. Auch in den nachhusserlschen Zeittheorien, in Heideggers Zeitanalysen in *Sein und Zeit* und in Bergsons Analyse der *durée*, die auf Anschauung basiert, wird sie nicht verlassen.

Nicht nur in der Philosophie, sondern auch in den strengen Naturwissenschaften wie der Physik setzt sich die Überzeugung durch, daß die Zeit lediglich ein subjektives menschliches Interpretament einer andersgearteten Welt darstelle. So sieht Boltzmann in der Zeitrichtung auf die Zukunft, die wir durch einen Zeitpfeil wiederzugeben pflegen, eine rein subjektivistische Interpretation. Wie es im Raum kein Oben und Unten gibt, so gibt es auch bezüglich der Zeit keine Auszeichnung nach Zukunft und Vergangenheit, vielmehr sind diese menschliche, subjektive Setzungen.

Neben der erkenntnistheoretischen und erkenntniskritischen Tendenz zur Subjektivierung der Zeit, wie sie sich in der Diskussion zur Neuzeit hin durchsetzt, hat es stets auch gegenstrebige Tendenzen zur Objektivierung gegeben, insbesondere in den exakten Naturwissenschaften, der Physik, Kosmologie, Chemie, Biologie usw. Den meisten Physikern wird immer unverständlich bleiben, warum die Zeit, auf der die sukzessiven natürlichen und historischen Prozesse beruhen, nicht objektiv real, sondern eine bloße Vorstellung oder Vorstellungsform des Subjekts sein solle. Sie halten dies für ein Hirngespinst und Phantasieprodukt. Verwiesen wird insbesondere auf den zweiten Hauptsatz der Thermodynamik mit der Annahme eines Entropiezuwachses, aber auch auf die aus der Biologie stammende gegenteilige Vorstellung der Zunahme komplexer und komplizierter Formen und Gestalten, wie sie die Entwicklung vom Einzeller zu hochkomplexen Vielzellern zeigt. Und ebenso wie die Big Bang-Theorie in der Astronomie in Anspruch genommen wird für Einlinearigkeit, da sie vom Urknall ausgeht, auf den ein räumlich wie zeitlich expandierendes Universum folgt, so muß die biologische Uhr, die innere zirkadiane Uhr im Menschen, herhalten, um den einlinearen Ablauf des Lebens- und Alterungsprozesses zu erklären, der auf ein Ende, den Tod, zusteuert.

Der Streit um die subjektive oder objektive Auffassung der Zeit ist heute so unentschieden wie einst.

Der zweite von Platon anvisierte Problemkomplex, der das Verhältnis Zeit – Bewegung – Raum betrifft, ist nicht minder geschichtsträchtig; denn wo immer Zeit erfahren und begriffen wird, bedarf es einer Projektion auf den Raum, und wo immer Raum erfahren und durchmessen wird, wird auch Zeit durchmessen. Ein Tagesritt bezeichnet gleicherweise eine räumliche Entfernung wie die dazu benötigte Zeit. Beides geht Hand in Hand.

Die philosophische Reflexion hat respektive dieser Beziehung eine Alternative aufgestellt, die die gesamte Tradition durchzieht und auf die Entscheidung hinausläuft, ob Zeit und Raum gleichwertig, einander ebenbürtig sind oder die eine Form der anderen übergeordnet ist und die andere von der ersten abhängig. Ersteres läuft auf eine Wechselimplikation und Interdependenz hinaus, letzteres auf die Möglichkeit einer isolierten Darstellung einer der beiden Formen und die Abhängigkeit der anderen.

Ein Primat der Zeit vor dem Raum und der Materie zeichnet sich bei Platon ab; denn im Rahmen seiner Abbildtheorie, die außer dem Vorbild ein Medium für die Abbildung voraussetzt, das selbst ungeformt und ungestaltet sein muß, um Gestalt überhaupt aufnehmen zu können, gilt ihm der Raum bzw. die Materie als bloßes Medium der Darstellung des Vorbildes. Als unbestimmt, aber allempfänglich und bestimmbar ist ihm der Raum *receptaculum*, während die Zeit das Abgebildete ist und damit dasjenige, was die Ähnlichkeit zum Vorbild ausdrückt. Zum Zwecke sachlicher Unterscheidung desjenigen, was die Ähnlichkeit bedingt, und desjenigen, was die Unähnlichkeit ausmacht, hat Wittgenstein die terminologische Distinktion von ‚Form der Abbildung' und ‚Form der Darstellung' geprägt, wobei die erstere die Ähnlichkeitsbeziehung ausdrückt, die zweite die mit dem Medium gegebene Unähnlichkeit.

In seiner Platon-Kritik und -Polemik hat Aristoteles diese metaphysische Zeit-, Bewegungs- und Raumkonzeption fallengelassen und statt dessen lediglich das mathematische Verhältnis von Zeit und Raum zueinander und zur Bewegung diskutiert. In einer bestimmten Zeit wird stets ein bestimmtes Raumstück durchlaufen, und umgekehrt setzt die Durchquerung eines bestimmten Raumstückes eine bestimmte Zeit voraus, so daß hier ein Wechselverhältnis besteht.

Ihren wohl prägnantesten Ausdruck findet die Gleichrangigkeit von Zeit und Raum in Newtons Konzeption eines Weltkoordinatensystems, das Raum und Zeit als zwei unendliche Weltschachteln vorstellt, in die alle Ereignisse integrierbar sind. Kritisch fortgesetzt hat diese Konzeption Kant, wenn er Zeit und Raum als apriorische Anschauungsformen bestimmt, nicht mehr zwar als reale Gefäße, sondern als Erkenntnis- bzw. Anschauungsformen. Die Zeit ist die Form des inneren Sinnes, der Raum die Form der äußeren Sinne. Gleichwohl bleibt auch bei ihm der Einfluß der platonischen Konzeption noch insofern spürbar, als nach seiner Dissertation die Zeit vor dem Raum ausgezeichnet ist und nach der ersten Auflage der *Kritik der reinen Vernunft* von 1781 die Zeit als Form *aller* Erscheinungen überhaupt fungiert, der inneren wie der äußeren, der Raum hingegen nur als Form der *äußeren*

Erscheinungen. Der Primat der Zeit vor dem Raum wird hier durch ihre größere Universalität gerechtfertigt. Erst in der zweiten Auflage von 1787, nach Erscheinen der *Metaphysischen Anfangsgründe der Naturwissenschaft* von 1786 und der in ihr erfolgten Auseinandersetzung mit der Bewegung, macht Kant die Unterordnung des Raumes unter die Zeit rückgängig, derart daß er in der „Allgemeinen Anmerkung zum System der Grundsätze" (B 288 ff), in der „Widerlegung des Idealismus" (B 274 ff), in dem Zusatz zur Ästhetik (B 66 ff) sowie in einer Anmerkung zur Vorrede der zweiten Auflage (B XXXIX f) die notwendige Dependenz der Zeit und des Zeitlichen vom Raum und Räumlichen zeigt und damit die gleiche Universalität und Interdependenz für beide nachweist.

In der speziellen Relativitätstheorie hat die Zusammengehörigkeit von Zeit und Raum ihren Ausdruck darin gefunden, daß die Zeit als vierte Dimension dem dreidimensionalen räumlichen Koordinatensystem angefügt wird.

Der andere Traditionsstrang spielt die Zeit gegen den Raum aus, indem er sie nicht nur zu einem fundamentalen Begriff, sondern auch zu einem eigenständigen *genus sui generis* erklärt. Hierher gehören in der Moderne die Phänomenologen und Existentialisten wie Husserl, Heidegger, Bergson, Merleau-Ponty und andere. Für sie ist die Zeit die Fundamentalkategorie des Daseins, die auf ihre Originalität hin zu untersuchen ist. Aus einer Opposition und Kritik an der verräumlichten Zeit und ihrer Quantifizierung, d.h. ihrer punktualistischen, mengentheoretischen Auffassung ist Bergsons Begriff der *durée* erwachsen, die eine rein extensionale Präsenz bezeichnet, die im qualitativen, nicht im quantitativen Sinne gemeint ist.

Wenn es auch eine Reihe von Beobachtungen gibt, die den Raum gegenüber der Zeit als primäre Form auszuzeichnen scheinen und zu Theorien führen, die unsere Begriffe zunächst an der räumlich-dinglichen Außenwelt entwickeln und von dort auf die abstrakteren Zeitverhältnisse der Bewußtseinssphäre übertragen, gibt es doch auch umgekehrte Versuche wie den von Heidegger in *Sein und Zeit* unternommen, der unsere Begrifflichkeit aus dem In-der-Welt-Sein des Daseins ableitet und das räumliche In-Sein als derivativ und sekundär erweist.

Was den dritten von Platon inaugurierten Themenkomplex betrifft, die Frage nach unterschiedlichen Zeitmomenten und ihrem Verhältnis zueinander, so zeichnet sich in der Geschichte der Philosophie und der Naturwissenschaften eine zunehmende Einschränkung und Reduktion der ursprünglichen Vielfalt von Vorstellungen ab. Die Entwicklung der Naturwissenschaften zielt auf einen einzigen, exakten, präzisen mathematischen Zeitbegriff.

Um die Erklärung der ursprünglichen, fundamentalen Zeitvorstellung konkurrieren zwei Modelle, das mathematisch-quantitative und das modal-qualitative. Bei dem ersten handelt es sich um eines der Konstanz und Permanenz, bei dem zweiten um eines der Veränderung, des Wandels. Immer schon wurde die Zeit in Verbindung gebracht oder zurückgeführt auf das Fließen, das Entstehen und Vergehen, das Werden, griechisch = γίγνεσθαι. An ihm lassen sich zwei Momente unterscheiden, zum einen das rein sukzessive Nacheinander einzelner Elemente, das auf Vielheit und Differenz weist, zum anderen die Beharrlichkeit und Dauer des Werdens, die ständige Wiederholung des Gleichen, wie Kant zu sagen pflegt, die beharrliche

Form der Sukzession, die auf Identität und Konstanz deutet. Berühmt geworden ist Kants Ausspruch, daß die Zeit selbst nicht fließt, sondern nur die Erscheinungen in ihr: „Die Zeit verläuft sich nicht, sondern in ihr verläuft sich das Dasein des Wandelbaren."[1] Die Zeit selbst ist unwandelbar und bleibend. Im Zeitfluß vereinen sich daher Vielheit und Einheit, Differenz und Identität, Wandel und Unwandelbarkeit. Seit McTaggart pflegt man die beiden Zeitaspekte zu unterscheiden als A- und B-Reihe, wobei die erstere die Zeitmodi des Vergangenen, Gegenwärtigen und Zukünftigen bezeichnet, die in ständigem Übergang begriffen sind, und die zweite die Gleichbleibendheit der Ordnung, des Früher-, Später- und Gleichzeitigseins, die sich in und mit der Zeit durchhalten. Nach der ersteren Annahme sind die Ereignisse und Daten exklusiv entweder vergangen, gegenwärtig oder zukünftig, nach der zweiten halten sich die Relationen konstant durch, gleichgültig, ob sie in die Zukunft, in die Gegenwart oder in die Vergangenheit fallen. Denn was einmal früher ist als ein Späteres, bleibt es durchgängig durch die Zeitmodi hindurch, so auch im entgegengesetzten Fall. Unangesehen der modalen Unterschiede gehen die letzteren Bestimmungen durch alles hindurch.

Hermann Schmitz unterscheidet in seinem *System der Philosophie*[2] zwischen existentieller Modalzeit und mathematischer Lagezeit und lagezeitlichen Bestimmungen, wodurch bereits angedeutet wird, daß die letzteren eine zeitlose bzw. zeitlich-durchgängige Ordnung ausmachen, die independent von Vergangenheit, Gegenwart und Zukunft ist.

Immer wieder taucht in der Geschichte die Frage auf, ob beide Modelle irreduzibel seien oder sich eines auf das andere reduzieren lasse. Insbesondere interessiert die Frage, ob die Lagezeit und ihre Konstanz independent ist von der Modalzeit und deren Übergehen. Daß es sich so verhält, liegt in dem Hinweis auf den ausschließlichen Gebrauch lagezeitlicher Bestimmungen in der Physik begründet beim Ansatz von Naturgesetzen, bei denen die Modalzeit keine oder kaum eine Rolle spielt; denn die Gesetze gelten durchgehend für die Vergangenheit, Gegenwart und Zukunft und sind zudem reversibel. In der Physik begegnet nur die verräumlichte, sozusagen entzeitliche Zeit, so daß verständlich wird, daß sich die Lagezeit nicht aus der Modalzeit gewinnen läßt. Andererseits läßt sich die Modalzeit nicht aus lagezeitlichen Bestimmungen deduzieren oder auf solche reduzieren. Das modalzeitliche System mit dem ständigen Übergang von Zukünftigem in Gegenwärtiges und Vergangenes ist aus dem System gleichbleibender Form nicht zu erklären. Bei jedem Reduktionsversuch modalzeitlicher auf lagezeitliche Bestimmungen bleibt die Gegenwart als irreduzibles Element bestehen.

Während sich die Physik vorzüglich auf die verräumlichte, quantifizierbare mathematische Zeitvorstellung kapriziert, hat die Psychologie und die ihr zugrundeliegende Lebenserfahrung eine Fülle von Zeitbegriffen, -vorstellungen und -erlebnissen eruiert, wie Zeitdehnung, Zeitraffung, Zeitreduplikation, Déjà-vu-Erlebnisse, das nunc stans usw., die sich empirisch erforschen lassen. Auch andere empirische

---

1 I. Kant: *Kritik der reinen Vernunft*, A 143 B 183.
2 Bd. 1 ff, Bonn 1964 ff, bes. Bd. 3.1, S. 20 ff.

Wissenschaften wie Ethnologie und Sprachwissenschaft haben zur Entdeckung einer Vielzahl heterogener Zeitbegriffe und Zeitgestalten beigetragen, durch die sich Völker, Kulturen und Religionen unterscheiden und die heute vermehrt ins Zentrum des Interesses rücken.[3]

Der vorliegende Band vereint ursprünglich selbständig entstandene Beiträge zu historischen Zeitpositionen, versucht jedoch, sie durch Überarbeitung in eine einheitliche Geschichte zu integrieren und sie als Abfolge darzustellen, die aus Kritik und Weiterentwicklung entspringt.

---

3 Vgl. K. Gloy: *Zeit*. Eine Morphologie, Freiburg, München 2006.

―――――― II. ――――――

# Die Zeitvorstellung der Vorsokratiker und ihre Konfrontation mit anderen Zeittypen

## 1. Die drei Zeittypen

Wir alle wissen, was Zeit ist, zumindest meinen wir zu wissen, was Zeit ist. Wir können Ereignisse und Abläufe nur dann identifizieren und hinsichtlich ihres Eintritts und ihrer Dauer bestimmen, wenn wir sie in die Zeit, ebenso in den Raum einordnen und auf unseren jeweiligen momentanen Standpunkt beziehen. Von diesem aus werfen wir, einem Gradnetz gleich, die modalen Aspekte von Gegenwart, Vergangenheit und Zukunft sowie die lagezeitlichen von Vorgängigkeit, Nachfolgendheit und Gleichzeitigkeit über die Dinge, um sie in ihren Verhältnissen zu bestimmen, wobei in der Erinnerung ferne Zeiten oder in der Vorausschau weit zukünftige sich abstandmäßig zunehmend verkürzen.

Auf unserer alltäglichen Zeiterfahrung, die stets vage und individuell ist, basiert die wissenschaftliche, die idealisierend und präzisierend sowie allgemeinverbindlich von einer einzigen, allumfassenden, unendlich homogenen und kontinuierlichen Zeitvorstellung ausgeht, welche einsinnig von der Vergangenheit über die Gegenwart in die Zukunft gerichtet ist. Sie nimmt die Gesamtheit der Gegebenheiten der Welt in sich auf und ordnet sie hinsichtlich ihrer Stellung und ihres Verhältnisses zueinander. Wie Newton sich den Raum als eine unendlich große Weltschachtel vorstellte, die alle räumlichen Dinge in sich aufzunehmen qualifiziert war, so stellte er sich die Zeit als einen unendlich großen ewigen Zeitfluß vor, der alle zeitlichen Dinge in sich enthalten sollte. Die Einsteinsche Relativitätstheorie hat uns belehrt, daß die Vorstellung einer einzigen unendlichen Zeit eine Idealvorstellung ist, eine Hypothese, und die tatsächliche Zeitordnung von Früher, Später und Gleichzeitigkeit vom jeweiligen Bezugssystem abhängt. Das Beispiel zweier simultan abgefeuerter Schüsse demonstriert, daß sie nur von einem entfernungsmäßig in der Mitte von ihren Standorten befindlichen Beobachter gleichzeitig wahrgenommen werden, während sie bei sehr schneller Bewegung des Beobachters in Richtung auf den einen nacheinander konstatiert werden. Wie bei der perspektivischen Raumwahrnehmung alle Dinge vom Standpunkt des Betrachters dependieren und Form, Größe, Stellung und Verhältnis zueinander mit der Änderung desselben wechseln, so dependieren auch bei der relativistischen Zeitwahrnehmung alle Zeitverhältnisse vom Subjekt und von seinem Bezugssystem. Dem Perspektivismus des Raumes entspricht die Relativität der Zeit.

Aufgrund der nur dem Präzisions- und Exaktheitsgrad nach unterschiedenen, ansonsten gleichartigen alltäglichen und wissenschaftlichen Zeiterfahrung könnte sich der Schluß nahelegen, als sei die lineare, zukunftsgerichtete, relativistisch- bzw. perspektivistisch wahrzunehmende Zeit die natürliche, uns von Geburt mitgegebene.

Wie verhält es sich angesichts dessen mit der mythischen Zeitvorstellung, die den gesamten frühen archaischen Kulturen eigentümlich ist, nicht nur der altägyptischen, der mesopotamischen, der gesamten vorderorientalischen, sondern auch der frühgriechischen, der sogenannten vorsokratischen Kultur, die bis in die klassisch-philosophische Zeit eines Platon und Aristoteles hineinreicht und in Relikten bis heute in religiösen Praktiken überlebt hat. Ihr ist die einsinnig gerichtete, zukunftsorientierte Verlaufsform der Zeit fremd; sie kennt nur die in sich zurückkehrende Zeitrhythmik, das Auf und Ab, das Hin und Her, den ewigen Kreislauf der Dinge, dem eine zyklische Zeitstruktur zugrunde liegt, die sich im Bild des Kreises ausdrückt statt in dem die Linearform repräsentierenden Zeitpfeil. Es handelt sich bei dieser Zeitvorstellung um eine ständig wiederkehrende, aus polaren Gegensätzen gespeiste Form, genauer noch, um eine stehende, in sich bewegte, nicht aber fortschreitende Zeit.

Angesichts der Tatsache, daß diese Zeitvorstellung nicht nur bei archaischen Völkern auftritt, sondern ein Analogon bei Kindern, bei bestimmten Ethnien, sogenannten Naturvölkern, und bei Paranoiden hat, könnte sich die Meinung nahelegen, als handle es sich hier womöglich um eine Früh- oder Primitivform oder auch um einen dekadenten, defizitären Spätmodus.

Wie aber steht es dann mit der Tatsache, daß wir seit Anfang des 20. Jahrhunderts mit der Einführung der Quantentheorie durch Niels Bohr die einsinnig lineare Zeitvorstellung verabschieden mußten, nicht nur in der Physik, sondern auch in anderen Wissenschaftszweigen und der Kunst, und an deren Stelle die in jedem Augenblick sich aufspreizende, auffächernde Zeit zu setzen hatten, bei der der jeweilige Beobachter zwar nur den Zeitverlauf der auf seine Beobachtung oder Messung folgenden Ereignisse verfolgen kann, ein unterstellter Supertheoretiker aber alle Ereignisläufe gleichzeitig überblickt in einer Art visio beatifica, einer göttlichen Schau der Ewigkeit oder ubiquitären Zeitlichkeit.[1] Handelt es sich bei dieser Aufhebung der Zeit in Zeitlosigkeit bzw. in ewige Gegenwart um einen Rückfall in eine neue Primitivität, einen Rückfall auf die Stufe des archaisch-mythischen Zeitvorstellens, oder wegen der Multitemporalität um einen Fortschritt und eine Weiterentwicklung?

Angesichts des Tatbestandes von mindestens drei verschiedenen Zeittypen ist zu erwägen, ob genealogisch eine Bewußtseinsgeschichte der Menschheit mit Mutationen zu unterstellen ist, wie Jean Gebser[2] meint, oder ob es sich bei der uns ver-

---

[1] Um das Zeitmoment in dieser fortgeschrittenen Theorie des 20. Jahrhunderts hervorzuheben im Unterschied zur Atemporalität der frühen Vorstellungen des magisch-mythischen Zeitalters, spricht J. Gebser in *Ursprung und Gegenwart*, 3 Bde., Schaffhausen 1986, 2. Aufl. 1999, Bd. 1, S. 63 u.ö., von „Temporik" oder von „reiner Gegenwart", vgl. auch Bd. 2, S. 379 ff.

[2] Vgl. a.a.O., Bd. 1, S. 70 ff.

trauten Vorstellung vom Zeitfluß um eine anthropologische Konstante handelt, welche allen Menschen angeboren ist und bezüglich deren die anderen Zeitformen Modifikationen, sei es unter- oder überentwickelte, auf jeden Fall abnorme sind. Und schließlich gilt es auch in Betracht zu ziehen, ob es sich bei den genannten drei Zeittypen um kulturspezifische und kulturhistorische Erscheinungsweisen handelt. Es könnte ja sein, daß die Sinnesdaten gänzlich undeterminiert sind und erst durch die kognitive Verarbeitung die jeweilige Zeitstruktur erhalten (Gleiches würde für den Raum gelten). Da bekanntlich die kognitive Verarbeitung von Interessen, Wünschen, Absichten, ethnischen und geographischen Eigenheiten abhängt, könnte es sich bei den jeweiligen Zeitvorstellungen um kulturspezifische epistemische Verarbeitungsweisen eines an sich indifferenten Datenmaterials handeln. Diese Vermutung ließe sich dann stützen, wenn sich analoge Verhältnisse auch auf anderen Gebieten der Wissenschaft, Kunst, Religion, Sprache usw. finden. Man hätte es in diesem Fall nicht nur mit verschiedenen Zeittheorien mathematischer, physikalischer oder psychologischer Art zu tun, sondern mit Zeitparadigmen, die in die Richtung von Denkparadigmen oder, um mit Hans Leisegang[3] zu sprechen, von Denkformen zielen, d.h. von kulturell bedingten Welterschließungsweisen,[4] unterschiedlichen Deutungsmustern der Wirklichkeit also.

Um diese Frage beantworten zu können, sei zunächst von der zyklischen Zeitvorstellung der Vorsokratiker ausgegangen. Ihr sollen dann andere Zeittheorien konfrontiert werden, um von dort Rückschlüsse auf die ihnen jeweils zugrundeliegenden Denk- und Handlungsintentionen zu ziehen.

## 2. Die zyklische Zeitgestalt

*a) Historische Beispiele*

Um uns der mythischen Zeitvorstellung zu nähern, die von dem heute dominierenden Zeitverständnis der fließenden, von der Vergangenheit über die Gegenwart in die Zukunft reichenden Zeit so fremdartig erscheint und erst aus den Verschüttungen wieder freigelegt werden muß, sei von drei kosmologischen Beispielen aus der Vorsokratik ausgegangen: von Anaximandros, Heraklit und Empedokles.

Nach Fragment 12 B1 hat Anaximandros die Entstehung der Dinge aus dem ἄπειρον, dem quantitativ Unendlichen und qualitativ Unbestimmten, angenommen, in welches sie auch wieder zurückgehen (ἀρχὴν [...] εἴρηκε [...] τῶν ὄντων τὸ ἄπειρον [...] ἐξ ὧν δὲ ἡ γένεσίς ἐστι τοῖς οὖσι καὶ τὴν φθορὰν εἰς ταῦτα γίνεσθαι). Mit dem ἄπειρον dürfte sowohl in quantitativem Sinne das Unendliche

---

3 H. Leisegang: Denkformen, Berlin, Leipzig 1928
4 N. Goodman: *Ways of Worldmaking*, Indianapolis, Cambridge 1978 (dt. *Weisen der Welterzeugung*, Frankfurt a. M. 1990), spricht von „Worldmaking".

wie in qualitativem Sinne das unbestimmte gemeint sein, aus dem das unendlich viele Bestimmte hervorgeht.

Auch wenn explizit vom Seienden und nicht vom κόσμος oder κόσμοι (Welt oder Welten) die Rede ist, lässt sich hier das Seiende mit ‚Welt' identifizieren, zumal auch andere Fragmente ausdrücklich von einem Hervorgang der Welt bzw. vieler Welten (A9, A10, A14, A17) sprechen. Der Hervorgang mehrer Welten legt die Annahme nahe, daß es sich um eine Sukzession, eines periodischen Prozesses von Weltentstehung und Weltuntergang handelt, nicht um eine Simultaneität pluraler Welten.

Den Hervorgang selbst denkt sich Anaximandros nicht so sehr als qualitative Veränderung des an sich unveränderlichen ἄπειρον, vielmehr als Ausdifferenzierung von dessen immanenten Gegensätzen, und den gegenteiligen Prozeß des Untergangs als Indifferenzierung, als Aufhebung der Gegensätze.

Heraklit erklärt den immerwährenden Weltprozeß von Entstehen und Vergehen nicht auf der Grundlage des ἄπειρον, sondern auf der des Feuers, des sublimsten aller Elemente (22 B 30 κόσμον τόνδε, τὸν αὐτὸν ἁπάντων, οὔτε τις θεῶν οὔτε ἀνθρώπων ἐποίησεν, ἀλλ' ἦν ἀεὶ καὶ ἔστιν καὶ ἔσται πῦρ ἀείζωον, ἁπτόμενον μέτρα καὶ ἀποσβεννύμενον μέτρα), dem folglich als feinstofflichstem Element Logos-Struktur zukommt: Feuer wandelt sind in Meer, Meer in Erde, Erde zurück in Glut (B 31). Ob diese Umwandlung auf einer Verdichtung und Verdünnung, also einer quantitativen Veränderung, oder auf einer qualitativen beruht, bleibt unausgemacht. Den einen Weg nennt Heraklit den abwärts, den anderen den aufwärts und identifiziert beide (B 60 ὁδὸς ἄνω κάτω μία καὶ ὠυτή). Auch er unterstellt einen ständigen Wechsel von Weltentstehung und Weltuntergang, letzteren in Feuer (πῦρ), was die späteren Stoiker Weltbrand (ἐκπύρωσις) nannten.

Am ausführlichsten schildert Empedokles den zyklischen kosmischen Prozeß von Weltentstehung und Weltuntergang zwischen den Extremen von Sphairos und Akosmia, der totalen Vereinigung und Durchmischung aller heterogenen Elemente: Erde, Wasser, Luft und Feuer und dem Zustand ihrer totalen Auflösung und Trennung. Verantwortlich für die Assoziierung und Dissoziierung der Elemente sind die Elementarkräfte Liebe (φιλία) und Haß (νεῖκος), deren erstere Ursache der Kontraktion und Verbindung, der Harmonie und wechselseitigen Durchdringung aller Elemente ist und deren zweite Ursache der Trennung und Differenzierung (31 B 26), wobei die qualitativen Veränderungen auf quantitative Verhältnisse reduziert werden. Zwischen den Extremen, die möglicherweise als Urzustände zu denken sind, herrschen Zwischenstadien teilweiser Vereinigung, teilweiser Trennung, die unsere Welt kennzeichnen. Auch bei Empedokles erfolgt, zumindest nach Aristoteles' *Physik* I,4 (187 a24), der Vorgang periodisch, in ständiger Wiederkehr derselben Situationen.

Bei der Beurteilung der drei Fragmentegruppen und der in ihnen zum Ausdruck kommenden Zeitvorstellung ist zweierlei zu beachten:

1. Handelt es sich um authentische Zeugnisse der Vorsokratiker oder um die Wiedergabe von Autoren und Kommentatoren, die möglicherweise einer sehr viel späteren Epoche angehören und in deren Darstellung die Sichtweise eines generell

gewandelten Zeitbewußtseins eingeht? Gewiß ist dies der Fall in Fragment 22 B 65, in dem Heraklits These vom Feuer (πῦρ) als Grundelement der Weltentstehung und des Weltuntergangs im stoischen Sinne umgedeutet wird zum Weltbrand und Weltgericht (ἐκπύρωσις) entsprechend den Vorstellungen von Hippolyt von Rom und Clemens von Alexandrien.

2. Selbst im Falle authentischer Überlieferung ist zu erwägen, ob in den Fragmenten, die aus der Umbruchzeit des 6. und 5. vorchristlichen Jahrhunderts stammen, aus Phasen großer politischer, sozialer, religiöser und geistiger Umwälzungen, die man mit dem Titel von Nestles Werk als Übergang *Vom Mythos zum Logos* bezeichnen könnte, eine einheitliche Zeitvorstellung begegnet oder sich ein Wandel ankündigt insofern, als eine ältere, mythische Schicht überlagert wird von einer jüngeren, mentalen.

Bei der Analyse der vorsokratischen Fragmente besteht die Aufgabe darin, die ältere, mythische Schicht herauszuarbeiten.

Allen drei Fragmentgruppen gemeinsam ist die Vorstellung einer Weltentstehung und eines Weltuntergangs, sei es, daß dieser Prozeß von einem bestimmten zeitlichen Anfang seinen Ausgang nimmt oder sich immer schon in der Zeit periodisch vollzieht. Eine solche Vorstellung setzt jedoch eine unabhängig vom Prozeß bestehende linear gerichtete, homogene Zeit voraus entweder als schon vorhandenes Medium oder als Anschauungsform des Subjekts, in der der Prozeß betrachtet und nach seinen seriellen Abläufen bestimmt wird. Eine solche unabhängige Zeit als einheitliches Maß von iterativen Prozessen ist aber frühestens seit Aristoteles' Definition der Zeit als „Zahl der Bewegung hinsichtlich ihres Früher oder Später", d.h. als Maß, unter dem äußere wie innere Bewegungen bestimmt und gemessen werden können, denkbar.

Zudem wäre die These von einer selbständigen, vom Geschehen unabhängigen Zeit inkompatibel mit der These von der Entstehung und Vernichtung des Alls, wozu auch die Zeit gehört.

Wenn gleich es immer wieder Interpreten und Kommentatoren gibt, die an der Meinung einer zyklischen oder gar periodischen Welt*entwicklung* festhalten, eines Hervorgangs der Welt aus einem bestimmten Grundstoff und der Rückkehr in diesen nach Ablauf des Großen Jahres wie überhaupt an der These von reell abzählbaren Welten und zeitlichen Phasen im Ablauf des Geschehens, so haben doch andere, gerade auch jüngere Forscher darauf hingewiesen, daß es sich im Grunde gar nicht um einen zeitlichen Ablauf in unserem heutigen Verständnis handle, sondern um die Wiederkehr des Gleichen im Sinne der Beständigkeit des Wechsels der Erscheinungen, um den ständigen wechselseitigen Austausch, vergleichbar dem von Gold in Ware und von Ware in Gold.[5] Der „Weg hinauf" bei Heraklit ist eben derselbe wie der „Weg hinab", wobei hier die Identität für die Austauschbarkeit der Richtungen steht. Weltentstehung ist identisch mit Weltauflösung. Es geht im eigentlichen Sinne überhaupt nicht um *Kosmogonie*, sondern um *Kosmologie* und

---

5 Vgl. Heraklit, Fragment 22 B 90.

*Ontologie*, um die Beschreibung ewiger Gesetzmäßigkeiten des Seienden. So bestreitet Karl Reinhardt[6] im Gegensatz zu Olaf Gigon[7] und Felix M. Cleve[8] bei Heraklit die Annahme eines periodischen Wechsels und unterstellt einen kontinuierlichen innerkosmischen Prozeß,[9] bei dem die Aggregatszustände (τροπαί) nicht chronologisch aufeinanderfolgende Weltzustände sind, sondern gleichzeitige, gegenläufige und solcherart sich gleich bleibende Zustände von Entstehen und Vergehen, Erglimmen und Verlöschen.[10] In der älteren Sprache – so Reinhard[11] – bedeute der Weg bergauf bergab den Hin- und Herweg. Und Uvo Hölscher[12] meldet im Gegensatz zu Eduard Zeller[13], Johns Burnet[14] und Ettore Bignone[15] bei Empedokles Zweifel an einer Vier-Phasen-Theorie an, bestehend aus Sphairos, Differenzierung, Akosmia und Kontraktion. Vielmehr gehe es hier um „die höchst emphatische Verkündigung der Beständigkeit im Stoffwechsel und der ewigen Gleichheit im Gestaltenwandel der Natur"[16]. Nicht eine sukzessive, seriell abzählbare Phasenfolge des Weltgeschehens ist gemeint, sondern die Gleichursprünglichkeit von Entstehen und Vergehen, die Konstanz des Austauschprozesses (Stoffwechsels) im Rahmen eines sich immer gleichbleibenden Kosmos.

Was aber bedeutet dies für die Zeit?

---

6 K. Reinhardt: *Heraklits Lehre vom Feuer*, in: *Hermes*, Bd. 77 (1942), S. 1-27, bes. S. 15 ff; ders.: *Parmenides und die Geschichte der griechischen Philosophie*, 2. Aufl. Frankfurt a. M. 1959, S. 163 ff, bes. S. 181.

7 O. Gigon: *Untersuchungen zu Heraklit*, Leipzig 1935, S. 47 ff. Trotz Präferenz der Periodizität läßt Gigon auf S. 64 f die Frage, ob Kosmogonie oder Kosmologie (Entstehen oder dauerhafter Vorgang) vorliegt, offen; vgl. ders.: *Der Ursprung der griechischen Philosophie. Von Hesiod bis Parmenides*, Basel 1945, S. 207-224 (auch hier geht Gigon zwar von einem periodischen Wechsel aus, läßt aber bezüglich Fragment 22 B 90 die Möglichkeit eines endlosen Prozesses des Umschlagens zu (vgl. S. 211).

8 F. M. Cleve: *The Giants of Pre-sophistic Greek Philosophy*. An Attempt to Reconstruct their Thoughts, Bd. 1, 3. Aufl. The Hague 1973, S. 79 f.

9 K. Reinhardt: Heraklits *Lehre vom Feuer*, a.a.O., S. 17.

10 A.a.O., S. 15.

11 A.a.O., S. 19.

12 U. Hölscher: *Weltzeiten und Lebenszyklus*. Eine Nachprüfung der Empedokles-Doxographie, in: *Hermes*,
Bd. 93 (1965), S. 7-33 (jetzt auch: *Anfängliche Fragen*. Studien zur frühen griechischen Philosophie, Göttingen 1968, S. 173-212).

13 E. Zeller: *Die Philosophie der Griechen*, 1. Teil, 2. Abt.: *Allgemeine Einleitung. Vorsokratische Philosophie*, 2. Hälfte, 7. Aufl. Darmstadt 1963 (fotomechanischer Nachdruck der von W. Nestle hrsg. 6. Aufl., Leipzig 1920), S. 969 ff.

14 J. Burnet: *Die Anfänge der griechischen Philosophie* (*Early Greek Philosophy*), aus dem Englischen übersetzt von E. Schenkl, 2. Aufl. Leipzig, Berlin 1913, bes. S. 214 f.

15 E. Bignone: *Empedocle*. Studio critico, traduzione e commento delle testimonianze e dei frammenti, Turin 1916, S. 545 ff, bes. S. 548.

16 U. Hölscher: *Anfängliches Fragen*, a.a.O., S. 203.

*b) Struktur der Zeitzyklik*

1. Nimmt man die These von der Bindung der Zeit an den Kosmos, das All, und dessen internes Geschehen ernst, so führt das zu der Konsequenz, die Zeitform der Form des Kosmos anzupassen, und da der Kosmos als wohlgerundete Kugel vorgestellt wird, muß auch die Zeit als Zyklik gedacht werden. Zeit tritt hier – um einen Ausdruck Ernst Cassirers[17] zu gebrauchen – als „Zeitgestalt" auf, als geschlossene, intern gemäß dem Inhalt gegliederte und strukturierte Zeit, nicht als offene, lineare, unendliche, homogene und kontinuierliche Zeit.

Solche Zeitgestalten begegnen in allen rhythmischen Phänomenen, wie sie für den biologischen, den Lebens- und Naturbereich charakteristisch sind, so in den periodischen Schwingungen des Ein- und Ausatmens, im Pulsschlag, im Wechsel von Tag und Nacht, hell und dunkel, warm und kalt, im Sonnenaufgang und Sonnenuntergang, in den Jahreszeiten Frühling, Sommer, Herbst und Winter usw. Sie treten entweder als einfache Monozyklen AB – AB oder in erweiterter Form ABC – ABC oder als kompliziertere Polyzyklen von der Art ABCDA – AEFGA auf. Charakteristisch für alle Zeitgestalten ist die Bindung der Form an den Inhalt, der die spezifische Auftrittsweise und Internstruktur der Zeitgestalt bestimmt. Im Unterschied zur abstrakten, leeren, quantitativen Zeit handelt es sich hier um *konkrete, gefüllte, qualitativ gegeneinander abgegrenzte Zeitformationen.*

2. Ein Merkmal von Zeitgestalten ist ihre *Geschlossenheit, Einheit und Ganzheit*, der zufolge jeder Teil nicht nur Teil des Ganzen ist, sondern selbst das Ganze repräsentiert und ist. Im Anfang eines zyklischen Ablaufs ist bereits das Ende antizipiert sowie alle Durchgangsstadien; ebenso sind noch am Ende der Anfang und die Mitte sowie alle Zwischenstadien festgehalten, so daß es möglich ist, bei Abbruch das Ganze selbständig zu ergänzen. Husserl hat in der *Phänomenologie des inneren Zeitbewußtseins* eine Rekonstruktion solcher Zeitgestalten anhand der Melodie vorgenommen unter Verwendung der Begriffe von Urimpression, Protention und Retention einschließlich ihrer Schweife, d.h. von unmittelbarer Wahrnehmung, Antizipation des unmittelbar Bevorstehenden und Noch-im-Griffe-Haben des unmittelbar Vergangenen. Aufgrund dieses Ineinandergreifens läßt sich verständlich machen, daß eine Melodie wie das Kinderlied „Hänschen klein" bei plötzlichem Abbruch von jedermann komplettiert werden kann.

3. Sowenig die durchlaufenen Teile vergangene sind, sowenig sind die noch ausstehenden zukünftige. Vielmehr existieren alle gleichzeitig in *ewiger Präsenz*. Vergangenheit und Zukunft gibt es (noch) nicht. Sie koinzidieren in einer *Allgegenwart*. Aufgrund des Fehlens eines Zeitflusses im eigentlichen Sinne könnte man hier von einer *stehenden Bewegung* oder einem *in sich bewegten Stehen* sprechen, das ausschließlich intern aus der Spannung von Polaritäten, dem Auf und Ab, Hell und Dunkel usw., lebt.

---

[17] E. Cassirer: *Philosophie der symbolischen Formen*, Teil 2: *Das mythische Denken*, 8. unveränd. Aufl. Darmstadt 1987, S. 133.

Eine der genialsten Beschreibungen einer solchen Zeitgestalt hat Platon im *Timaios* und *Parmenides* gegeben, in deren erstem[18] er die Zeit als das (in sich) bewegte Abbild des im Einen verharrenden Ewigen bestimmt und in dessen letztem – in der zweiten Hypothese[19] – er die Zeitgestalt des Alls mittels der Begriffe des Älter-, Jünger- und Gleichaltseins mit sich beschreibt, welche gleichbedeutend sind mit ‚früher', ‚später' und ‚gleichzeitig mit'. Da es sich bei diesen um Relationsbegriffe handelt, ist das Ältere stets ein Älteres in bezug auf ein Jüngeres und umgekehrt das Jüngere stets ein Jüngeres in bezug auf ein Älteres. Angewandt auf das All, den Kosmos, und seine Selbstbezüglichkeit muß dasselbe, wenn es älter genannt wird als es selbst, auch jünger genannt werden als es selbst, und ebenso umgekehrt, wenn es jünger als es selbst genannt wird, auch älter als es selbst, mithin auch gleichalt mit sich selbst. Dieselbe Überlegung gilt nicht nur für das Älter-, Jünger- und Gleichalt-*Sein*, sondern auch für das entsprechende *Werden*.

Allerdings fügt Platon an der zitierten Stelle des *Timaios* einen Zusatz hinzu, indem er die Zeit als das in sich bewegte, *nach Zahl fortschreitende* (κατ' ἀριθμὸν ἰοῦσαν) Abbild des im Einen verharrenden Ewigen[20] beschreibt und damit die zyklische, in sich stehende Zeitgestalt in die linear gerichtete, unendlich offene einbeschreibt und so deren Umläufe oder Rhythmen, die an sich richtungslos sind, seriell abzählbar macht. Dieser Vorgang entspricht der Einordnung der mythischen Zeitauffassung in die spätere, mentale, die sich in der Vorsokratik anbahnt. Er dokumentiert den Übergang von der gestalttheoretischen zur reihentheoretischen Auffassung.

Bei den Mythographen, Logographen und Genealogen des 6. und 5. Jahrhunderts v. Chr. ist generell die Tendenz zur Genealogisierung und Chronologisierung konstatierbar, d.h. die Tendenz zur Umformung der mythischen Zeitvorstellung zur chronologischen Abfolge. Oft stellen sie auf Biegen und Brechen Stammbäume und Stammbaumsysteme auf, zunächst von einzelnen mythischen Geschlechtern, dann in immer größerem Umfang, um die Zeiträume zwischen Sagenwelt und Gegenwart zu überbrücken.[21] Herodot ist folgender aufschlußreicher Bericht zu verdanken:

„Als vordem der Geschichtsschreiber Hekataios in Theben seinen Stammbaum vorrechnete und die Herkunft seines Geschlechtes väterlicherseits auf einen Gott als sechzehnten Ahnherrn zurückführte, taten die Priester des Zeus mit ihm das gleiche, was sie auch mit mir getan haben, obwohl ich ihnen nichts von meinem Stammbaum gesagt habe: Sie führten in den gewaltigen Tempel und zeigten, sie herzählend, eine Reihe hölzerner Kolossalfiguren, so viele, wie ich oben angegeben habe. Denn jeder Oberpriester stellt dort bereits zu seinen Lebzeiten seine eigene Statue auf. Die Priester zählten und zeigten mir alle nacheinander zum Nachweis, daß immer der Sohn

---

18 Platon: *Timaios* 37d.
19 Platon: *Parmenides* 151e ff.
20 μένοντος αἰῶνος ἐν ἑνὶ κατ' ἀριθμὸν ἰοῦσαν αἰώνιον εἰκόνα.
21 Vgl. K. Hübner: *Die Wahrheit des Mythos*, München 1985, S. 144 ff.

dem Vater folgte. So gingen sie von dem Bild des zuletzt Verstorbenen alle der Reihe nach bis zum Anfang durch. Dem Hekataios aber, der seinen Stammbaum mit der Behauptung angegeben hatte, im sechzehnten Glied stamme er von einem Gott ab, wiesen sie ihrerseits die Geschlechter auf Grund der Zählung nach und nahmen ihm die Abstammung eines Menschen von einem Gott nicht ab. Ihre Gegenrechnung lautete so: Sie sagten, jeder der Kolosse bedeute einen Piromis, der von einem anderen Piromis abstamme, wobei sie im ganzen 345 solche Standbilder nachwiesen. Trotzdem aber führten sie diese weder auf einen Gott noch auf einen Heros zurück."[22]

4. Ein weiteres Merkmal der zyklischen Zeitgestalt ist ihre Funktion als ἀρχή oder αἰτία, als Paradigma für eine ständige Wiederholung.[23] Mit dieser ist jedoch nicht eine Wiederholung im üblichen Sinne als Nachahmung eines Vorbildes gemeint, ein Urbild-Abbildverhältnis, bei dem die Abbilder hinter dem Urbild graduell zurückbleiben, schwächer und defizienter werden. Und auch eine Wiederholung im Sinne einer ständigen Neuauflage ist nicht gemeint, die sich in der Zeit abspielt und seriell abzählen läßt, sondern gemeint ist eine Wieder-Holung im ursprünglichen Sinne, ein Zurückholen des Anfangs bzw. der Ursprungsdimension in die Gegenwart. Der mythisch in dieser Zeitvorstellung lebende Mensch bzw. jener, der sich in dieselbe hineinversetzt und in ihr versinkt, imitiert nicht nur das Urereignis, sondern vollzieht im Nachvollzug den ursprünglichen Vollzug. Für ihn gestaltet sich der Nachvollzug zum originären Handlungsvollzug. Wenn es nicht eine *contradictio in adiecto* wäre, müßte man hier von einer identischen Wiederholung sprechen, handelt es sich doch nicht um die unendliche Iteration derselben Grundstruktur in der Zeit, die mit fortlaufenden Indizes zu versehen ist, und damit um eine ständig, zumindest der Zeitstelle nach modifizierte Wiederholung, sondern um den gleichen Vollzug des Gleichen.

5. Charakteristisch für Zeitgestalten im Plural ist ihre assoziativ-aggregative Zusammenstellung, wie wir dies aus den jahreszeitlichen Ringen, den wiederkehrenden Zyklen des Blühens, Reifens und Absterbens, den Lebensläufen von Jugend-, Erwachsenen-, Greisenalter oder den Regierungszyklen von Herrschern usw. kennen. Allerdings handelt es sich hier keineswegs um die Addition gleichartiger Zeitspannen zur potentiell unendlichen, alles umfassenden metrischen Zeit bzw., in geschichtlicher Hinsicht, zum einen einzigen Geschichtsverlauf, in dem alle Ereignisse integrierbar und in dem sie kausal verknüpfbar und meßbar sind, und zwar von einem bestimmten Zeitpunkt an wie in Griechenland von der ersten Olympiade oder in Rom *ab urbe condita*. Vielmehr handelt es sich um qualitativ bestimmte, verschiedenartige Zeitspannen, die assoziiert werden, wie wir dies aus den unterschiedlich langen Tag- und Nachtstunden im römischen Stundenablauf oder aus den berühmten altägyptischen Königslisten kennen, deren Datierung mit jedem Pharao neu beginnt und die folglich als qualitative Epocheneinheiten verstanden

---

22 Herodot: *Historien* II, 143, in der Übersetzung von J. Feix, Bd. 1, München 1963, 2. Aufl. 1977, S. 325 ff.
23 Vgl. K. Hübner, a.a.O., S. 142.

wurden. So gibt es kleinere und größere Phasen, die täglichen Tag- und Nachtlängen, die monatlichen Mondphasen, die Zyklen, die bis hin zum Großen Jahr reichen.

*c) Parallelen in anderen Gebieten*

Die rhythmische Zeitgestaltung ist kein isoliertes Phänomen, vielmehr hat sie Parallelen in der Sprache, Literatur und Kunst, ja sie ist typisch für eine bestimmte „Denkform" – ich selbst präferiere den Ausdruck „Rationalitätstyp"[24] –, die Leisegang[25] den „Gedankenkreis" oder das „kettenartige" Denken nennt. Gebser[26] spricht von „okeanischem" oder auch „mythischem" Denken.

Schon Leisegang[27] hat auf ein Spezifikum von Heraklits Sprache aufmerksam gemacht, das sich, für unser Sprachempfinden völlig befremdlich, in Kreisstrukturen expliziert. In subtilen Untersuchungen hat er diese herausgearbeitet und bewußt gemacht, so daß wir sie jetzt auch in anderen Texten zu erkennen und als Ausdruck einer bestimmten Denkhaltung zu würdigen vermögen. So heißt es beispielsweise bei Heraklit in Fragment 22 B 62:

„Unsterbliche: Sterbliche, Sterbliche: Unsterbliche, denn das Leben dieser ist der Tod jener und das Leben jener der Tod dieser" (ἀθάνατοι θνητοί, θνετοὶ ἀθάνατοί, ζῶντες τὸν ἐκείνων θάνατον, τὸν δὲ ἐκείνων βίον τεθνεῶτες), wobei ein ‚Werden' (γενέσθαι) hinzuzudenken ist, das den Inhalt des Satzes dahingehend präzisiert:

„Unsterbliche werden zu Sterblichen, Sterbliche werden zu Unsterblichen[…]",

oder in Fragment B 10 heißt es:

„Aus Allem Eins und aus Einem Alles" (ἐκ πάντων ἓν καὶ ἐξ ἑνὸς πάντα),

oder in Fragment B 36:

„Für Seelen ist es Tod, Wasser zu werden, für Wasser aber Tod, Erde zu werden. Aus Erde aber wird Wasser und aus Wasser Seele" (ψυχῆισιν θάνατος ὕδωρ γενέσθαι, ὕδατι δὲ θάνατος γῆν γενέσθαι, ἐκ γῆς δὲ ὕδωρ γίνεται, ἐξ ὕδατος δὲ ψυχή),

oder in Fragment B 90:

---

24 Vgl. K. Gloy: *Rationalitätstypen*, Freiburg, München 2000; dies.: *Vernunft und das Andere der Vernunft*, Freiburg, München 2001, S. 115 ff.
25 H. Leisegang: *Denkformen*, a.a.O., S. 60 ff.
26 J. Gebser: *Ursprung und Gegenwart*, a.a.O., Bd. 1, S. 345 ff.
27 H. Leisegang: *Denkformen*, a.a.O., S. 60 ff.

„Wechselweiser Umsatz: des Alls gegen das Feuer und des Feuers gegen das All, so wie der Waren gegen Gold und des Goldes gegen Waren" (πυρός τε ἀνταμοιβὴ τὰ πάντα καὶ πῦρ ἁπάντων ὅκωσπερ χρυσοῦ χρήματα καὶ χρημάτων χρυσός).

Die Grundform dieser Sätze besteht in der Verknüpfung eines Begriffes A mit einem anderen B, der, von neuem gesetzt, wieder mit A verknüpft wird und so durch den Anschluß an den Anfang eine geschlossene zyklische Gestalt ergibt. Die Grundform kann auch abgewandelt werden, etwa erweitert durch die Einfügung anderer Glieder wie in der Anordnung AB, BC, CD, DE… NA.

Diese verkettende Satzstruktur begegnet auch in der Bibel. Bekannt ist die Stelle aus dem *Johannes-Evangelium* 1,1:

„Im Anfang war das Wort, und das Wort war bei Gott, und Gott war das Wort",

und bei Paulus im *Römerbrief* 5, 12–13 heißt es:

„Wie durch einen Menschen die Sünde in die Welt hineingekommen ist und durch die Sünde der Tod, so ist auch zu allen Menschen der Tod hindurchgekommen, weil alle sündigten."

Aufmerksam geworden auf diese Ketten bzw. Kreisstruktur des Satzes, läßt sie sich in mystischen Texten bei Meister Eckhart, Seuse, Giordano Bruno, Jakob Böhme, aber auch in der Dichtung Goethes und in der Philosophie Schellings nachweisen, nicht weniger im Buddhismus und bei Laotse, von dem der letztere Text stammt:

„Kreislauf!
Der Kreislauf ist das *Unabänderlich-Stete*:
Das *Stete* ist des *Werdens* ewiges *Gleichmaß*:
Des *Werdens Gleichmaß* ist des *Lebens Wesen*:
Kenntnis vom Wesen des Lebens ist ruhige Klarsicht;
Unkenntnis vom Wesen des Lebens wäre Trübsicht.
Kenntnis vom *Wesen des Lebens* zeugt *Einzel-Sein*
*Einzel-Sein* zeugt *Höher-Sein*:
*Höher-Sein* zeugt *Meister-Sein*:
*Meister-Sein* zeugt *Erhaben-Sein*:
*Erhaben-Sein* lenkt in die *Bahn*:
Die *Bahn* ist das Allüberall,
Das *Unsterblich-Stete*."[28]

Leisegang nennt diese Denkform eine „mystische"[29] und postuliert es als Aufgabe der künftigen Philosophie, die „Logik der Mystik" zu erforschen. Diese Denkform ist für ihn Ausdruck einer Einheit eines äußeren und inneren Geschehens, einer Gleichheit von Naturablauf und seelischem Prozeß.

---

28 Zitiert bei Leisegang, a.a.o., S. 70 (entnommen G. Misch: *Der Weg in die Philosophie*, 1926, S. 50 f).
29 H. Leisegang: *Denkformen*, a.a.O., S. 72.

Einen weiteren Beleg finden wir im griechischen Mythos, und zwar im Kronos-Mythos. Kronos, der jüngste der Titanen, Sohn des Uranus und der Gaia, des Himmels und der Erde, zweier polarer Mächte, verschlingt seine eigenen Kinder, um sie aufgrund eines Tranks der Metis, der Mutter Athenes, wieder auszuspeien. Das Kronos-Mythologem symbolisiert den Zyklus des Stirb und Werde, des Entstehens und Vergehens und Wiedererstehens.[30] Kronos – lautlich nur wenig verschieden von griechisch χρόνος – personifiziert hier die Zeitgestalt des Kreislaufs. Ebenfalls nach dem Mythos wird Kronos, der zyklische Zeitlauf, durch Zeus, einen seiner Söhne, besiegt und in die Schattenwelt verbannt. Das Wort ‚Zeus', das sich wie ‚Zeit' (englisch *time*, französisch *temps*, lateinisch *tempus*) von der indogermanischen Wurzel *da* ableitet, die auch dem griechischen Verb δαίω mit der Bedeutung (ionisch) ‚teilen', ‚zerlegen', ‚zerreißen', ‚zerfleischen' zugrunde liegt, meint demnach den ‚Teiler' und ‚Zerschneider' der zyklischen Zeit. Der Mythos drückt so den Sieg und die Herrschaft der teilenden, metrischen Zeit über die zyklische aus.[31]

Nicht zuletzt trifft man auf die Kreissymbolik und im weiteren auf die Wellen- und Kurvensymbolik in der Kunst, und zwar bereits in der Frühzeit der Menschheit, im Neolithikum, Chalkolithikum, in der Bronzezeit, gelegentlich auch in späteren Epochen wie in der frühgriechischen und minoischen Kultur. Als charakteristische Beispiele gelten die Spiral-, Schleifen- und Bogenornamente auf steinzeitlichen Gräbern,[32] auf Kannen und Vasen,[33] auf der Rückseite von Spiegeln,[34] die oft den Kurven von Differentialgleichungen ähneln.[35] Auch das Tintenfischornament auf einer Vase aus Knossos[36] oder die spiralförmig verschlungenen Affenschwänze der von einem Ast zum anderen sich schwingenden Affen auf einer kretischen Wandmalerei gehören hierher.[37]

---

30 Bildhafte Darstellungen dieses Zyklus begegnen auch in anderen Kulturen, etwa in indianischen, auf denen ein Tierwesen dargestellt ist, das andere verschlingt und wieder ausspeit.
31 Vgl. dazu J. Gebser: *Ursprung und Gegenwart*, a.a.O., Bd. 1, S. 243 f und 251 f.
32 Abbildung eines steinzeitlichen irischen Grabes in: J. Briggs und F. D. Peat: *Die Entdeckung des Chaos. Eine Reise durch die Chaos-Theorie* (Titel der Originalausgabe: *Turbulent Mirror. An Illustrated Guide in Chaos Theory and the Science of Wholeness*, New York 1989), aus dem Amerikanischen von C. Carius, unter wiss. Beratung von P. Kafka, München, Wien 1990, S. 213.
33 Kannen aus dem 16. und 15. Jahrhundert v. Chr. aus: R. Hampe und E. Simon: *Tausend Jahre Frühgriechische Kunst*, Fribourg, München 1980, Abb. 205, S. 134 und Abb. 209, S. 136.
34 Aus dem 5. Jahrhundert v. Chr. aus Griechenland stammt die bronzene Spiegelscheibe in: *Faszination der Antike*. The George Ortiz Collection, Bern 1996, Abb. 213 (s. nebenstehende Abb.).
35 S. nebenstehende Abb. 1 aus: W. Hartner: *Zahlen und Zahlensysteme bei Primitiv- und Hochkulturvölkern*, in: *Paideuma*. Mitteilungen zur Kulturkunde, Bd. 2 (1941/43), S. 268-326, S. 271.
36 A.a.O., Tafel XIV (s. nebenstehende Abbildung).
37 Auch aus anderen Regionen der Welt, aus China nicht weniger als aus Neuguinea und Afrika, sind solche Muster bekannt (s. nebenstehende Abb.).

DIE ZEITVORSTELLUNG DER VORSOKRATIKER 27

Abb. 1: Kurvenfelder von Differentialgleichungen

Abb. 2: Bronzescheibe aus Griechenland
5. Jh. v. Chr. aus: *Faszination der Antike,*
The George Ortiz Collection Bern 1996

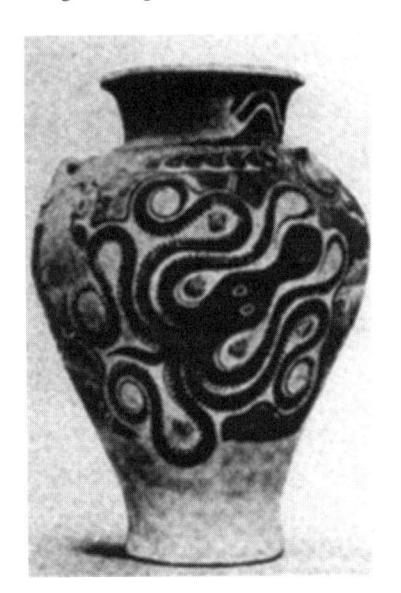

Abb. 3: Vase mit Tintenfischmuster
aus Krossos, Ashmolean Museum

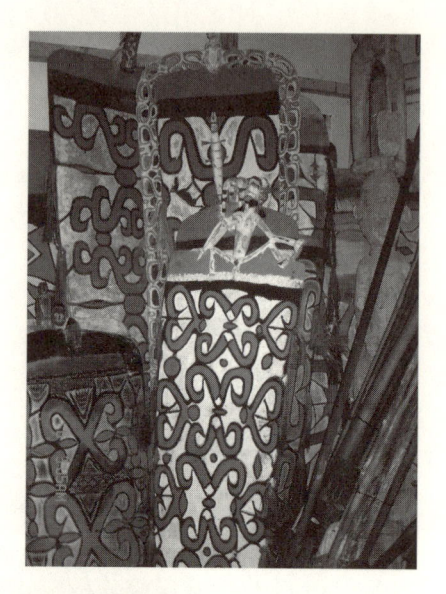

Abb. 4-6: Schilde von Asmat-Kriegern aus Agats und Ewer.
Aufnahmen von einer Expedition nach Neuguinea 2007 (Gloy und Gschwend).

Es handelt sich hier um ein Formenspiel der höheren Rhythmik, das aus Wiederholungen und deren ständiger gleichförmiger oder ungleichförmiger Modifikation besteht und sich gänzlich von den stereotypen geometrischen Mustern, den abzählbaren Mengen von einfachen Elementen, den Reihen und Abfolgen von Punkten, Kerben, geraden Linien usw. unterscheidet. W. Hartner[38] klassifiziert diesen Stil als „funktionalen" gegenüber dem „geometrischen", welcher letztere einem anderen Denktyp, nämlich dem mathematischen, angehört.[39] C.G. Jung hält diese Formen für Archetypen, für universelle Strukturen im Unterbewußtsein der Menschheit.

Zum Ausdruck kommt in allen diesen Beispielen aus Sprache und Literatur, aus Mythos und Dichtung, aus der Kunst überhaupt eine Seinseinstellung des Menschen, nach der dieser noch eins ist mit der Natur und deren Rhythmen, indem er dieselben im lebendigen Umgang mitvollzieht. Es ist noch keine Subjekt-Objekt-Spaltung, noch keine Distanzierung des Menschen vom Sein eingetreten. Vielmehr ist der Mensch noch integriert in die Lebens- und Naturrhythmen, die er erlebend mitvollzieht. Sein Leben spielt sich in der unmittelbaren Präsenz der Gegenwart ab, allenfalls mit kurzen Rückblicken auf Vergangenes, aber noch nicht mit Vorblicken auf Zukünftiges und mit der Vorsorge und Planung um die Zukunft. Noch steht er mit dem Rücken zur Zukunft. Damit mag zusammenhängen, daß sprachgeschichtlich und grammatikalisch das Futur in den meisten Sprachen die jüngste aller Sprachformen darstellt und sich frühe Sprachformen nicht der Zeitmodi von Vergangenheit, Gegenwart und Zukunft bedienen, sondern der Aktionsarten des Durativen und Inchoativen (Ingressiven), die entweder ein dauerhaftes Sein, ein Beharren, oder die Bewegung des Ergreifens ausdrücken.

## 3. Die lineare, relativistische Zeit

Bei der Skizzierung der zyklischen Zeitgestalt, die der mythischen Epoche der Menschheit angehört, allerdings in religiösen Kontexten und Praktiken bis heute weiterlebt, konnten wir nicht anders verfahren, als daß wir sie gegen die uns bekannte lineare Zeit abhoben, die sowohl als Welt- wie als Geschichtszeit auftritt und in die wir alle Naturereignisse und Geschehnisse der Menschheit einordnen. Die Linearzeit unterscheidet sich von der ersten in einer Reihe von Punkten:

1. War bei der zyklischen bzw., allgemeiner, bei der rhythmischen Zeitgestalt die Form an den konkreten Inhalt gebunden und von diesem abhängig, so trennen

---

38 W. Hartner: *Zahlen und Zahlensysteme bei Primitiv- und Hochkulturen*, a.a.O. S. 270 f.
39 Ein riesiges Untersuchungsfeld für diese Muster eröffnet sich in der modernen Chaostheorie und fraktalen Geometrie, die, ausgehend von Naturformationen, weitgehend mittels Computersimulation die kompliziertesten Kurvenfelder darstellen und simulieren, dies auf der Basis oft einfachster rekursiver Formeln, in die komplexe Zahlen eingesetzt werden.

sich beide in der linearen Zeitauffassung, indem die Zeit zum leeren objektiven Medium oder zur subjektiven Anschauungsform wird, in die beliebige Inhalte einsortiert werden können. Die konkrete Zeitgestalt wird ersetzt durch eine abstrakte, inhaltslose Zeitform.

2. Mit der Entkoppelung der Zeitform vom Inhalt hängt zusammen, daß sie ihre Geschlossenheit und spezifische Gestalthaftigkeit verliert und offen wird, und zwar offen nach beiden Seiten, sowohl der Vergangenheit wie der Zukunft. An die Stelle der geschlossenen, endlichen Zeitgestalt tritt die unendlich offene Zeitgerade.

Zugleich nimmt mit der Aufhebung der spezifischen Anordnung der Einzelteile in der Zeitganzheit die Zeitstruktur eine durchgängig homogene, kontinuierliche Form an. Jeder Teil ist jedem anderen absolut gleichgeartet. Unendlichkeit, Homogenität und Kontinuität sind die charakteristischen Eigenschaften der Linearzeit.

3. Gegenüber der Ungerichtetheit der zyklischen Zeitgestalt, die sich im Grunde als eine in sich verharrende Bewegung erwies, erhält die offene Zeit eine Richtung, und zwar von der Vergangenheit in die Zukunft, was durch einen Zeitpfeil symbolisiert wird. Die Einsinnigkeit und Gerichtetheit drückt ein Fließen im Sinne des Vergehens der Daten aus, woraus die Redeweise von der Vergänglichkeit des Zeitlichen resultiert.

4. Hinzu kommt die Metrisierung (Quantifizierung). Während die zyklische Zeit qualitativ bestimmt war und sich die Zeitgestalten in qualitativer Hinsicht unterschieden, erlaubt die unendliche, homogene, kontinuierliche Struktur der Linearzeit deren durchgängige Quantifizierung.

5. In diese eine einzige, unendliche, linear gerichtete Zeit werden sämtliche Ereignisse und Vorgänge einschließlich ihrer Dauer eingeordnet und erhalten ihren genauen Ort sowie ihr genaues Verhältnis gegeneinander, ihr Früher-, Später- oder Gleichzeitigsein. Diese sogenannten lagezeitlichen Bestimmungen bewahren ihre Relation gegeneinander, gleichgültig, ob sie in die Zukunft, Gegenwart oder Vergangenheit gesetzt werden; denn was früher auftritt als ein Späteres, war ein solches bereits in der Zukunft und wird es auch in der Vergangenheit bleiben. Die lagezeitlichen Bestimmungen sind konstant, selbst wenn die sogenannten modalzeitlichen Aspekte: Gegenwart, Vergangenheit und Zukunft sich ändern und der Gegenwartsaugenblick auf der Zeitachse wandert. Was früher war als ein Späteres oder gleichzeitig mit einem anderen, bleibt es alle Zeit hindurch, nur daß es mit der in die Zukunft wandernden Gegenwart mehr und mehr in Vergangenheit versinkt.

Newton hat sich die Einordnung aller Daten in ein absolutes System vorgestellt: was die räumlichen Gegenstände betrifft, in einen riesigen Behälter, eine absolute Weltschachtel, in der alle Dinge miteinander koexistieren können, und was die zeitlichen Prozesse betrifft, in eine ewig gleichförmig fließende Zeit. In den *Philosophiae naturalis principia mathematica* sagt er:

„Die *absolute, wahre* und *mathematische Zeit* verfliesst an sich und vermöge ihrer Natur gleichförmig, und ohne Beziehung auf irgend einen äussern Gegenstand. Sie wird so auch mit dem Namen: *Dauer* belegt."[40]

Er war jedoch ehrlich genug, Raum und Zeit als *sensorium* Gottes[41] zu bezeichnen, da nur ein übermenschliches, göttliches Wesen den Überblick über alle räumlichen und zeitlichen Gegenstände und Verhältnisse besitzt, während dem Menschen aufgrund seiner Endlichkeit und Beschränktheit Einsicht in das Ganze verwehrt bleibt und ihm von seinem bestimmten Standpunkt und seiner momentanen Gegenwart aus stets nur relative Ausschnitte zugänglich sind.

Wenn die relativistisch-perspektivische Sicht- und Darstellungsweise bezüglich des Raumes bereits in der Renaissance zu vollgültigem Ausdruck gelangte, und zwar in der Zentralperspektive der Malerei, die alle Gegenstände, Formen, Größen und Verhältnisse der Dinge im Raum von einem bestimmten *point de vue* aus ordnete und bestimmte und bei Veränderung desselben proportional modifizierte, so schaffte die relativistisch-perspektivische Sicht- und Interpretationsweise bezüglich der Zeit erst mit Einsteins spezieller Relativitätstheorie den Durchbruch. Ihr zufolge gibt es keine ubiquitäre Gleichzeitigkeit sowenig wie eine ubiquitäre Vorgängigkeit und Nachfolgendheit. Vielmehr werden sämtliche Zeitverhältnisse bezugssystemabhängig, d.h. vom jeweiligen Bezugsystem des Betrachters, mag dieses ruhend oder bewegt sein, festgelegt und mit ihm modifiziert. So treten zwei anscheinend gleichzeitige Ereignisse, die von einem Beobachter in gleich weiter Entfernung als gleichzeitig konstatiert werden, bei entsprechend schneller Bewegung des Beobachters gegen das eine nacheinander auf, so daß sich die Zeit des bewegten Beobachters im Verhältnis zu einem am Ort verbleibenden verlangsamt. Beide Eigenzeiten sind nicht mehr integrabel. Man hat die phantastischten und kuriosesten Szenerien von Zeitreisen entworfen, beispielsweise das Zwillingsparadox oder das auf dasselbe hinauslaufende Paradox von einem Raumfahrer, der mit seinem Raumschiff mit Lichtgeschwindigkeit in den Weltraum hinausgeschossen wird und zur Erde zurückkehrt und dabei weniger gealtert ist als sein auf der Erde zurückgebliebener Bruder, und dies obgleich beide mit zwei synchronen Uhren ausgestattet wurden.[42]

---

40 I. Newton: *Mathematische Prinzipien der Naturlehre*, hrsg. von J. Ph. Wolfers, unveränderter fotomechanischer Nachdruck der Ausgabe Berlin 1872, Darmstadt 1963, S. 25. Im lateinischen Text steht bezüglich der Zeit, daß sie *in se et natura sua aequabiliter fluit*, und bezüglich des Raumes, daß er *natura sua semper manet similare et immobile*.
41 I. Newton: *Optics: or, a Treatise of the Reflections, Refractions, Inflections and Colours of Light*, in: ders.: Opera quae extant omnia, Bd. 4, London 1782, Wiederabdruck Stuttgart-Bad Cannstatt 1964, S. 262 (Book III).
42 Für die Darstellung des Zwillingsparadoxes vgl. W. H. Newton-Smith: *The Structure of Time*, London, Boston, Henley 1980, S. 187-195. Zu Zeitreisen vgl. auch P. Horwich: *Asymmetries in Time. Problems in the Philosophy of Science*, Cambridge (Mass.), London 1987, 2. Aufl. 1988, S. 111-128; Ch. Ray: *Times, Space and Philosophy*, London, New York 1991, Kap. 8, S. 151-175.

An der Relativität und Variabilität der zeitlichen Ereignisse wird deutlich, daß wir es bei dieser Zeitvorstellung und der ihr zugehörigen Denkform nicht mehr wie bei der gestalttheoretischen zyklischen oder rhythmischen Auffassung mit einer Einheit von Subjekt und Objekt sowie einem unmittelbaren Mitvollzug des Subjekts mit den an sich seienden Natur- und Lebensrhythmen zu tun haben, die auf einer Ungeschiedenheit von erlebendem Ich und erlebter Natur basieren, sondern mit einer bereits distanzierten Haltung, die eine Abtrennung des Ich von der Natur, eine Subjekt-Objekt-Spaltung voraussetzt. Da das Ich die zeitlichen Ereignisse nur noch von außen betrachtet, entziehen sie sich ihm als Dinge an sich und werden zu bloßen Erscheinungen. Bei der perspektivistisch-relativistischen Einstellung geht es nicht mehr um das Wesen der Dinge und die Wesensvollzüge, nicht mehr um konstante Paradigmen, sondern um die wechselnde, bunte, schillernde Erscheinungshaftigkeit der Dinge. Das Subjekt hat sich aus der Tiefe der Welt herauskatapultiert an die Oberfläche und versucht nun, in mentaler Distanz die Welt zu überschauen, was ihm jedoch immer nur von einem bestimmten, beschränkten Standpunkt oder Bezugsystem aus gelingt, zeitlich wie räumlich. Die relativistische lineare Zeitauffassung gehört ebenso wie die perspektivische Raumauffassung zur mentalen Denkform, die eindimensional-linear und hypotaktisch (nicht parataktisch) operiert, effektiv zweckrational vorgeht und in logischer Hinsicht die Hierarchie von Stufen, von Über- und Unterordnungen, präferiert sowie das Schlußverfahren mit der Subsumtion des *minor* unter den *maior*. Im Klassifikations- und Spezifikationssystem der Logik und Wissenschaftstheorie mit ihren Gattungen, Arten und Unterarten bzw. Sub- und Subsubsystemen und der ihnen folgenden diskursiven Argumentationsweise hat dieser eindimensionale, perspektivisch-relativistische Denken sein Pendant.

## 4. Die sich auffächernde Zeit

Mit der Einführung der Quantentheorie durch Niels Bohr Anfang des 20. Jahrhunderts und der daraus resultierenden neuen Weltsicht, die sich nicht nur auf den Mikrokosmos beschränkt, sondern auch andere Bereiche einbezieht, wird eine neue Zeitauffassung notwendig: der Zeitfächer, die in jedem Augenblick an jedem Ort der Welt sich aufspreizende Zeit. Bildlich gesprochen gleicht sie einem Feuerwerk, dessen Leuchtkugeln überall zugleich platzen und sternförmig erstrahlen.

Was hat es mit dieser merkwürdigen Zeit auf sich? Sowenig freilich im Alltag sich die Quantentheorie durchgesetzt hat, sondern hier noch immer die traditionellen Vorstellungen und Erklärungen gelten, sowenig hat sich auch die dazugehörige Zeit durchgesetzt. Gleichwohl stellt sie die notwendige Konsequenz jener revolutionären Änderung in der Physik dar.

Nach der Quantentheorie weist das Lichtelektron eine Doppelnatur auf: zum einen ist es ein quantifizierbares Teilchen, zum anderen ein ausgedehntes, offenes

Feld oder eine Welle. Für beides lassen sich experimentelle Belege beibringen: für das erste die Passage eines Gitters, was auf Korpuskeln weist, für das zweite Interferenzerscheinungen, was auf Wellen zutrifft. Diese Doppelnatur macht eine gleichzeitig exakte Messung von Ort und Impuls unmöglich, was Werner Heisenberg in der Formel von der Unschärferelation zum Ausdruck gebracht hat. Die Formel besagt, daß je genauer die Ortsmessung ausfällt, desto ungenauer die Impulsmessung ist und umgekehrt.

Veranschaulichen läßt sich die Raumeinnahme des Elektrons am Beispiel eines Skiläufers, der auf seinem Weg auf einen Baum trifft, den er umfahren muß, bis er wieder auf die Spur gelangt. Während der Skifahrer den Baum rechts oder links umfährt, nimmt das Teilchen den gesamten Raum zwischen dem Rechts- und Linksumlauf ein.

Und was den Zeitverlauf betrifft, so läßt sich das Verhalten des Teilchens nach Hugh Everett[43] mit Hilfe einer unreduzierten Wellenfunktion verdeutlichen, die als objektive Beschreibung der realen Welt gilt. Wo immer nach der üblichen Theorie das Meßresultat eine Reduktion des Wellenpakets mit sich bringt, die wegen der Irreversibilität des Meßprozesses nur einsinnig weiterverfolgt werden kann, sind nach Everett grundsätzlich gleichzeitig alle Meßresultate möglich und berechenbar. Obzwar sich für den jeweiligen Beobachter die Welt auf das verengt, was aus dem einen wahrgenommenen Meßresultat folgt, ist sie für einen Supertheoretiker in allen Zweigen der unreduzierten Wellenfunktion überschaubar und rechnerisch verfolgbar. Während für den Beobachter die Welt einlinear verläuft, vermag der quantentheoretische Supertheoretiker alle Zeitläufe zusammen in unmittelbarer Präsenz zu überblicken. Nimmt man die Verläufe als Weltlinien, so folgt daraus eine Pluralität von Welten, wie sie die Mehr-Welten-Theorie unterstellt.

Carl Friedrich von Weizsäcker[44] führt in diesem Zusammenhang zur Verdeutlichung die Novelle von Jorge Luis Borges *Der Garten der Pfade, die sich verzweigen*[45] an, die ein literarisches Pendant zu diesem Sachverhalt darstellt. Es geht hier um das abgründige Problem der Zeit, jener Zeit, die nicht wie die newtonische gradlinig und gleichförmig verläuft, sondern ein Webmuster aus Zeiten darstellt, die sich einander nähern, sich verzweigen, sich scheiden oder einander jahrhundertelang ignorieren und so alle Möglichkeiten umfassen.[46] Ein Chinese names Yu Tsun, der im Ersten Weltkrieg als Spion für Deutschland in England arbeitet, soll einen bestimmten Städtenamen mitten im Kriegslärm an seine Berliner Spionagezentrale melden, da eine Entscheidungsschlacht von der Kenntnis des Namens abhängt. Er sieht nur einen einzigen Weg der Nachrichtenübermittlung, nämlich durch eine sensationelle Mordtat an dem Besitzer eines Landgutes, der zufällig denselben Na-

---

43 H. Everett: *The theory of the universal wave function*, in: B. de Witt und N. Graham: *The Many Worlds interpretation of quantum mechanics*, Princeton 1973, S. 1-140.
44 Vgl. C. F. von Weizsäcker: *Aufbau der Physik*, München, Wien, 1985, S. 564 f.
45 In J. L. Borges: *Gesammelte Werke*, hrsg. von G. Haufs und F. Arnold: *Der Erzählungen erster Teil*, München, Wien 2000 (wiederholte Ausg.), S. 161-173.
46 A.a.O., S. 172.

men trägt wie der zu übermittelnde Ortsname, auf den Namen hinzuweisen. Bei dem Besitzer handelt es sich um einen ehemaligen Missionar und gelehrten Sinologen, der eine Schrift des Urgroßvaters des Chinesen über den Garten der sich verzweigenden Pfade übersetzt hat, die ein unendliches Labyrinth und zugleich ein Bild für das menschliche Leben ist. In vielen der zukünftigen Zeiten existieren keine zwei Menschen, in anderen existiert nur einer von ihnen, in einigen sind sie sich Freund, in anderen Feind. Jede menschliche Entscheidung wird in jeder möglichen Weise zugleich getroffen, so daß der Mensch auf allen Pfaden zugleich wandelt, auch wenn er nachher nur den Pfad seiner Entscheidung kennt und dessen physische und moralische Folgen zu tragen hat. Vor die Frage gestellt, ob er den weisen und gütigen Besitzer umbringen soll, wird er beides tun, jedoch auf beiden Pfaden später nur wissen, das eine getan zu haben.

Sinn und Zweck dieser Zeitinterpretation ist es, einerseits auf die Subjektivität, Perspektivität und Relativität der Zeiteinstellung aufmerksam zu machen, andererseits durch Zusammennahme aller Zeitverläufe in einer Komplexitätsvorstellung die Einseitigkeit und Beschränktheit aufzuheben und über den Zeitfächer auf die Gleichzeitigkeit aller Vorgänge des Alls, besser: auf die Multitemporalität hinzuweisen, die sich nicht zuletzt in der Reversibilität der Naturgesetze dokumentiert.

Was den Raum betrifft, so hat die Malerei seit etwa 1880 – Cézanne, Braque, Picasso, Severini – einen ähnlichen Versuch gestartet, dadurch daß sie die Zentralperspektive zugunsten einer Multiperspektivität aufgab und durch die Überlagerung von Perspektiven, die sich sonst nur sukzessiv im Herumgehen um einen Gegenstand zeigen, den Raum transparent und diaphan werden ließ. In den *profil-en-face* Bildern von Picasso oder Braque oder, auf die Spitze getrieben, in dem Bild der Tänzerin von Severini, das diese in allen Posen des Tanzes – vergangenen, gegenwärtigen und zukünftigen – zeigt, kommt diese Transparenz und Diaphanität zum Ausdruck. Entsprechend wird auch bei der Zeit die Irreversibilität und Asymmetrie des Zeitverlaufs als unsere jeweilige Interpretation der Welt integriert in eine Gesamtschau der Zeitabläufe, die auf eine Gleichzeitigkeit und Reversibilität alles Geschehens hindeutet.

Eine besondere Nähe dieser Auffassung zeigt sich zu den modernen mathematischen und physikalischen Disziplinen wie der fraktalen Geometrie und der Chaos-Theorie, die auch kein eindeutig bestimmtes, nach außen abgegrenztes und nach innen determiniertes Objekt mehr kennen, sondern nur noch fluktuierende, dynamische Systeme, wie denn überhaupt die Auflösung einheitlicher Objekte in eine Sequenz von Betrachtungsweisen symptomatisch für unser Zeitalter geworden ist. Als Beispiel sei auf das Wollknäuel verwiesen, das, aus der Ferne betrachtet, als nulldimensionaler Punkt, bei Nähertreten als dreidimensionale Kugel, bei noch weiterer Annäherung als zweidimensionaler Faden, bei Eintritt in denselben als dreidimensionale Säule usw. erscheint. Das vermeintlich eine Objekt löst sich auf in eine Sequenz von verschieden dimensionierten Gestalten, die ihre eigene Zeit haben und gleichwohl zusammengehören und gleichzeitig sind.

Wollte man diese Zeitauffassung, bestehend im Zeitfächer, mit einer bestimmten Denkform vergleichen wie auch in den anderen Fällen der Zeitinterpretation, von denen die geschlossene zyklische Zeit dem mythischen Denken, die linear-relativistische dem mentalen Denken angehört, so legte sich hier das Rhizom-Denken der Postmoderne nahe. Von dem sogenannten einsinnig-hypotaktischen ‚Baum-Denken' der klassischen Tradition unterscheidet sich dieses als dezentralisiertes, asignifikantes und antigenealogisches Denken, das einem wildwachsenden und wuchernden Wurzelknollengeflecht gleicht. An die Stelle der Vereinheitlichung setzt es reine Mannigfaltigkeit, so wie dies Gilles Deleuze und Félix Guattari in dem von ihnen verfaßten und herausgegebenen Band mit dem sprechenden Titel *Tausend Plateaus* ausgedrückt haben.[47]

Wie die Analysen gezeigt haben, ist die Zeitauffassung nicht definitiv festgelegt: weder ist sie eine angeborene, natürliche noch eine apriorische Bedingung der Möglichkeit der Erkenntnis, vielmehr handelt es sich um geschichtlich (bewußtseinsgeschichtlich), wissenschaftlich wie kulturell bedingte Sicht- und Interpretationsweisen, nicht anders wie bei der Aperspektivität, Zentralperspektivität und Multiperspektivität des Raumes auch.

---

47 G. Deleuze und F. Guattari: *Tausend Plateaus.* Kapitalismus und Schizophrenie (Titel der Originalausgabe: *Mille plateaux*, Paris, 1980), aus dem Französischen übersetzt von G. Rieke und R. Vouillé, hrsg. von G. Rösch, Berlin 1997.

# III.

# Platons Zeittheorie

## 1. Eine Übergangstheorie

Während die Vorsokratiker eine zyklische Zeittheorie vertraten, begegnet bei Platon eine Übergangstheorie, die die zyklische Zeitform mit der linearen zu verbinden trachtet, indem sie die erstere in die letztere einbeschreibt. Im *Timaios* 37c-39e, einer der drei Stellen der Zeitexposition bei Platon neben dem *Parmenides* (2. Position 151e ff) und dem *Politikos* (268d ff) findet sich die berühmte Definition, daß die Zeit „das in Zahlen fortschreitende äonische Abbild des im Einen verharrenden Äon" sei (μένοντος αἰῶνος ἐν ἑνὶ κατ' ἀριθμὸν ἰοῦσαν αἰώνιον εἰκόνα, τοῦτον ὃν δὴ χρόνον ὠνομάκαμεν) (37d). Sie soll zum Ausgang unserer Darlegung dienen. Da die Definition eine Reihe von Aspekten enthält, die sich in Einzelthesen artikulieren lassen, seien diese zum adäquateren Verständnis sukzessiv expliziert. Es handelt sich um folgende:
– Die Zeit ist Abbild
– Die Zeit ist Abbild des Äon.
– Die Zeit ist bewegliches Abbild des im Einen verharrenden Äon.
– Die Zeit ist in Zahlen fortschreitendes Abbild.
– Die Zeit ist in Zahlen fortschreitendes äonisches Abbild des Äon.

## 2. Die Zeit als Abbild

Mit der These, daß die Zeit Abbild sei, und zwar Abbild des Äon, verwendet Platon eine seiner Lieblingsmetaphern, das Urbild-Abbild-Verhältnis. Da er dieses gewöhnlich für das Methexisproblem reserviert, also für das Problem der Beziehung zwischen Ideen- und Sinnenwelt, ist zunächst zu fragen, ob die Applikation auf das Verhältnis Äon – Zeit legitim sei. Zu diesem Zweck hat man einen Blick auf die wohl umfassendste Exposition des Urbild-Abbild-Verhältnisses in Platons Werk zu werfen, auf das am Ende des 6., am Anfang des 7. Buches des *Staates* vorgestellte Liniengleichnis und in seinem Zusammenhang auch auf das Sonnen- und Höhlengleichnis, wird doch hier die Urbild-Abbild-Beziehung in ihrer ganzen Breite und Vielfalt der Interpretationsmöglichkeiten diskutiert.

Gemäß dem im *Staat* vorgeführten Liniengleichnis denke man sich eine senkrechte Linie quarternal eingeteilt in einen größeren und in einen kleineren Abschnitt, dann jeden von diesen wieder nach derselben Proportion. Der aus der ersten Einteilung gewonnene obere Sektor soll auf ontologischer Seite den Ideenkosmos repräsentieren, auf epistemologischer die dazugehörige Erkenntnis, das Wissen (ἐπιστήμη, γῶσις), der untere auf ontologischer Seite die Sinnenwelt und entsprechend auf epistemologischer die Meinung (δόξα). Die beiden Sektoren stehen im Verhältnis von Urbild und Abbild. Dieses Verhältnis wiederholt sich innerhalb des unteren Linienabschnittes, dem Sinnenbereich, dergestalt, daß der obere Teil, der die Konkreta: Menschen, Tiere, Pflanzen, Elemente repräsentiert, nebst der entsprechenden empirischen Erkenntnis – πίστις genannt, d.h. übersetzt Glaube, Für-wahr-Halten – als Urbild fungiert für die Schatten und Spiegelbilder im Wasser und auf glatten, glänzenden Flächen, die den untersten Linienteil ausmachen. Schon die Bezeichnung εἴκων und εἰκασία, Abbild und Abbilderkenntnis, weist auf das Bildverhältnis. Auch der obere Linienabschnitt ist proportional eingeteilt in Ideen und Mathematika und ihnen entsprechend in Vernunft- und Verstandeserkenntnis (νόησις und διάνοια). Obwohl Platon das Verhältnis innerhalb dieses Linienteils nicht expressis verbis als Urbild-Abbild-Verhältnis deutet, legt sich diese Auffassung nahe, nicht nur, weil die Mathematika an den unteren, sinnlich wahrnehmbaren Bereich grenzen, sondern mehr noch, weil sie zu Konstruktions- und Beweiszwecken Demonstrationsmodelle und Beispiele aus dem Sinnenbereich benötigen. Auch wenn Platon noch nicht wie später Kant die Theorie der reinen Anschauung zur Verfügung stand, weist doch die Beschreibung darauf, daß die mathematischen Begriffe und Konstruktionen anschauungs- und bildbezogen sind. Ob darüber hinaus auch die Beziehung zwischen dem höchsten systematischen Punkt des Ideenkosmos, der ἰδέα τοῦ ἀγαθοῦ, der zugleich der höchste Punkt der Erkenntnis und damit Vermittlungsprinzip zwischen ontologischem und epistemologischem Bereich ist, zu den untergeordneten Bereichen in einem Urbild-Abbild-Verhältnis steht, wird von Platon zwar nicht diskutiert, dürfte aber in der generellen Interpretationsrichtung liegen. Von den anderen Verhältnissen unterscheidet sich dieses allerdings darin, daß es nicht mehr eines innerhalb eines bestimmten, sei es des sinnlichen oder des intelligiblen Bereiches ist, auch nicht mehr eines zwischen heterogenen, aber epistemologisch zugänglichen Bereichen wie der der Meinung erschließbaren Sinnenwelt und der der Erkenntnis erschließbaren Ideenwelt, sondern eines zwischen Transzendenz und Immanenz, von denen die erste der menschlichen Erkenntnis unzugänglich und nur via negationis, durch Absprechen der endlichen Prädikate indizierbar ist. Mit der epistemologischen Unfaßbarkeit wird auch das Verhältnis der Transzendenz zur Immanenz unbestimmbar, so daß der Ansatz als Urbild-Abbild-Verhältnis prinzipiell in Frage steht.

Das Liniengleichnis konfrontiert uns mit einer Fülle von Applikationsmöglichkeiten des Urbild-Abbild-Verhältnisses. Diese lassen sich klassifizieren nach sinnlichem und intelligiblem Bereich sowie nach der Verbindung beider, kann doch die Abbildung der Vorlage entweder auf demselben ontologischen Niveau erfolgen – dem sinnlichen oder dem intelligiblen – oder zwischen beiden oder gegebenenfalls im übertragenen Sinne zwischen Transzendenz und Immanenz, der Idee des Guten und dem Gesamtbereich des Seienden. Das hat freilich jeweils Konsequenzen für die Art der Beziehung, je nachdem, ob die beiden Vergleichsebenen grundsätzlich zugänglich sind, sei es der Sinnlichkeit oder dem Denken oder beiden in Verbindung, oder der Erkenntnis grundsätzlich verschlossen sind, wobei im letzteren Fall die Abbildbeziehung – wie schon angedeutet wurde – zur Aufhebung tendiert; denn ursprünglich dürfte das Urbild-Abbild-Verhältnis gerade auf der Möglichkeit eines Vergleichs und In-Beziehung-Setzens von Ebenen beruhen. Was das In-Beziehung-Setzen betrifft, so sind fünf Merkmale charakteristisch:

1. Urbild und Abbild sind Relationsbegriffe, genauer: Korrelationsbegriffe, insofern eines nicht ohne das andere sein kann. Das Abbild ist stets Abbild von etwas, von einem Paradigma, auf das es verweist. Es hat Verweisungscharakter. Und ebenso läßt sich das Vorbild immer nur in Beziehung auf ein Abbild verstehen; denn andernfalls verlöre es seinen Sinn als Vorbild für etwas.

2. Die aufgezeigte wechselseitige Bezogenheit ist allerdings noch keine Abhängigkeit. Was diese betrifft, so liegt eine einseitige Dependenz vor, der zufolge das Abbild vom Urbild dependiert und ohne es nicht möglich ist, nicht aber umgekehrt das Urbild vom Abbild. Vielmehr ist dieses unabhängig und selbständig, was sich darin dokumentiert, daß es einer Vielzahl von Reproduktionen zur Vorlage dienen kann, die sich an ihm orientieren.

3. Wenn ontologisch das Abbild vom Vorbild dependiert, so ist umgekehrt epistemologisch das Urbild qua Urbild nur vom Abbild her erschließbar. Das πρότερον πρὸς ἡμᾶς, das Erste im methodischen Gang der Erkenntnis – hier das Abbild –, ist zwar der Sache nach das Zweitrangige (ὕστερον φύσει), aber das πρότερον φύσει, das der Natur nach Erste – hier das Urbild –, ist für uns das Spätere (ὕστερον πρὸς ἡμᾶς).

4. Zwischen Urbild und Abbild besteht weder eine totale Identität noch eine totale Differenz, ersteres deswegen nicht, weil das Abbild sonst ein zweites Original wäre, letzteres deswegen nicht, weil völlig heterogene Bereiche nichts miteinander zu tun hätten und keinen Vergleich gestatteten. Verlangt wird vielmehr eine partiale Identität bei partialer Differenz, welche Ähnlichkeit, nicht Gleichheit begründet. Mit Ludwig Wittgenstein[1] kann man hier die terminologische Distinktion von „Form der Abbildung" und „Form der Darstellung" einbringen, wobei jene die partiale Gleichheit ausdrückt, diese die partiale Differenz.

5. Die „Form der Darstellung" wird durch das spezifische Medium erbracht, in dem sich die Abbildung darstellt. Es ist nicht allein verantwortlich für die potentiell unendliche Zahl von Reproduktionen, sondern auch für die unterschiedliche Qualität derselben; denn Reproduktionen können besser oder schlechter sein, je nachdem, ob zur Darstellung z.B. Stein oder Erz verwendet wird, ob eine grob- oder feinkörnige Leinwand. Das Medium wirkt sich auf die Darstellung aus und begründet das Eigensein des Bildes und damit die Differenz zum Vorbild; es ist das, was ausschließlich dem Bild zugehört und dessen Spezifität ausmacht. Hingegen stellt die „Form der Abbildung" dasjenige dar, was Vorbild und Nachbild vermit-

---

1 L. Wittgenstein: *Tractatus logico-philosophicus*, Nr. 2.17; 2.173.

telt, das, was die Gemeinsamkeit beider begründet, z.B. bei einem Landschaftsgemälde die Umrisse, die Aufteilung, die Farben usw., die es mit der abgebildeten Natur gemeinsam hat. Die „Form der Abbildung" ist das konkretisierte bzw. versinnlichte Vorbild.

Vor diesem Hintergrund läßt sich die Einordnung der Zeit als Abbild des Äon vornehmen. Dabei interessieren zwei Fragen, von denen die eine das Verhältnis der Zeit zum Äon betrifft, die andere das Verhältnis der Zeit zum Kosmos, der ebenfalls wie die Zeit abbildlichen Status hat. Geht es bei der ersten um den Status der Zeit als „Form der Abbildung" oder „Form der Darstellung" und damit um das Problem der Gleichheit oder Ungleichheit mit dem Äon, so bei der zweiten um eine Umfangs- und Ausmaßbestimmung.

Die Zeitabhandlung gehört nach dem *Timaios* in den größeren Kontext der Platonischen Kosmologie. Vom Kosmos wie von der Zeit wird gesagt, daß sie erzeugt seien, ja, daß der Demiurg, nachdem er den Kosmos geschaffen habe, ihn mit Wohlgefallen betrachtete als ein Schmuckstück für die ewigen Götter und ihn dem Vorbild noch ähnlicher zu gestalten gedachte, indem er ihm die Zeit verlieh.[2] Damit taucht die Frage auf, in welchem Verhältnis Zeit und sinnlich wahrnehmbarer Kosmos zueinander stehen, desgleichen ihre Vorbilder Äon und Ideenkosmos. Zwei Möglichkeiten bieten sich an: Die eine unterstellt eine totale Deckung, nach der Zeit und Kosmos zusammenfallen, entsprechend Äon und Ideensystem, die andere nimmt eine partiale Deckung an, nach der die Zeit nur ein Moment am Kosmos ist, sei es eine Struktur oder Qualität, und entsprechend der Äon ein Moment am Ideensystem.

Die erste Interpretation legt sich nahe aufgrund einer Kritik, die Aristoteles im IV. Buch seiner *Physik*, Kapitel 10, an den Zeit-Positionen seiner Vorgänger geübt hat. Dort wird auch eine Auffassung genannt, die die Zeit mit der σφαῖρα – Aristoteles' Terminus für den Kosmos – identifiziert und möglicherweise für Platons Meinung steht. Der *Timaios*-Text selbst weist jedoch in eine andere Richtung; denn wenn dort der Kosmos zum Zwecke noch größerer Verähnlichung mit dem Vorbild verzeitlicht wird, kann mit der hinzugefügten Zeit nichts anderes als ein Strukturmoment des Kosmos gemeint sein.

Schwieriger dürfte die Frage nach dem Verhältnis von Zeit und Äon zu beantworten sein. Wohin gehört die Zeit am abbildlichen Kosmos? Gehört sie auf die Seite der „Form der Darstellung", auf der die Differenz zum Äon beruht, oder auf die Seite der „Form der Abbildung", die die partiale Identität mit dem Äon begründet? Im ersteren Fall würde sie dem Medium der Repräsentation des Vorbildes zugeschlagen werden müssen und gleichen Status mit der räumlichen Materie haben. Im zweiten Fall repräsentierte sie den Äon in der räumlichen Materie und unterschiede sich damit von dieser.

Die These vom Geschaffensein der Zeit und des räumlich-materiellen Kosmos ist nicht dazu angetan, Aufschluß zu geben und eine Entscheidung herbeizuführen,

---

2 Vgl. *Timaios* 37 c f.

weil die Produziertheit von beiden gilt. Zudem ist die Redeweise vom Erzeugtsein als solche problematisch, da sie sowohl wörtlich wie metaphorisch verstanden werden kann, was beides nicht ohne Schwierigkeiten ist.

Nimmt man die These von der Erschaffung bzw. Entstehung der Welt und der Zeit ernst, so muß, da Erschaffung bzw. Entstehung zeitliche Vorgänge sind, nicht nur der Kosmos in der Zeit entstanden sein, sondern die Zeit selbst. Was aber war vorher? War in bezug auf den Kosmos eine leere oder volle Zeit? Wenn es vor dem erschaffenen Kosmos einen anderen Kosmos gab, so muß auch dieser in der Zeit an einer bestimmten Stelle erschaffen sein, so daß sich die Frage iteriert. Dasselbe gilt für die Zeit. Sie müßte in der Zeit entstanden sein und damit eine andere Zeit voraussetzen, die, falls auch sie entstanden wäre, wieder eine andere Zeit voraussetzte und so in infinitum. Will man dem regressus ad infinitum entgehen, so muß man zur metaphorischen Ausdeutung greifen. Nur hat dies die Konsequenz, daß die Begriffe ‚entstehen', ‚erzeugt' und ‚erschaffen werden' usw., die im Normalverständnis einen temporalen Sinn haben, diesen negieren. Das Erschaffensein von Zeit und Kosmos ist dann nur noch Ausdruck für ihre Faktizität, ihr immer schon Vorhandensein.[3]

Ob entstanden oder immer schon vorliegend – für die Beantwortung der Frage nach der Funktion der Zeit am abbildlichen Kosmos geben beide Interpretationsvarianten nichts her; denn sowohl als „Form der Darstellung" wie als „Form der Abbildung" ist die Zeit mit beiden verträglich. Allerdings ginge in dem Fall, daß

---

3 Aristoteles hat sich über Platons These mokiert, wonach Kosmos und Zeit als geschaffen, d.h. angeblich in der Zeit entstanden, dennoch unendlich sein sollen. Vgl. die ausführliche Kritik in *De coelo*:
„Dass die Welt zwar geworden ist, aber nun immer sein soll, das gehört zu den Unmöglichkeiten" (I,10,2; Übersetzung von H. Gauss: *Philosophischer Handkommentar zu den Dialogen Platos*, Bd. III,2, Bern 1961, S. 171).
„Es gibt Menschen, die es für möglich erachten, dass ein ungewordenes Ding zugrunde gehen kann, und dass ein gewordenes Ding unvergänglich dahinlebt, wie wir das im ‚Timaeus' finden; denn dort wird behauptet, der Himmel sei zwar geworden, aber nicht vergänglich, sondern er werde die ganze übrige Zeit hindurch weitersein" (I,10,10; Übersetzung von H. Gauss, a.a.O., S.l71).
„Wenn das ist, das keinen Anfang und keine Ursache dafür hat, anders zu sein, als es ist, und dem es unmöglich ist, dass es sich die ganze Zeit vorher anders verhalten hat, als es jetzt ist, dann kann bei ihm auch keine Verwandlung stattgefunden haben. Denn das würde heissen, eine Ursache dafür postulieren, dass das, was ex hypothesi unwandelbar ist, gegenüber dem, was es früher war, die Möglichkeit in sich hat, anders zu werden. Wenn es jedoch früher schon bestanden hat, dann ist das Weltall geworden aus Elementen, die auch anders werden können, wenn nämlich unter der Voraussetzung, dass diese Elemente sich immer gleichbleiben und nicht anders werden können, das Weltall gar nicht hätte werden können. Ist aber das Weltall geworden, dann aus Elementen, die im Prinzip sich auch anders verhalten können, und die sich nicht immer gleich bleiben. So dass das Weltall, wenn es entstanden ist, auch wieder aufgelöst werden wird, und dass es schon von Anfang an aus an sich wieder auflösbaren Elementen entstanden ist" (I,10,3; Übersetzung von H. Gauss, a.a.O., S. 171 f).

die Zeit gänzlich dem repräsentierenden Medium angehörte, die Ähnlichkeitsbeziehung des Kosmos mit dem Äon verloren, wüßte man doch angesichts des Fehlens einer Abbildungsform nicht mehr, was eigentlich repräsentiert wird. Da die Zeit als Vermittlungsprinzip fehlte, herrschte zwischen Diesseits und Jenseits eine unüberwindliche Kluft. Dieser Schwierigkeit wäre man in dem Fall, daß die Zeit als „Form der Abbildung" und damit als Vermittlungsglied zwischen Äon und Kosmos fungierte, ledig.[4]

Da die Frage allein aus einer Analyse der Zeit nicht zu entscheiden ist, muß der Versuch unternommen werden, sie aus einer Analyse der Bedeutung des Äon zu beantworten.

## 2. Zeit als Abbild des Äon

Welche Bedeutung hat der griechische Terminus αἰών (αἰώνιον)? Die Übersetzungen schwanken zwischen „Unendlichkeit", „Unvergänglichkeit"[5] und „Ewigkeit"[6].

Die Übersetzungsvielfalt reicht bis auf die unmittelbare Platon-Rezeption zurück. In ihr treten verschiedenen Grundüberzeugungen zutage, zum einen die Auslegung als *aeternitas* bzw. *aevum*, zum anderen die als *sempiternitas*, wobei mit der ersteren die Ewigkeit gemeint ist, d.h. die Überzeitlichkeit, Zeitenthobenheit, Zeitlosigkeit, mit der zweiten das immerwährende zeitliche Sein, die unendliche Dauer. Während die erste Bedeutung auf die totale Negation der Zeit zielt und daher zumeist zur Beschreibung der Transzendenz verwendet wird, zielt die zweite gerade auf das immerwährende Sein in und mit der Zeit, auf die zeitliche Konstanz. Allerdings ist im letzteren Fall unentscheidbar, ob die temporale Beschreibung tatsächlich das Wesen des Äon trifft oder lediglich seine äußere Auftritts- und Darstel-

---

[4] Die Frage hängt essentiell davon ab, wie die Erschaffung des Kosmos zu verstehen ist, ob als *creatio ex nihilo* mit Inklusion der Materie oder nur als Formung einer an sich schon vorhandenen, aber amorphen Materie. Im ersten Fall bliebe die Antwort ambivalent; denn da ausnahmslos alles erschaffen wäre, würde dies für die „Form der Abbildung" ebenso wie für die „Form der Darstellung" gelten. Im zweiten Fall fiele die Antwort zugunsten der Zeit als „Form der Abbildung" aus; denn hier hätte die Rede vom abbildlichen Kosmos und der abbildlichen Zeit nur Sinn, wenn damit die Gestaltung der Materie gemeint wäre, also die sinnliche Repräsentanz des Vorbildes.

[5] So übersetzen Fr. Schleiermacher und H. Müller in: *Platon*: Sämtliche Werke nach der Übersetzung von F. Schleiermacher und H. Müller, Bd. 5, Hamburg 1959, 3. Aufl. 1961, S. 160.

[6] So übersetzt H. Gauss: *Philosophischer Handkommentar zu den Dialogen Platons*, a.a.O., S. 186; vgl. F. M. Cornford: *Plato's Cosmology*. The Timaeus of Plato translated with a running commentary 1957, 7. Aufl. London, Henley 1977, S. 97 f; W. Bröcker: *Platos Gespräche*, Frankfurt a. M. 1964, 2.Aufl. 1967, S. 512.

lungsweise, die sich aus der spezifischen Erkenntnissituation des Menschen erklärt, der nur temporal vorzustellen vermag. Der Äon könnte hiernach sowohl essentiell zeitlich sein, in und mit der ganzen Zeit existieren, wie auch methodisch nur in bezug auf die Zeit als immerwährend beschreibbar.

Beide Grundinterpretationen sind in nachplatonischer Zeit im Anschluß an den *Timaios* vertreten worden. So hat Plotin in seiner berühmten Zeitabhandlung in der *Enneade*, III. Buch, Kapitel 7, insbesondere die These der Zeitlosigkeit vertreten. Im 6. Jahrhundert n. Chr. haben Olympiodorus philosophus und Proclus diadochus den Versuch unternommen, die sachliche Differenz auch definitorisch zu fixieren, indem sie αἰώνιον mit Ewigkeit/Zeitlosigkeit und ἀίδιον mit Dauer identifizierten. Wenngleich solche terminologischen Distinktionen nicht ohne weiteres auf Platon übertragbar sind, ist ihr Ursprung bei ihm nicht ganz unbegründet.

Für die Auslegung des *Äon* als *Zeitlosigkeit* spricht die Konfrontation mit ἀίδιον, womit die Planeten- und übrigen Sterngötter charakterisiert werden. Obwohl auch sie unsterblich sind, zeitlichem Wandel und Vergehen nicht unterworfen, sind sie selber vom Demiurgen erzeugt in der Absicht, ihrerseits die sterblichen Menschen zu erzeugen. Insofern nehmen sie eine Zwischenstellung ein. Als selber erschaffen, sind sie *prinzipiell* zerstörbar, dem Wandel unterworfen, wenngleich sie nach dem Willen und Ratschluß des Demiurgen faktisch unzerstörbar sein sollen. Gemäß dieser Mittelposition zwischen prinzipiell Unauflösbarem und faktisch Auflösbarem hat ἀίδιον einen niedereren Rang als αἰώνιον, so daß zur Wahrung der Hierarchie αἰών, αἰώνιον der Seite des Überzeitlichen zuzuschlagen ist, ἀίδιον der Seite des Zeitlichen.

Diese Interpretation ist jedoch nicht unumstritten. Gegen sie erhebt sich der Einwand, daß zumindest zweimal in der Zeitabhandlung ein synonymer Gebrauch von ἀίδιον und αἰών, αἰώνιον gemacht wird, einmal in 37 d, wenn das (äonische) Paradigma des zeitlichen Kosmos als ζῷον ἀίδιον, als unvergängliches, ewiges Lebewesen, bezeichnet wird, und zum anderen in 37 e, wenn das wahrhafte Sein im Gegensatz zum Werdenden ἀίδιον genannt wird. Der strikte Dualismus der Platonischen Theorie mit seiner Gegenüberstellung von Seins- und Werdewelt scheint nahezulegen, daß mit ἀίδιον hier jener vorbildhafte Bereich des Seins bezeichnet ist, der die Negation alles Werdens und alles Zeitlichen bedeutet.

Doch auch für die Gegenthese – die Auslegung des *Äon* als *immerwährendes zeitliches Sein* – finden sich Anhaltspunkte. So kann sich diese These 1. darauf berufen, daß das Paradigma, dem der sinnliche Kosmos und die Zeit nachgebildet sind, das Ideensystem ist und die Ideen nach 27 d f ausdrücklich unter Zeitbestimmungen gestellt werden, indem sie als immerseiend charakterisiert werden, ihr Oppositum, das Werdende, dagegen als niemals seiend. Ihre Beschreibung erfolgt expressis verbis in bezug auf die Zeit. 2. Hinzu kommt, daß das Paradigma als vollkommenes Lebewesen angesetzt wird. Lebendigsein impliziert Leben und Bewegung, wenn auch nicht unbedingt in Form externer Ortsbewegung und Veränderung, so doch in Form interner Bewegtheit und Übergänge, was nicht ohne Zeit denkbar ist. Und 3. ist anzumerken, daß αἰών und ἀεί etymologisch zusammengehören. Obwohl αἰών nicht von ἀεί abgeleitet ist, wie oft behauptet wird, gehen beide auf denselben Stamm zurück.

Da sich nicht definitiv entscheiden läßt, ob die temporale Beschreibung das Wesen des Äon ausmacht oder nur auf das Konto des beschreibenden endlichen Subjekts geht, für das es keine Erkenntnis ohne Rekurs auf die Zeit gibt, kann auch diese These keine letzte Verbindlichkeit beanspruchen.

Einen Versuch, zwischen dieser Skylla und Charybdis hindurchzuschiffen, hat Gernot Böhme in seiner Schrift *Zeit und Zahl*[7] unternommen, indem er nicht vom nachplatonischen, sondern vom vorplatonischen Verständnis ausgeht. Gestützt auf begriffsgeschichtliche, philologische und historische Untersuchungen von C. Lackheit, E. Benveniste, A.-J. Festugière und E. Degani, benutzt er die Genese des Äon-Begriffes von Homer bis Platon zur Interpretation der Platonischen Auffassung. Innerhalb dieser Entwicklung zeichnen sich drei Stadien ab:

1. Äon bedeutet ursprünglich Lebenskraft, Quell, Born des Lebens, Ursprung und Prinzip des Lebens. Der Ausdruck wird zumeist oder sogar ausschließlich im Zusammenhang mit der jugendlichen, vorwärtsdrängenden und stürmenden Lebenskraft gebraucht – darauf weist schon die etymologische Verwandtschaft mit einer Gruppe von Wörtern mit der Bedeutung ‚Jugend‘, ‚Lebenskraft‘ (vgl. lat. *iuvenis*, skr. *yùvan*). Äon wird niemals von Alten oder Greisen ausgesagt. So läßt Homer Andromache beim Tod Hektors ausrufen: „Gatte, so jung verlorst du dein Leben und läßt mich als Witwe hier im Palaste zurück."[8] Und beim Tod des jugendlichen Patroklus heißt es, daß ihm die Lebenskraft herausgeschlagen wurde.[9] Die Verwandtschaft von Äon und Lebenskraft wird nicht zuletzt dadurch bestätigt, daß Äon mit Zeugungskraft in Zusammenhang gebracht wird und wie diese anatomisch im Rückenmark oder im ganzen Mark lokalisiert wird.

In der Identifizierung von Äon mit Lebenskraft bzw. Lebensquelle liegt bereits ein Hinweis auf die weitere Entwicklung des Begriffes. Wie sich die Quelle zum Fluß weitet, so die Lebenskraft zum Leben. Die Metaphorik ist sprechend.

2. In der entwickelteren Bedeutung fällt Äon mit Leben, Lebenszusammenhang, Lebensganzheit zusammen. Die Lebenskraft dokumentiert sich im Gesamtlebenszusammenhang, der seinerseits in allen Phasen zusammengehalten wird durch die eine Lebenskraft. Durch sie gewinnt er seine Einheit. So kann man sagen, daß das Leben in seiner individuellen Erstreckung die entäußerte und entfaltete Lebenskraft ist. Der Äon als Lebensganzheit steht in einem Explikationsverhältnis zum Äon als komprimierter, kompakter Lebenskraft.

3. Da der Lebenszusammenhang eines Lebewesens zugleich seine lebenszeitliche Erstreckung ist, impliziert er Zeit, die, zunächst als individuelle Lebenszeit verstanden, sich in Kindheit, Jugend, Erwachsenen-, Greisenalter gliedert und ihre Einheit genau wie der Lebenszusammenhang aus der verbindenden Lebenskraft

---

7 G. Böhme: *Zeit und Zahl*. Studien zur Zeittheorie bei Platon, Aristoteles, Leibniz und Kant, Frankfurt a. M. 1974, S. 68-98.
8 Homer: *Ilias* Ω 725 f (Übersetzung von J. H. Voss)
9 Vgl. Homer: *Ilias* T 27.

erhält. Von hier wird verständlich, daß das Verhältnis von Äon als Lebenskraft zu Äon als Lebensdauer zugleich ein Verhältnis von Äon zu χρόνος ist; denn die Zeit ist die Weise, in der der Lebensvollzug abläuft.

So überzeugend diese Interpretation sein mag, gegen sie erhebt sich der Einwand, daß sie über den Status einer bloßen, unausgewiesenen Hypothese nicht hinauskommt. Da der Äon selbst nur in seiner Explikation faßbar und nur von dieser aus erschließbar, nie aber an sich zugänglich ist,[10] bleibt unausgemacht, ob und wieviel Zeitliches ihm zukommt.

Die drei aufgezeigten Interpretationsversionen unterscheiden sich dahingehend, daß die erste (Äon als Zeitlosigkeit) die Differenz zwischen Jenseits und Diesseits, Urbild und Abbild hypostasiert, die zweite (Äon als immerwährendes zeitliches Sein) die Identität bzw. Koinzidenz von Jenseits und Diesseits behauptet und die dritte (Äon als Lebenskraft bzw. Zeitprinzip und explizierte zeitliche Lebensganzheit) die partiale Identität bei partialer Differenz von Jenseits und Diesseits, Urbild und Abbild betont. Im ersten Fall entschwindet der Äon in die absolute Unzugänglichkeit, wie dies in Ursprungsphilosophien, insbesondere christlich-theologischer Provenienz der Fall ist, so auch bei Plotin, im zweiten Fall bleibt nichts als die Zeitganzheit übrig, die neben dem raumerfüllenden Stoff das Konstituens des sinnlichen Kosmos ausmacht, also die „Form der Darstellung", wobei allerdings unangebbar wird, was hier noch abgebildet werden soll. Im dritten Fall gibt die Zeit dasjenige Moment am Nachbild ab, das die Ähnlichkeit mit dem Äon qua Urbild begründet, also die „Form der Abbildung" ausmacht. Die Unentschiedenheit und Offenheit des Platonischen Modells für alle drei Interpretationen dürfte der Grund für die spätere Variabilität der Auslegungen gewesen sein.

---

10 Dieser einseitige methodische Zugang des Paradigmas vom Nachbild aus hatte sich als Spezifikum des Bildwesens ergeben.

## 3. Zeit als bewegliches Abbild

„Da nun aber die Natur dieses Lebenden [des Äon] eine äonische ist, diese dem Erzeugten vollkommen zu verleihen jedoch unmöglich war, so sann er [der Demiurg] darauf, ein bewegliches Abbild des Äon zu gestalten [...]."[11]

Mit diesen Worten begründet Platon die Nachbildung des Äon im Medium der sinnlichen Welt, welche durch Bewegung charakterisiert ist. Was immer als Abbild des Äon fungieren mag, muß das Signum der Sinnlichkeit tragen. Da die Zeit als Abbild des Äon bestimmt ist, muß sie das Merkmal der Bewegung aufweisen und als bewegtes bzw. bewegliches Abbild dem im Einen verharrenden urbildlichen Äon gegenübertreten. Mit der Opposition von κινητόν und μένοντον als Charakteristika von Zeit und Äon knüpft Platon an den alten Dualismus von Sinnen- und Ideenwelt an, deren erste durch Bewegung und Veränderung charakterisiert ist, deren zweite durch Unbewegtheit und Unveränderlichkeit. Freilich ist sehr genau zu fragen, welcher Art die Bewegung der Zeit ist – und entsprechend das Verharren des Äon – und wieweit sie sich mit den Bewegungsarten der sinnlichen Welt deckt; denn das griechische Alltagsbewußtsein und das philosophische zumal kennt – ebenso wie das heutige – eine Vielzahl von Bewegungsarten. In den *Nomoi* (893 b ff) unterscheidet Platon nicht weniger als 10 Arten: Translation, Rotation, Kreislauf, Zu- und Abnahme, Entstehen und Vergehen, qualitative Veränderung, mechanische Bewegung und Selbstbewegung, so daß eine Spezifikation unumgänglich wird. Da mittels der die Zeit charakterisierenden Bewegung nicht nur die innerweltlichen Bewegungen zwischen dem Einzelseienden beschrieben werden sollen, sondern die Bewegung des Kosmos überhaupt, dürfte daraus Aufschluß über das detailliertere Verhältnis von Diesseits und Jenseits, genauer über den Übergang des Äon zur Zeit zu gewinnen sein.

Wenn auch der von Platon gebrauchte Begriff der κίνησις äquivok ist und gleicherweise Ortsbewegung wie qualitative Veränderung bezeichnen kann und hinsichtlich der ersteren alle möglichen Arten umfaßt, angefangen von der gradlinigen, über die krummlinige bis zur zyklischen, deutet der ebenfalls zur Charakteristik der Zeit herangezogene Terminus ἰοῦσα, der Gehen, Fortschreiten meint, in die Richtung einer Translation, einer einsinnig gerichteten unaufhörlichen Bewegung. Gestützt wird diese Deutung durch die These, daß die Zeit das in Zahlen fortschreitende Abbild ist. Soll sich die unendliche Zahlenreihe auf Bewegung applizieren lassen, so muß letztere als unendlich gradlinige Bewegung aufgefaßt werden, deren Exponat die unendliche Linie ist, in der die beliebig ausgegrenzten Teile die Zahlen repräsentieren. Allerdings muß diese Beschreibung sogleich wieder zurückgenommen werden, zumindest in einem gravierenden Punkt, heißt es doch von der Zeit nicht nur, daß sie das in Zahlen fortschreitende Abbild sei, sondern

---
11 *Timaios* 37 d.

das nach Zahlverhältnissen *Kreisläufe* beschreibende und so in *Kreisläufen* fortschreitende Abbild. Nicht die willkürlich ausgegrenzten oder ausgrenzbaren Teile einer gradlinigen Bewegung bilden die Orientierungsgrundlage der Zeitmessung, sondern die periodischen Umläufe der Planeten. Die der Zeit zugeschriebene Bewegungsart ist der Kreislauf. Die Zeit wird hier als zyklische gedacht, als ständige Wiederkehr des Gleichen. Die Mythologie gebraucht hierfür das Bild des Uroboros, der sich in den Schwanz beißenden Schlange. In dieser Zyklik verbinden sich zwei divergierende Momente: Endlichkeit und Unendlichkeit, ersteres insofern, als die Bewegung ständig in sich zurückkehrt, das Ende sich in den Anfang zurückschlingt und so eine geschlossene, endliche Gestalt abgibt, letzteres insofern, als der Kreislauf die Möglichkeit zu unendlichfacher Iteration enthält und so trotz permanenter Wiederholung als unendlicher Fortschritt aufgefaßt werden kann. Als in Kreisläufen fortschreitende Bewegung ist die Zeit Vermittlerin zwischen Geschlossenheit und Offenheit. Von den diversen Bewegungsarten repräsentiert die Zeit nur eine einzige, den Kreislauf, nicht etwa Entstehen und Vergehen, Zu- und Abnahme, Veränderung und anderes.

Wie nach der Bewegungsart der Zeit gefragt wurde, so ist auch nach der Verharrensweise des Äon zu fragen; denn wie κίνησις ist μένειν äquivok und bezeichnet gleicherweise Unbewegtheit, Starre, absolute Ruhe wie auch diverse Bewegungsformen, sowohl minimale Bewegung[12] wie auch interne Veränderung bei externer Gleichbleibendheit. Es ist wohl die Einsicht in diese Bedeutungsvielfalt gewesen, die Platon zu einer Entwicklung seiner Ideentheorie von der anfänglichen Annahme absoluter Unbewegtheit der Ideen zu der späteren Annahme einer Form von Bewegtheit, nämlich der dialektischen Bewegung motivierte, die mit dem Verharren (μένειν) kompatibel ist; denn indem die höchsten, zur συμπλοκή verbundenen generischen Ideen wie Einheit, Vielheit, Identität, Differenz, Sein, Nichtsein usw. wechselseitig füreinander als Subjekt wie als Prädikat fungieren, gehen sie über das Andere ihrer selbst wieder mit sich zusammen und bewahren so trotz des Wechsels ihre Selbstidentität. So ist z.B. das Genus ‚Eines' (ἕν) als Subjekt nicht nur durch die Vielheit der Prädikate ‚Sein', ‚Identität', ‚Differenz' usw. bestimmt, sondern bewahrt als Prädikat von eben diesen durchgehend seine Einheit; und Identität ist nicht nur eine, seiend, von anderem verschieden usw., sondern über die anderen Bestimmungen und durch diese hindurch mit sich identisch. Trotz des internen Umschlags bewahren die generischen Bestimmungen nach außen ihre Unveränderlichkeit. Die Ideen bleiben das, was sie sind, trotz interner Bewegung. Hier wird eine Konstanz gedacht, die Bewegung und Veränderung einschließt. Wenn die chronologische Einordnung des *Timaios* als Spätwerk richtig ist und wenn man unterstellen darf, daß Platon nicht einem Rückfall in seine frühe Ideenposition erlegen ist, dann muß mit dem „im Einen Verharren" des Äon ein Sinn verbunden werden, der die dialektische Bewegung einschließt und nicht Totstarre bedeutet.

---

12 In der Neuzeit z.B. interpretiert Leibniz Ruhe als gegen Null tendierende Bewegung, um so den absoluten Gegensatz zwischen Ruhe und Bewegung aufzuheben.

Allerdings taucht hier ein schwieriges Problem auf. Handelt es sich bei der dialektischen Struktur des Äon um eine aktuale, wirklich vollzogene Bewegung, sei es eine Seinsbewegung, sei es eine Bewegung des subjektiven nachvollziehenden Geistes, oder handelt es sich lediglich um eine potentielle, noch unexplizierte Bewegung, um eine bloße Möglichkeit, die sich vom aktuellen Vollzug unterscheidet? Die Differenz ließe sich auch durch die Modalkategorien Wirklichkeit und Möglichkeit wiedergeben, ebenso durch die genetischen Begriffe von Explikation und Implikation. Im ersteren Fall entfiele ein hinreichendes Unterscheidungskriterium zwischen Ideen- und Sinnenwelt, da die als Seins- oder Geistesprozeß explizierte Dialektikstruktur der Ideen ein temporaler Vorgang wäre, der sich in nichts von derjenigen Bewegung der Sinnenwelt unterschiede, die die Zeit repräsentiert und die als ein selbstreferentieller Kreislauf gedacht wird. Diese Konsequenz hat Platon im *Parmenides* gezogen, indem er dort die Differenz zwischen Ideen- und Sinnenwelt aufhebt und die Zeit als ideelle Bestimmung betrachtet,[13] die am Älter-, Jünger- und Gleichaltsein und -werden den Fortschritt wie den Rückschritt wie die Gleichbleibendheit des Ganzen, des Kosmos, zeigt. Im zweiten Fall würde an der absoluten Differenz zwischen Ideen- und Sinnenwelt, Äon und Zeit festgehalten werden. Zugleich rückte wegen seiner Unexpliziertheit und bloßen Explikationsmöglichkeit das Ideengeflecht in die Transzendenz und verlöre den Bezug zur Sinnlichkeit. Das potentielle Ideengeflecht wäre nichts weiter als ein unbestimmtes x, das sich nur noch durch Negativbegriffe wie Nicht-Bewegtheit, Unexpliziertheit indizieren ließe.

Im Grunde wiederholt sich in den beiden Alternativen der schon bekannte Auslegungsdimorphismus des Äon als Transzendenz oder Immanenz.

Beide Versionen haben Konsequenzen für die Auslegung des Verhältnisses von Äon und Zeit. Im Falle der Koinzidenz, welche die Rede von Vorbild und Nachbild im Grunde aufhebt, könnte die Bewegung der abbildlichen Zeit nur als Selbstexplikation des Äon verstanden werden. Ist der Äon nichts anderes als die selbstreferentielle dialektische Bewegung, ist er nichts außer oder neben ihr und fällt diese Bewegung mit der selbstbezüglichen Bewegung der Zeit, ihrer Periodik, zusammen, dann ist diese Bewegung letztlich die Selbstdarstellung und -entfaltung des Äon.

Hält man hingegen am unaufhebbaren Hiat zwischen Äon und Zeit sowie am Hierarchiegedanken fest, so läßt sich die Bewegung der Zeit nur als Katabasis, als Dekadenz und Abfall vom Äon deuten. Der Äon geht aus sich heraus, entäußert sich, tritt in die Erscheinung; die Bewegung der Zeit ist dann der Prozeß dieser Selbstentäußerung. Genau so, nämlich als Emanationsprozeß des Äon, hat Plotin in seiner Zeitabhandlung in der III. *Enneade*, Kapitel 7, das Verhältnis Ewigkeit – Zeit gedeutet: Die Zeit ist Überfließen der Fülle der Ewigkeit, Hinausstreben über sich, welches nicht mehr wie bei Platon durch die Zyklen der Planeten zusammengehalten und gebunden wird und dadurch als Fortgang ins Unendliche erscheint.

---

13 Siehe den Schluß der 2. Position des Hauptteils des *Parmenides*.

„Statt des Vollendet-Unendlichen und Ganzen: das Immer-im-Nacheinander-ins-Unendliche; statt des einig Ganzen: das teilweise und immer nur Künftig-Ganze"[14],

so beschreibt Plotin das Verhältnis der Ewigkeit zur Zeit.

Eine dritte Deutungsmöglichkeit, die zugleich eine Vermittlung der beiden Extrempositionen darstellt, geht von der im vorigen Kapitel dargelegten Interpretation des Äon als einer in sich geballten Lebenskraft und der Zeit als einer explizierten individuellen Lebensganzheit und -erstreckung aus. Ihr Verhältnis ist dann das einer Explikation oder Entwicklung in Analogie zu organischen Prozessen, wie sie von Pflanzen und Tieren bekannt sind, etwa vom Entwicklungsprozeß einer Eichel zu einem Eichbaum. Es handelt sich hier um ein Sich-Auslegen und -Entfalten einer kompakten, unentwickelten Instanz, um ein Sich-Öffnen eines Geschlossenen.

Auch unter diesem Aspekt bleiben die Alternativen unentscheidbar.

## 4. Zeit als in Zahlen fortschreitendes Abbild

In den bisherigen Beschreibungen wurde die Zeit schrittweise charakterisiert als Abbild, als Abbild des Äon, als bewegliches, und zwar zyklisches Abbild des Äon. Als weitere Charakteristik steht noch aus die, nach der die Zeit das in Zahlen fortschreitende Abbild des Äon ist. Diese Definition hat eine nicht zu übersehende historische Wirkungsmächtigkeit entfaltet, definiert doch Aristoteles in der *Physik*[15] in Anlehnung an dieselbe die Zeit geradezu als „Zahl der Bewegung". Mit der Zahl tritt ein ganz neues Moment auf den Plan, das der Zeitzählung oder, wie wir heute sagen würden, der Zeitmessung, also das der Quantifizierung der Zeit.

Messung im allgemeinen setzt zwei Momente voraus, zum einen das Maß (μέτρον), mittels dessen ein Bereich gemessen wird, und zum anderen einen noch unbestimmten Bereich, der mittels des Maßes gemessen werden soll. Messendes und Zu-Messendes stellen Korrelate dar, die nur in Beziehung aufeinander Sinn haben. Dies setzt ihre Homogenität voraus, können doch Längen nur durch Längen, Breiten nur durch Breiten, Räume nur durch Räume gemessen werden. Da das Maß zugleich das Instrumentarium ist, durch das ein noch unbestimmter Bereich durch wiederholte Applikation, d.h. durch Iteration des Gleichen erschlossen wird, fungiert das Maß nicht nur als Maßstab, sondern auch als Erkenntnisprinzip. Das Maß kann absolut oder relativ sein. Ersteres liegt vor in der Zahlenreihe, die auf dem Zahlprinzip, der Eins, und dem Schema n + 1 basiert, wonach die Zahlen eine sukzessive Addition von Einheiten und deren Synthese bilden. Das zweite be-

---
14 *Enneade* III,7,11 in: Plotin: *Über Ewigkeit und Zeit* (*Enneade III 7*), übersetzt, eingeleitet und kommentiert von W. Beierswaltes, Frankfurt a. M. 1967, 3. Aufl. 1981, S. 129.
15 *Physik* IV, 11 (219 b 1f).

gegnet überall dort, wo wir es mit Extensionen räumlicher, zeitlicher, kinematischer Art zu tun haben, z.B. beim Längenmaß, bei dem ein Fuß, eine Elle, eine Seemeile, ein Steinwurf als Maß fungiert, beim Zeitmaß, das in einer Tagesreise, einem Kamelritt, dem Aufguß einer Tasse Tee aus dem Samowar besteht, beim Gewicht, das ein Korn, ein Karat usw. als Maß benutzt. Das relative Maß kann objektiv wie subjektiv begründet sein. Wie Elle und Fuß eine objektive Grundlage haben, so beruht das in Paris aufbewahrte Metermaß auf einer willkürlichen Festsetzung durch das Subjekt.

Die Frage ist nun, was respektive der Zeitmessung als Maß und was als zu messender Bereich in Betracht kommt. Die Antwort scheint zumindest bezüglich des Maßes einfach zu sein; denn wenn die Zeit als das in Zahlen fortschreitende Abbild beschrieben wird, so werden eindeutig Zahlen als Maß genannt. Doch diese Erklärung ist nicht nur unzulänglich, sondern auch mißverständlich; denn Zahlen, rein für sich genommen, bestimmen ausschließlich den Zahlenbereich, da Messendes und Gemessenes konform sein müssen. Dadurch daß jede Zahl das So-und-sovielmal-Eine ist, läßt sich durch die Eins die gesamte Zahlenmenge bestimmen. Nicht hiernach ist jedoch gefragt bei der Zeitmessung, sondern nach dem, was als Zeitmaß fungiert, dem allenfalls eine Zahl zugeordnet werden kann. Bei dem Erfragten kann es sich nur um ein relatives Maß handeln, da das absolute auf Zahlen beschränkt ist. Statt von Zeitzählung sollte daher in exakter Redeweise besser von Zeitmessung gesprochen werden. Auch auf das jetzt Erfragte hält die Definition eine Antwort parat, wenn sie die Zeit als das in Zahlen fortschreitende, d.h. zählbare bewegliche Abbild beschreibt.

Hiernach ist die Bewegung dasjenige, dem die Zahlen zugeordnet werden und mittels deren die Zeit gemessen und quantifiziert werden kann. Die ins Unendliche fortschreitende Zahlenreihe verlangt eine ebensolche ins Unendliche fortgehende Bewegung. Die Meinung jedoch, bei dieser könne es sich nur um einen gradlinigen, einsinnigen Bewegungsprozeß handeln, hat sich für Platon bereits als Irrtum erwiesen. Denn anders als für die Neuzeit ist für ihn Zeitmessung in objektiven Phänomenen fundiert, und zwar in den Kreisläufen der Planeten. In der gradlinigen unendlichen Bewegung, wie sie Newton eingeführt hat und wie sie uns heute geläufig ist, liegt nichts, was eine objektive Einteilung vorgeben könnte. Ihre Einteilung bleibt subjektiv und beliebig. Für Platon hingegen bestimmen die Planetenumläufe die Zeitlänge, indem jedem Umlauf eine Zahl zugeordnet wird und so ins Unendliche. Aus diesem Grunde nennt Platon die Planeten auch „Werkzeuge der Zeit" (ὄργανα χρόνου oder χρόνων).[16] Ihre Perioden sind das Maß der Zeitmessung. Platons Zeitbegriff ist ein astronomisch fundierter.

Nun gibt es freilich nicht nur einen Planeten, sondern mehrere. Im Mittelpunkt des Platonischen geozentrischen Weltbildes befindet sich die in einer Rotationsbewegung um sich selbst drehende Erde. Ihr zunächst kreist der Mond auf seiner Umlaufbahn, dann die Sonne, gefolgt von Venus, Merkur, Mars, Jupiter, Saturn

---

16 *Timaios* 41 e und 42 d.

und zuletzt vom Fixsternhimmel. Alle Planeten beschreiben zweierlei Bewegung, zum einen eine Drehung um sich selbst, zum anderen eine Kreisbewegung um die Erde, diese jedoch in unterschiedlichen Abständen, Geschwindigkeiten und Neigungswinkeln. Diesen individuellen Umlaufbahnen entsprechen individuelle Zeitgestalten. So führt die Umdrehung des Fixsternhimmels um die Erde[17] – oder, was wegen der Relativität dasselbe ist, die Rotation der Erde gegen den Fixsternhimmel – zur Folge der Tage;[18] aus dem Umlauf des Mondes resultiert der Monat, aus dem Umlauf der Sonne das Jahr.

„Die Umläufe der übrigen Planeten", sagt Platon, „haben die Menschen, mit Ausnahme weniger unter vielen, nicht begriffen und geben weder ihnen Namen, noch messen sie, angestellten Beobachtungen zufolge, ihre Bahnen nach Zahlen gegeneinander ab, so daß sie schier nicht wissen, daß die schwer zu bestimmende Mannigfaltigkeit und der wundervolle Wechsel ihres Umschweifens Zeit ist."[19]

Sie sind für die alltägliche Zeitmessung irrelevant. Da das Planetarium ein System von Planeten darstellt, die sich in verschiedenen Abständen mit verschiedenen Geschwindigkeiten und Neigungen bewegen, können ihre Umlaufbahnen und die darauf basierenden Zeitlängen in Verhältnisse zueinander gesetzt werden. Auf diese Weise ergibt sich das Verhältnis der Tage zum Monat, der Monate zum Jahr. Die Wiederherstellung einer bestimmten Gesamtkonstellation, die als Anfangs- oder Ursprungskonstellation angesetzt wird, bildet das kosmische Jahr.[20]

Weit entfernt, daß Platon mit der These von der in Zahlen fortschreitenden Zeit eine moderne, auf beliebiger subjektiver Quantifikation basierende Zeitauffassung vertreten hätte, seine Zeittheorie und Zeitmessung basieren auf objektiven Fakten, auf den periodischen Bewegungen des Planetensystems. Der Platonischen Zeittheorie mit der Annahme individueller Zeitgestalten, wie sie durch die Umläufe der einzelnen Planeten vorgegeben sind und wie sie sich beliebig numerieren und untereinander in Verhältnisse setzen und so zu einem Zeitsystem mit interner Gliederung ausbauen lassen, steht die neuzeitliche mathematische Zeitauffassung gegenüber, wie sie in Newtons Physik begegnet, die eine ins Unendliche homogene, kontinuierliche, einsinnig fortschreitende Zeit unterstellt. Beide unterscheiden sich essentiell als *gestalttheoretische* und *reihentheoretische* Auffassung. Dasselbe Phänomen begegnet bei der Konstitution der natürlichen Zahlenreihe, die bei Platon ebenfalls gestalttheoretisch, in der Moderne reihentheoretisch erfolgt. Wie der *Parmenides*-Dialog (2. Position) zeigt, geschieht der Aufbau der Zahlenreihe anhand

---

17 Jede Nacht sehen wir die Sterne von Osten nach Westen sich bewegen binnen 24 Stunden. Dies legte phänomenologisch die Annahme nahe, daß alle Sterne am Fixsternhimmel befestigt seien, der sich um die Erde drehe und die Sterne mitnehme. Wegen der Relativität muß jedoch ebenso die Annahme zugelassen werden, daß der Fixsternhimmel feststeht, wie sein Name besagt, und die Erde sich dreht.

18 Die aus Tag und Nacht bestehen.

19 *Timaios* 39 c (Übersetzung H. Müller).

20 Die Möglichkeit einer solchen Wiederkehr setzt ganzzahlige Verhältnisse der Umläufe zueinander voraus. Andernfalls wäre nicht auszuschließen, daß die Konstellation sich in infinitum nicht wiederholte.

einer zunehmenden Differenzierung generischer Ideen aus dem Ideengeflecht, und zwar so, daß jedem durch eine individuelle Idee und Ideenkombination bestimmten Schritt eine besondere Zahl zugeordnet wird. Mit der dialektischen Exposition der Genera geht die Zahlkonstitution einher. Die reihentheoretische Auffassung ist erst eine spätere bei Aristoteles einsetzende Abstraktionsleistung, die aufgrund ihrer Prämisse von der Gleichförmigkeit den Übergang von der objektiv fundierten Einteilung zur subjektiv-willkürlichen erleichtert. Analog verhält es sich mit der Zeitmessung. Gründet sie bei Platon und auch heute noch im normalen Kalender- und Uhrengebrauch in objektiven Bewegungsgestalten des Himmels, so ist an ihre Stelle in der Moderne eine homogene mathematische Zeitauffassung getreten.

## 5. Zeit als äonisches Abbild des Äon

Die Gestaltauffassung der Zeit als Kreislauf und die sich daraus ergebende Konsequenz sind Thema der 5. Unterthese; denn diese beschreibt die Zeit als äonisches Abbild, genauer als bewegliches äonisches Abbild des Äon. An dieser Beschreibung fällt auf, daß die Zeit mittels eines Merkmals charakterisiert wird, das dem paradigmatischen Bereich angehört. Nicht der Äon selbst, sondern sein Abbild wird äonisch genannt. Damit wird ein Kriterium der einen Sphäre auf die andere übertragen und eine Gemeinsamkeit begründet, kraft deren das Abbild dem Urbild ähnlich genannt werden kann. Freilich bleibt eine Differenz gegenüber dem Äon in der Bewegtheit des äonischen Abbildes erhalten.

Diese auffällige Charakteristik weist eine gewisse Parallele auf zu der Charakteristik des sinnlichen Kosmos, der als Abbild des Ideenkosmos angesetzt wurde und von dem es hieß, daß er der „sein werdende Gott" in bezug auf den „immer seienden Gott" sei.[21] Dem paradigmatischen seienden Gott wurde der werdende, sich wandelnde Gott konfrontiert, um auf diese Weise deutlich zu machen, daß der sinnliche Kosmos zwar vom ideellen unterschieden, aber doch ein singulärer und einzigartiger ist. Während es normalerweise zu jedem Vorbild, das stets eines ist, unzählig viele Kopien gibt, findet sich im Falle des Universums nur eine einzige Kopie, da eine Mehrheit das an die Bedingung des Universums gebundene Postulat der Allumfassendheit unterminieren würde. Und dieses eine Universum ist das Kugeluniversum, da dies allein absolute Gleichgewichtigkeit und Gleichartigkeit nach allen Seiten zu garantieren vermag.

Wie die Kugelgestalt für das sinnliche Universum, so ist die Kreislaufgestalt für die Zeit die adäquate Form, welche die Vermittlung zwischen Jenseits und Diesseits leistet. Einerseits repräsentiert die Kreisgestalt Geschlossenheit, Einheit und Ganzheit, indem sie als eine in sich zurücklaufende Bewegung auftritt, und andererseits

---

21 *Timaios* 34 a, vgl. 92 c.

Offenheit und Unendlichkeit, indem ihre Bewegung beliebiger Iteration fähig ist. Mit dem ersten Gestaltmoment schließt sie an den paradigmatischen Äon an, der eine in sich geschlossene, noch nicht aus sich herausgegangene Einheit ist, und mit dem letzten an die Unendlichkeit und Unbestimmtheit des sinnlichen Mediums.

An dieser Stelle wird auch Platons Konzept von der Stellung der Zeit zum Raum bzw. zur Materie deutlich. Die Zeit gilt ihm nicht als dem Raum neben- oder gleichgeordnet, sie gehört nicht zusammen mit ihm zur „Form der Darstellung" oder, kantisch gesprochen, zur Form der Sinnlichkeit, in der sich das Übersinnliche darstellt, sondern sie gilt ihm als dem Raum und der Materie vor- und übergeordnet, als das, was entgegen dem Raum und der Materie die „Form der Abbildung" ausmacht und zwischen Jenseits und Diesseits vermittelt, indem sie die eine einheitliche, geschlossene Gestalt des Äon in den räumlich-materiellen Sinnenbereich projiziert und in ständigen Wiederholungen expliziert. Die Möglichkeit der Explikation des Äon als ständig iterierter Kreislauf setzt das räumlich extensionale, stoffliche Medium voraus. So vereinigt die Periodizität der Zeit Geschlossenheit und Offenheit, Suisuffizienz und Defizienz.

Wenn die Zeitgestalt zwei divergierende, im Grunde sich ausschließende Momente enthält, die Zyklik und Reversibilität des äonischen Abbildes einerseits, die Einsinnigkeit und Irreversibilität der Bewegung andererseits, so muß sich die Frage nach der Möglichkeit und der Art und Weise der Verbindung aufdrängen, geht es doch hier um nichts Geringeres als um die Verbindung von Simultaneität und Sukzessivität, Atemporalität und Temporalität. Die fundamentale Frage ist, wie sich beide zugleich denken lassen. Im *Timaios* hat Platon die Lösung dieses Problems mehr angedeutet als expliziert. Die wenigen in diesen Kontext gehörenden Bemerkungen über Zeitmodi bzw. Zeitaspekte (εἴδη)[22] weisen auf den *Parmenides*, dessen zweite Position das Problem ausführlich behandelt.

Die moderne Zeittheorie pflegt zwei Arten von Zeitbestimmungen zu unterscheiden, die seit McTaggart[23] A- und B-Reihe genannt werden. Ist mit jener die triadische Einteilung der Zeit in Vergangenheit, Gegenwart und Zukunft gemeint, die von der Gegenwart aus erfolgt und sich mit dieser ständig ändert, so mit letzterer die relative Einteilung in ‚früher als' und ‚später als', zu denen ‚gleichzeitig mit' hinzukommt. Die letztere Einteilung ist von der ersteren unabhängig und gilt von

---

22 Platon bezeichnet die sog. Zeitmodi als εἴδη, als Gestalten der Zeit, im Unterschied zu den μόροι, den quantitativen Teilen der Zeit wie Tag, Monat, Jahr, die durch die Planetenbewegungen bedingt sind und die interne Gliederung des kosmischen Jahres ausmachen. Die εἴδη sind keine Teile der Zeit in diesem Sinne, sondern Aspekte, modale Bestimmungen der Zeit. Damit taucht die Frage auf, in welchem Verhältnis sie zur Zeit stehen. Handelt es sich um subordinierte Arten eines Oberbegriffes, die nach dem Schema von *genus proximum per differentiam specificam* zustande kommen, oder um interne Gliederungsprinzipien und Konstitutionsmomente der Zeit, die als Einzelaspekte des Ganzen zusammen das Zeitganze bilden?

23 J. E. McTaggart: *The Nature of Existence*, 2 Bde., Cambridge 1921 und 1927, 2. Aufl. 1968, Bd. 2, S. 10, § 306; ders.: *The Unreality of Time*, in: *Mind*, New Series, Bd. 17, Nr. 68 (1908), S. 457-474, bes. S. 458.

der gesamten Zeit, über dieselbe hinweggehend. Nicht nur ist das Vergangene früher als das Zukünftige, auch innerhalb der Vergangenheit gibt es Früheres und Späteres und ebenso innerhalb der Zukunft. Gleiches gilt vom Späteren. Obwohl es unstatthaft ist, moderne Überlegungen und Distinktionen auf Platons Zeittheorie anzuwenden, finden sich diese Unterscheidungen in ihr präfiguriert, wenngleich mit gewissen Modifikationen. Unserer Meinung nach spiegeln sich in den beiden Zeitreihen die beiden gestalttheoretischen Momente der Zeit wider, in der A-Reihe die Irreversibilität und grundsätzliche Offenheit, in der B-Reihe die Reversibilität und Geschlossenheit, so daß die beiden Zeitreihen qualifiziert sind, Aufschluß über die Verfassung des temporalen Kreislaufs zu geben.

Platon kennt wie auch die ihm voraufgehende Tradition seit Homer die Dreiteilung der Zeit in Vergangenheit, Gegenwart und Zukunft, ausgedrückt durch die Temporalformen der Verben: ‚war‘ (ἦν), ‚ist‘ (ἔστι) und ‚wird sein‘ (ἔσται). Hinzu kommt aufgrund einer Eigentümlichkeit der griechischen Grammatik die Unterscheidung von durativer und nicht durativer (inchoativer) Aktionsart, die im *Timaios* 38 a anhand des Werdens demonstriert wird. Drücken die Formen γενέσθαι, γεγονέναι und ἔσεσθαι geschlossene Zustände aus: das γενέσθαι (‚wurde‘) den perfektiven, das ἔσεσθαι (‚wird werden‘) den futurischen und das γεγονέναι (‚ist geworden‘) den inchoativen präsentischen, so bezeichnet das γίγνεσθαι das Sich-im-Gange-Befinden, einen diese Zustände aufhebenden, grenzüberschreitenden Prozeß, der Vergangenheit und Zukunft über die Gegenwart verbindet und damit einen durativen Aspekt auch im Werden bekundet.

Obwohl Platon diese Drei- bzw. Vierteilung vertraut war, obwohl er selbst Gebrauch von ihr macht,[24] hat doch niemand anders als er Kritik an ihr geübt, offensichtlich in der Absicht, die in ihr immer noch – trotz fortschreitender Einteilung – zum Ausdruck kommende Statik durch eine reine Prozessualität zu ersetzen, wie sie am ehesten das γίγνεσθαι wiedergibt, weil die Prozeßhaftigkeit typischer für die Zeit ist als die Statik und letztere eher auf den überzeitlichen Bereich zutrifft. So trifft denn die Kritik auch primär das präsentische ‚ist‘, das im eigentlichen Sinne ‚weilen‘, ‚bleiben‘ meint, also ‚immer sein‘ und daher rechtmäßig nur im übersinnlichen, zeitenthobenen Bereich Verwendung finden kann. Zwar scheint die Gegenwart die prädestinierte Einbruchstelle für das immerwährende Ist zu sein; denn das Vergangene ist ja nicht mehr und das Zukünftige ist noch nicht, allein das Gegenwärtige ist präsent, doch der Anschein trügt; denn da sich die Gegenwart auf die Grenze zwischen Vergangenheit und Zukunft reduziert, ohne ein selbständiges Sein zu entfalten, bietet sie keinerlei Platz für irgendeine zeitliche Erstreckung. Sie ist Nichtseiendes. Wenn Platon im Zeitkontext des *Timaios* den Gebrauch des Seins (Ist-Sagens) in bezug auf das Nichtseiende kritisiert, so scheint er sich hier auf die Grenzhaftigkeit der Gegenwart zu beziehen. Da die Verwendung von Sein in bezug auf Vergangenes und Zukünftiges als Nicht-mehr- und Noch-nicht-Sein inadäquat ist, entfällt ein legitimer Gebrauch für die Zeit insgesamt. Das Sein im

---

24 Vgl. *Timaios* 38 c, *Nomoi* 884 a, 888 e, 896 a.

Sinne des Immer-Seins, der ewigen Gegenwart (*nunc stans*), muß für die übersinnliche Sphäre reserviert werden, während das Spezifikum der Zeit das Immer-Werden ist, das Vergangenheit, Gegenwart und Zukunft gleicherweise einschließt.

Während das Werden als die ständige, unaufhaltsame Verschiebung des War, Ist und Wird-Sein qualifiziert ist, die Offenheit und Unbegrenztheit der Zeit auszudrücken, ist es nicht ebenso qualifiziert, der Geschlossenheit, Einheit und Ganzheit Ausdruck zu verleihen. Dies muß eine andere Struktur leisten, auf die Platon im *Timaios* lediglich mit der schlichten Nennung von Älter und Jünger hinweist. Ihre eigentliche Behandlung findet sie im *Parmenides*. Die Bezeichnungen ‚älter' und ‚jünger', die für Platon identisch sind mit ‚früher' und ‚später', stellen nach dem *Parmenides* reziproke Begriffe dar, ähnlich wie Einheit und Vielheit, Identität und Differenz, Ähnlichkeit und Unähnlichkeit. Als solche kommen sie nicht unabhängig voneinander vor: das Ältere ist stets ein Älteres in bezug auf ein Jüngeres, das Jüngere ein Jüngeres in bezug auf ein Älteres. Neben diesen beiden Korrelativa kennt Platon noch das Gleichaltsein mit. Normalerweise wird etwas gleichalt im Vergleich mit etwas anderem genannt, mit dem es simultan existiert, mit Bezug auf die Unterscheidung von Älterem und Jüngerem entweder mit dem Älteren oder mit dem Jüngeren. Auf der Basis einer Exklusion wird das Prädikat einem der beiden zugeordnet, je nachdem, mit welchem es zugleich auftritt, nicht aber beiden zugleich. Angenommen nun, es würde die These von der gleichzeitigen Prädikation der Gleichaltrigkeit mit dem Älteren und Jüngeren vertreten werden, wie Platon dies de facto tut, so wäre eine solche These nur unter einer bestimmten Prämisse haltbar, nämlich unter der einer Kreisgestalt der Zeit; denn nur unter der Voraussetzung, daß sich das Ende der Bewegung in den Anfang zurückschlingt und damit beide koinzidieren, läßt sich verständlich machen, daß auch alle anderen gegensätzlichen Momente zusammenfallen. Für Älter- und Jüngersein heißt das, daß das, was älter ist als ein Jüngeres, zugleich auch ein Jüngeres ist in bezug auf das Ältere, und das, was jünger ist als ein Älteres, zugleich auch das Ältere ist in bezug auf das Jüngere. Angesichts dieses Zusammenfalls muß die Gleichaltrigkeit mit etwas von beiden zugleich ausgesagt werden.

Das Verhältnis des Gleichaltrigen zum Älteren und Jüngeren läßt sich vergleichen mit der Struktur der Substanz zu ihren Akzidenzien, wobei das Gleichaltrige die Funktion des durchgehenden Substrats hat, an dem das Ältere und das Jüngere als Modifikationen oder Aspekte auftreten.[25] Was für das Älter-, Jünger- und Gleichaltsein gilt, gilt selbstverständlich auch für das Älter-, Jünger- und Gleichaltwerden: Das Älterwerdende ist in bezug auf ein Jüngerwerdendes gedacht und umgekehrt und das Gleichaltwerdende in bezug auf ein Älter- und Jüngerwerdendes. Gemeint ist damit, daß man im zeitlichen Fortschritt ständig mit dem Älterwerden von etwas zu rechnen hat, das im Blick auf die Kreisgestalt der Zeit auch ein ständiges Jüngerwerden ist.

---

25 Die Auslegung des Substanz-Akzidens-Verhältnisses durch die selbstreferentielle Kreisstruktur begegnet bei Hegel wieder als Reflexion-in-sich.

Diese zyklische Zeitkonzeption mutet uns heute fremdartig an, und alle Versuche, ihrem Verständnis näherzukommen und in dasselbe einzudringen, sind bis jetzt gescheitert; es gibt bislang keine allseitig befriedigende Erklärung. Beim Versuch, die Theorie zu verstehen, stellt sich die Frage, ob die durch den Kreislauf bedingte Koinzidenz von älter, jünger und gleichalt bzw. früher, später und gleichzeitig den Inhalt der Zeit, die Ereignisse und Zustände in ihr, oder ausschließlich die Form unabhängig vom Inhalt betrifft. Nach der ersten Alternative wäre der Inhalt der Form gleichgeartet, beide würden koinzidieren; nach der zweiten wären sie different.

1. Für die erste Möglichkeit könnte die mythische Zeitauffassung sprechen, die im Gegensatz zur physikalisch-naturwissenschaftlichen steht und deren Nachwirkung bei Platon spürbar ist. Die mythische Zeitauffassung ist dadurch charakterisiert, daß in ihr ein bestimmtes Ereignis, z.B. die Inthronisation eines Königs, die Sintflut, der Sündenfall des ersten Menschenpaares usw., exemplarische und repräsentative Bedeutung hat und als ein einmaliges Geschehen ein für allemal, d.h. für alle Zeit gilt. Obgleich es sich um ein individuelles Ereignis handelt, ist es von genereller Gültigkeit. Diese Struktur, die in den Naturwissenschaften einem allgemeinen Gesetz zukommt, eignet hier einem individuellen Ereignis. Aufgrund des paradigmatischen Charakters des Urereignisses ist jeder spätere Vollzug Wieder-Holung, d.h. Zurückholung des anfänglichen Geschehens, nicht einfach Kopie. Was unser physikalisch-naturwissenschaftliches Zeitverständnis in Vergangenheit, Gegenwart und Zukunft auseinanderlegt oder gemäß den Relativbegriffen in Früheres und Späteres, fällt im mythischen Zeitverständnis unterschiedslos zusammen. In diesem Sinne ist es nicht abwegig zu sagen, daß das Vergangene, z.B. der erste Sündenfall, zugleich das Zukünftige in sich birgt oder gar dieses ist und ebenso das Gegenwärtige mit einschließt und daß das Zukünftige Vollzug und Wiederholung des Vergangenen und Gegenwärtigen ist und so auch das Gegenwärtige, das Vergangenes und Kommendes in Einheit ist oder, in den relativen Termini von früher und später ausgedrückt, daß das Frühere das Spätere ist und umgekehrt.[26]

2. Eine Interpretation, die für die zweite Möglichkeit spricht, könnte darin bestehen, daß Platon hier auf dem Wege ist, bezüglich der realen Zeit als dem sinnlichen Abbild des übersinnlichen Äon zwischen Form und Inhalt zu unterscheiden. Während der sinnliche Inhalt *in* der Zeit ist und ständig wechselt, entsteht und vergeht, kurzum dem Werden unterliegt, ist die Zeitform selbst durch Gleichartigkeit hinsichtlich des Älter-, Jünger- und Gleichaltseins bzw. des Früher, Später und der Gleichzeitigkeit charakterisiert. Dies gilt für Vergangenheit, Gegenwart und Zukunft. Für jeden Augenblick und Zeitabschnitt trifft dieselbe Struktur zu: die Trias von Vorhergehendem, Nachfolgendem und Gleichzeitigem. Die Struktur kontinuiert sich im Flusse und bewahrt so durchgängig ihre Eigenart. Mit der Verschiebung des Jetzt-Punktes ändert sich zwar die Konstellation, indem das eben noch Zukünftige jetzt Gegenwärtiges ist und dann Vergangenes wird, aber die Frü-

---

26 C. F. von Weizsäcker: *Aufbau der Physik*, München, Wien 1985, bes. S. 588 ff, hat versucht, diese Möglichkeit erkenntnistheoretisch für die moderne Quantenphysik zu aktualisieren.

her-später-gleichzeitig-Relation bleibt erhalten. Kant hat später von der Zeit als „beharrlicher Form der inneren Anschauung"[27] gesprochen oder von der stehenden Zeit. Während *in* der Zeit alles fließt, ist die *Zeit selbst* konstant und unveränderlich. Und diese Konstanz gilt, obwohl die Zeit aufgespannt und ausgedehnt ist zwischen Vergangenheit, Gegenwart und Zukunft. Zudem hat die Konstanz Geltung, ob es sich nun um eine Linearzeit oder um eine zyklische handelt.

Fragt man nach der Begründung dieser Durchgängigkeit und stellt dabei einen Vergleich zwischen Platons Zyklustheorie und Kants Theorie des unendlichen Fortschritts an, so erweist sich Platons Kreistheorie als die überzeugendere, da nur die Kreisstruktur bei Festhalten der Differenz der Zeitaspekte auch deren permanenten Zusammenfall und damit deren Konstanz und Kontinuität zu erklären vermag, nicht aber ein irreversibler Prozeß, bei dem jedes nachfolgende Moment das vorhergehende definitiv verdrängt und sich an seine Stelle setzt. Nicht zufällig sah sich später Kant nicht allein zur Heranziehung des Raumes genötigt, um an dessen Simultaneität die Zeitaspekte auseinanderhalten zu können, sondern auch zur Heranziehung der Verstandessynthesis, um den Zusammenfall erklären zu können. Die auf den ersten Blick so merkwürdig anmutende Kreiszeit Platons ist offensichtlich die sachlich fundiertere.

Mit der Gewinnung einer Konstanz im Unterschied zum reinen Werden ist zugleich eine Abhebung der Form vom Inhalt verbunden. Auch dieser Sachverhalt legitimiert im Nachherein die Vermittlerrolle der Zeit zwischen Übersinnlichem und Sinnlichem, wobei dem Übersinnlichen die Form, dem Sinnlichen der Inhalt zugeschrieben wird. Die Zeit als äonisches Abbild des Äon ist die Projektion des übersinnlichen Äon in die Sinnlichkeit und die Auslegung seiner kompakten Einheit in die Ganzheit unterscheidbarer Zeitaspekte anhand des extensionalen Mediums des stofflichen Raumes. Auch dies unterscheidet Platons Zeitauffassung von der Kantischen, für die die Zeit gleichen Status mit dem Raum hat, also Medium der Repräsentation des Übersinnlichen ist.

---

27 I. Kant: *Kritik der reinen Vernunft*, B 224; vgl. A 143 B 183, A 183 B 226.

# IV.

## Die Zeitgestalt des Jetzt bei Aristoteles

### 1. Zeitbegriffe bei Aristoteles

In Rahmen seiner Zeitabhandlung im IV. Buch der *Physik*, Kapitel 10-14, expliziert Aristoteles im Kontext einer Exposition diverser Zeitbegriffe, denen speziell das 13. Kapitel gewidmet ist, auch den Begriff des ἐξαίφνης. Dieser Begriff folgt als letzter in einer Reihe von Zeittermini, deren Arrangement sich bei genauerem Zusehen als systematisch außerordentlich kunstvoll entpuppt. Ausgehend von den beiden Bedeutungen des Begriffes νῦν: 1. als Jetzt-Punkt bzw. Moment, d.h. als diskretes, atomares, punktuelles Jetzt, und 2. als extensionale, kontinuierliche Gegenwart, legt Aristoteles die erste Bedeutung als fundamentale zugrunde, schließt daran die zweite als diejenige, die sich um den Jetztpunkt herum mehr oder weniger ausbreitet, sodann gruppiert er die übrigen Zeittermini systematisch um das Jetzt, zunächst die beidseitigen, der Vergangenheit und der Zukunft angehörenden Termini, wie das ποτέ („einst', ,einmal') und ἤδη („soeben' – ,sogleich'), die sich in näherer oder weiterer Entfernung vom Jetzt halten, und schließlich die einseitigen, die allein der Vergangenheit angehören, ἄρτι („jüngst') und πάλαι („ehedem'). Daß de facto mit den Zeitbegriffen – mit Ausnahme des Jetzt in seiner ersten Konnotation – Zeitphasen, also kontinuierliche Zeitabschnitte kleineren oder größeren Ausmaßes bezeichnet sind, geht aus den Beispielen für ποτέ und ἤδη hervor. Wenn als Beispiel für ποτέ in Bezug auf die Vergangenheit genannt wird: „Es geschah einmal, daß Troia erobert wurde" und in Bezug auf die Zukunft: „Es wird einmal die Sintflut kommen", so ist evident, daß mit dem Trojanischen Krieg und der Sintflut längere Zeitabschnitte in der Vergangenheit und Zukunft gemeint sind. Und ebenso lassen die Beispiele für ἤδη, etwa auf die Frage: „Wann gingst Du?" „Soeben ging ich" und „Wann wirst Du gehen?" „Sogleich werde ich gehen", und für ἄρτι („Jüngst kam ich") erkennen, daß wegen der Dauer und Unbestimmtheit des Aufbruchs oder des Kommens Phasen gemeint sind. Von hier legt sich der Schluß auch auf die übrigen Zeitbegriffe als *quanta continua* nahe. Wenn als letzter Terminus in der Passage der Zeitbegriffe das ἐξαίφνης („plötzlich') genannt und definiert wird als eine um ihrer Kürze willen unreelle Zeit, so zeigt nicht nur die Definition, sondern auch der Kontext, daß es sich beim ἐξαίφνης um eine Zeitphase handelt, wenngleich von minimer Dauer, die aufgrund ihrer Minimheit unbemerkt und unkonstatiert bleibt. Die Unterscheidung von objektiv wissenschaftlicher Strukturbeschreibung und subjektiv psychischer Erfahrung erlaubt es Aristoteles, das ἐξαίφνης objektiv als einen Zeitterminus zu fassen, der in die Zeit gehört und daher auch eine extensionale Zeitstruktur hat, nämlich eine kontinuierliche

Ausdehnung, und doch aus subjektiven Gründen, nämlich der Unfähigkeit des Subjekts bei der Apprehension, unkonstatiert bleibt.

Man hat stets bemerkt, daß diese Beschreibung des ἐξαίφνης eine indirekte Kritik des Aristoteles an Platons ἐξαίφνης-Begriff darstellt, wie er im Hauptteil des *Parmenides* im Anschluß an die erste und zweite, antithetisch zueinander konstruierte Position als Korrelar exponiert wird. Da der Begriff bei Platon aus systematischen Gründen aus dem dialektischen Gesamtgefüge herausfällt, allerdings dessen Antithesen auch zusammenhält und verbindet, kommt diesem Korrelar eine signifikante Bedeutung zu. Das ἐξαίφνης wird dort als ἄτοπον beschrieben, wobei der Begriff nicht nur in seiner späteren, derivativen Bedeutung als ‚unfaßbar' zu nehmen ist, sondern auch in seiner originären als ‚ortlos', ‚stellenlos', d.h. im Kontext der Zeitauslegung als nicht in die Zeit einzuordnen, aus der Zeit herausfallend, außerhalb der Zeit gelegen, auf jeden Fall nicht von zeitlich kontinuierlicher Struktur. Damit ist freilich nicht gesagt, daß das ἐξαίφνης keinerlei Bezug zur Zeit hätte, im Gegenteil: als selbst zeitlos, fungiert es bei Platon als Ermöglichungsgrund aller zeitlichen Veränderung und allen Wechsels in der Zeit und damit als Ermöglichungsgrund von Zeit selbst. Außer dieser speziellen zeitbezogenen Funktion als Prinzip zeitlichen Wandels und der Zeitlichkeit selbst hat das ἐξαίφνης noch eine generelle metaphysische Funktion, nämlich Prinzip des dialektischen Umschlags und der Diskursivität überhaupt zu sein. Mit seiner Theorie des ἐξαίφνης fügt sich Platon in einen Traditionszusammenhang, der seine Theorie einerseits nach rückwärts als Antwort auf ein Problem erscheinen läßt, das sich in der frühgriechischen Philosophie gestellt hat und in der Frage nach einer ἀρχή, nach dem Grund alles Seienden und dessen Verhältnis zum zeitlich Seienden gipfelte, und andererseits nach vorwärts als Ausgang und Basis einer geschichtlichen Wirkung, die sich über Aristoteles und dessen rein zeittheoretische Analyse sowie Dionysius Areopagitas christlich-theologische Deutung des ἐξαίφνης bis in die Unmittelbarkeits- und Vermittlungsphilosophien der Neuzeit fortsetzt, bis Hegel einerseits und Kierkegaard andererseits, bei denen das ἐξαίφνης wieder auftritt – bei Hegel unter dem Namen der Unmittelbarkeit als Grund sukzessiver Vermittlung, bei Kierkegaard als Fülle des Augenblicks in seiner unmittelbaren Vergewisserungsweise. Noch in den Ursprungsphilosophien der Moderne wirkt das ἐξαίφνης nach, z.B. in Heideggers Hölderlin-Interpretation *Wenn wie am Feiertage*.

Die sachliche und historische Relevanz dieses Begriffes als eines Schlüsselbegriffes macht es erforderlich, ihn in seiner ganzen Bedeutungsbreite und Problemdimension aufzurollen. Zu diesem Zweck ist er in seinen historischen Kontext zu stellen, wobei zunächst seine diversen Funktionen bei Platon zu eruieren sind und dann seine Weiterentwicklung bei Aristoteles aufzuzeigen ist. Hierbei handelt es sich nicht um eine bloße Begriffsgeschichte, sondern wegen des metaphysischen Status dieses Begriffes um die Entwicklung eines Ontologien freisetzenden Begriffes.[1]

---

[1] Verwiesen sei auf die Monographien zum ἐξαίφνης-Begriff: W. Beierwaltes: *'Εξαίφνης oder: Die Paradoxie des Augenblicks*, in: *Philosophisches Jahrbuch*, 74. Jg. (1966/67), S. 271-283;

## 2. Platons ἐξαίφνης-Begriff

Innerhalb von Platons *Parmenides* tritt der ἐξαίφνης-Begriff an einer Stelle auf, die aufgrund ihres systematisch-synthetischen Charakters aus dem üblichen antithetisch strukturierten Dialektikgefüge des Dialogs herausfällt und daher auch eine exponierte Bedeutung hat. In der fraglichen Passage 155 e ff wird Vermittlung schlechthin erörtert. Thema sind zum einen die diversen Arten von Vermittlung, zum anderen die Vermittlungsprinzipien, die auf und zwischen den diversen ontologischen Ebenen vermitteln. Es sind zwei fundamentale Vermittlungsarten, die Platon thematisiert und die im Horizont von Zeit und Zeitlichkeit vorkommen. Von ihnen betrifft die eine die Vermittlung zeitlicher Unterschiede und Gegensätze wie Kleinheit und Größe, die durch kontinuierliche, graduell fortschreitende Bewegung wie Wachsen bzw. umgekehrt Abnehmen erfolgt. Andere von Platon genannte Beispiele sind die Vermittlung von Einheit und Vielheit durch Sondern und Vermischen, von Ähnlichem und Unähnlichem durch Verunähnlichung und Verähnlichung, von Sein und Nichtsein durch Vergehen und Entstehen. Analysiert man diese Exempel auf ihre Gemeinsamkeit, so handelt es sich 1. bei den zu vermittelnden Positionen um relative oder extreme Positionen eines zwischen ihnen spielenden Prozesses, die an dessen Anfang und Ende stehen, also um zeitlich auseinanderliegende Zustände, die gegenüber dem vermittelnden kontinuierlichen Prozeß als diskret zu bezeichnen sind, 2., was die Vermittlung betrifft, um einen in und mit der Zeit stattfindenden kontinuierlichen, schrittweisen Prozeß. Alle genannten Beispiele lassen sich unter den Oberbegriff ‚Bewegung' subsumieren, und obwohl Platon dies nicht expressis verbis ausführt, lassen sich die in den Beispielen genannten Bewegungsarten insgesamt als Veränderungen klassifizieren: als quantitative Veränderung (Zu- und Abnahme), als qualitative (Verähnlichung und Verunähnlichung) und als substantielle (Entstehen und Vergehen). Gemeinsam sind sie auf die Struktur der Ortsbewegung projizierbar und an dieser demonstrierbar. Da die Ortsbewegung eine in der Zeit stattfindende Überbrückung auseinanderliegender Raumstellen ist, sind die Raumstellen qualifiziert, die quantitativen, qualitativen und modalen (substantiellen) Positionen zu symbolisieren.

Während die beschriebene erste Vermittlungsart zeitlich auseinanderliegende komparative, graduell gestaffelte wie auch extreme Unterschiede miteinander verbindet, bezieht sich die zweite Vermittlungsart auf zeitlich unmittelbar aufeinan-

---

Ch. Link: *Der Augenblick. Das Problem des platonischen Zeitverständnisses*, in: *Die Erfahrung der Zeit*. Gedenkschrift für G. Picht, hrsg. von Ch. Link, Stuttgart 1984, S. 51-84; H. Kuhlmann: „*Jetzt*"? Zur Konzeption des νῦν in der Zeitabhandlung des Aristoteles (Physik IV 10-14), in: E. Rudolph (Hrsg.): *Zeit, Bewegung, Handlung*. Studien zur Zeitabhandlung des Aristoteles, Stuttgart 1988, S. 63-96; M. Puder: *Die Synkopierung von ἐξαίφνης und νῦν in Platons „Parmenides" und am Schluss von Faust 2*. Notiz zum Aufsatz von Werner Beierwaltes über das ἐξαίφνης (Philosophisches Jahrbuch, 74. Jg., Halbband II, S. 271), in: *Philosophisches Jahrbuch*, 76. Jg. (1968/69), S. 420-422.

derfolgende Gegensätze wie Bewegung und Stillstand, welche man als Prozeßverlauf und dessen Anfang bzw. Ende klassifizieren kann. Da die Vermittlung unmittelbar aufeinanderfolgender Gegensätze nicht mehr durch einen sukzessiven, kontinuierlichen Prozeß in der Zeit geleistet werden kann, sondern nur durch einen instantanen qualitativen Umschlag, den Platon μεταβολή nennt, erfolgt er zeitlos, außerhalb der zeitlichen Ordnung. Der Platonische *terminus technicus* für das Plötzlich oder Nun ist ἐξαίφνης. Als ἄτοπον ist es in normale Zeitverhältnisse nicht einzugliedern, sondern bildet außerhalb derselben ein zeitloses Moment. Die Vermittlung in ihm und durch es kann nur geschehen, wenn es durch keinen der zu vermittelnden Gegensätze noch auch durch beide zugleich zureichend bestimmt ist. Denn um seine Vermittlungsfunktion erfüllen zu können, muß es außerhalb der zu Vermittelnden stehen. Wäre es durch einen oder durch beide Gegensätze charakterisiert, so glitte es auf das Niveau derjenigen hinab, die ihm zu vermitteln obliegt. So charakterisiert Platon das ἐξαίφνης und mit ihm den instantanen Umschlag als das, in das hinein und aus dem heraus die Vermittlung erfolgt. Ohne einer der beiden Gegensätze zu sein, ist es auf dem Sprunge zu beiden.

Strukturell gesehen handelt es sich bei den zu vermittelnden Gegensätzen Bewegung und Stillstand um eine kontinuierliche und eine diskrete Struktur. Dynamischer und statischer Zustand sind nicht nur qualitativ, sondern auch strukturell voneinander verschieden. Von diesen heterogenen Strukturen her versteht sich, daß die Vermittlung der kontinuierlichen zeitlichen Bewegung und der diese Bewegung abbrechenden diskreten Ruhe nicht *in* der Zeit, sondern *außerhalb* derselben stattfinden muß. Die Struktur kontinuierlicher Bewegung, die in und mit der Zeit erfolgt und daher auf Zeitkontinuität weist, und die Struktur des die kontinuierliche Bewegung und damit den kontinuierlichen Zeitfluß unterbrechenden diskreten Stillstands läßt eine Vermittlung nur außerhalb der Zeit möglich werden.

Das Verhältnis von Kontinuität und Diskretheit findet sich aber nicht nur am Anfang und Ende der Bewegung, sondern bestimmt jede der Bewegungsphasen, könnte doch die Bewegung, mag sie räumlicher, quantitativer, qualitativer oder substantieller Art sein, nicht nur bis zum Zustand A reichen, sondern auch davor bei A', A'', A''' enden usw. Bevor z.B. eine farbliche Veränderung das Extrem schwarz erreicht, erreicht sie jeden Grad von grau. In jedem Stadium, das man aus dem kontinuierlichen Prozeß herausgreifen und als möglichen Endpunkt fixieren kann, vollzieht sich der instantane Umschlag von Kontinuität zu Diskretheit. In Anbetracht dessen, daß dieser Umschlag den gesamten kontinuierlichen Prozeß durchzieht, verhalten sich die beiden Vermittlungsarten – die kontinuierliche Bewegung in und mit der Zeit und der instantane Umschlag von Kontinuität zu Diskretheit und umgekehrt im zeitlosen ἐξαίφνης – nicht wie Spezies eines gemeinsamen Genus, sondern wie interner und externer Aspekt einer einheitlichen Vermittlung. Während die Vermittlung zweier relativer oder auch extremer disparater Zustände durch kontinuierliche Bewegung geschieht und durch das Zugleich beider Zustände gekennzeichnet ist – so läßt sich das Wachsen als ständiges, wenngleich hinsichtlich der Proportion wechselndes Zugleichsein von Kleinheit und Größe verstehen, Verunähnlichung als Zugleichsein von Ähnlichkeit und Unähnlichkeit –, gelingt die Vermittlung der heterogenen Bewegungs- und Zeitstrukturen, Kontinuität und Diskontinuität, nur noch durch das Nichtsein beider. Die Bestimmung durch eines der Gegensatzglieder oder durch beide zugleich würde das Vermittlungsprinzip nur wieder auf die Ebene der zu Vermittelnden herabziehen. Und hier gilt, wie Platon am Beispiel von Bewegung und Stillstand zeigt, daß das Stillstehende, solange es stillsteht, nicht in Bewegung übergeht und das Bewegende, solange es sich bewegt, nicht in Stillstand. Während des Stillstandes geht nichts in Bewegung noch während der Bewegung in Stillstand über. Das ἐξαίφνης, der Übergang selbst, muß folglich durch ein Weder-Noch bestimmt sein. Obwohl er auf dem Sprunge zu beiden ist, ist er keines von beiden. Aufgrund seiner Ambivalenz als Weder-Noch heterogener Strukturen und als Sprung zu beiden fungiert das ἐξαίφνης bei Platon als Trennungs- *und* Verbindungsprinzip. Indem es weder die eine noch die andere Struktur ist, hält es beide auseinander; indem es auf dem Sprunge zu beiden ist, verbindet es beide und ermöglicht so den Übergang von der einen zur anderen. Beide Funktionen, die des Getrennthaltens und die des Verbindens, zeichnen das ἐξαίφνης als Konstitutionsprinzip der Zeit aus.

Damit haben sich zwei Verbindungsarten ergeben: eine innerhalb der Zeit, was die zeitlichen Zustände betrifft, und eine, die die Zeit und ihre Strukturen, Kontinuität und Diskretheit, überhaupt erst ermöglicht. Das Paradox der Bewegung als Zugleichsein von Gegensätzen in der Zeit und das Paradox des ἐξαίφνης als Weder-Noch heterogener Zeitformen sind die beiden möglichen Vermittlungsarten für Zeit-Gegensätze.

Da das ἐξαίφνης als Vermittlungsprinzip einer kontinuierlichen und einer diskontinuierlichen Struktur, d.h. im eigentlichen Sinne einer zeitlichen Ausdehnung, Spannung, Erstreckung und einer Zeitlimitation fungiert, wird es von Platon im erweiterten Sinne in Anspruch genommen zur Vermittlung der antithetischen Resultate der ersten und zweiten Position des Dialektikgefüges des *Parmenides*, die am Paradigma des Einen dessen Nichtteilhabe an allen Bestimmungen einschließlich der Zeit (erste Position) und dessen Teilhabe an allen einschließlich der Zeit (zweite Position) demonstrieren. In diesen Positionen wird gezeigt, daß das Eine rein für sich, bei totaler Selbstreferentialität, zu Nichtsein und Nichts einschließlich zeitlichen Nichtseins führt und das Eine in seiner Referentialität zu anderem zu Sein und zur Allheit der Bestimmungen einschließlich des zeitlichen Seins. Das ἐξαίφνης expandiert damit seine Vermittlerrolle von einer rein zeitlichen Bedeutung, auf die es zunächst im Anschluß an die Zeitbetrachtung der zweiten Position eingeschränkt war, auf eine dialektische, die der Vermittlung von Gegensätzen überhaupt dient und bei der das zeitliche Übergehen nur noch in uneigentlicher Weise per analogiam fungiert. Sinn und Funktion der ersten beiden Positionen sowie ihrer Vermittlung im ἐξαίφνης erschließen sich nur, wenn man sie in das allgemeine συμπλοκὴ τῶν γενῶν-Gefüge einordnet, dessen Darstellung und systematische Explikation das Thema des Hauptteils des *Parmenides* ist.

Nach Platon gibt es eine Mehrzahl allgemeinster, umfassendster, höchster Ideen, sogenannter Gattungen (γένη), die aufgrund ihrer Pluralität und Universalität ein System wechselseitig sich implizierender Strukturen bilden, das von unterschiedlichen Seiten aus angegangen werden kann: von seiten des Einen nicht weniger als von der seines Gegensatzes, des Vielen, von seiten der Identität nicht weniger als der ihres Gegensatzes, der Differenz, von seiten des Stillstandes nicht weniger als der ihres Gegensatzes, der Bewegung. Im *Parmenides* erfolgt die Darstellung speziell am Paradigma des Einen. Systematisch geschieht sie dann, wenn sie nach dialektischer Methode antithetisch erfolgt, nämlich so, daß jede generische Idee sowohl für sich in reiner Selbstbezogenheit und Abstraktion von allen anderen generischen Ideen wie auch in totaler, allseitiger Bezogenheit auf alle anderen behandelt wird. Danach wird zum Anderen, dem Gegenteil – in diesem Falle dem Vielen –, übergegangen, das dieselbe Behandlung erfährt, nämlich, daß es zunächst für sich und sodann relativ auf das ihm Andere – hier das Eine – betrachtet wird. Dabei zeigt sich allenthalben, daß die abstraktive Betrachtung eines generischen Moments zu dessen schlechthinniger Negation führt. So ist das Eine beispielsweise in seinem reinen Für-sich-Sein ohne jede prädikative und existentielle Bestimmung weder eines noch vieles, weder identisch noch different, weder stillstehend noch bewegt, weder seiend nach allen Modi der Zeit noch erkennbar nach allen Formen der Erkenntnis, da jede prädikative und existentielle Bestimmung schon mehr als Eines impliziert, während die relative Betrachtungsweise desselben zu dessen schlechthinniger Fülle und Positivität führt. Das Eine ist in diesem Falle sowohl eines wie vieles, mit sich identisch wie von sich und von anderem verschieden, sowohl stillstehend wie bewegt, sowohl seiend nach allen Zeitmodi wie erkennbar nach allen Erkenntnisformen. Den Übergang vom reinen Für-sich-Sein eines Genus zu seiner totalen Bezogenheit auf andere Genera und damit auch den Übergang vom Resultat des Weder-Noch zu dem des Sowohl-als-Auch vermittelt das ἐξαίφνης, ist doch der Übergang von absoluter Abstraktheit zu absoluter Relationalität und umgekehrt innerhalb des Dialektikgefüges eine Fortsetzung des Umschlags von Disparatheit zu Kontinuität und umgekehrt, dies insofern, als die totale Vermittlung der generischen Ideen ein Ideenkontinuum ausmacht, das dem Bewegungs- und Zeitkontinuum entspricht, in dem das Zugleichsein der gegensätzlichen zeitlichen Bestimmungen gedacht ist, und als die abstrakte, für sich genommene generische Idee eine Art Begrenzung des Ideenkontinuums ist in Entsprechung zur Begrenzung der Bewegung und Zeit durch den diskreten Anfangs- bzw. End- oder Zwischenzustand.

Hier wird ersichtlich, daß dem ἐξαίφνης nicht nur eine Vermittlerrolle zwischen der antithetisch strukturierten ersten und zweiten Position zukommt, sondern daß es eine schlechthin paradigmatische Vermittlungsfunktion innerhalb des antithetischen Dialektikgefüges hat, indem es jedes Für-sich-Sein und Für-anderes-Sein vermittelt. Das ἐξαίφνης fungiert bei Platon sowohl zur Vermittlung gegensätzlicher Zeitstrukturen wie der von Gegensätzen überhaupt.

Dem ἐξαίφνης läßt sich noch eine dritte Vermittlungsfunktion zuschreiben, die bei Platon zumindest potentiell angelegt ist. Außer der Aufgabe, gegensätzliche Zeitstrukturen wie Kontinuität und Diskretheit zum Zeithorizont zu vermitteln, und der Aufgabe, dialektische Gegensätze überhaupt zum Horizont des Dialektikgefüges zu vereinen, kommt ihm noch die Funktion der Vermittlung von Zeitlichem und Nichtzeitlichem als Bestimmungen der συμπλοκὴ τῶν γενῶν in ihrer Ganzheit zu. Es lassen sich nämlich die einzelnen generischen Bestimmungen, die Glieder des Dialektikgefüges, auf das System im ganzen anwenden und dasselbe als ein mit sich identisches, ruhendes, seiendes usw. bestimmen und von seiner Internstruktur als dem Anderen seiner selbst abgrenzen und letztere durch Vielheit, Differenz, Bewegung usw. kennzeichnen. Die Folge der Betrachtung des Ideensystems als Ganzes und All-Eines mit internen Momenten ist wie im Falle der einzelnen dialektischen Gegensätze, der Nichtigkeit auf der einen Seite und der Positivität auf der anderen, speziell in Bezug auf die Zeit: Nichtteilhabe an der Zeit einerseits und Teilhabe an ihr andererseits. Nur wird hier das Verhältnis zwischen Nichtzeit und Zeit – um ein Bild zu gebrauchen – nicht im horizontalen, sondern im vertikalen Sinne verstanden.

Dies ist übrigens die Einbruchstelle für die neuplatonische Interpretation des *Parmenides*, die dessen Hauptteil nicht als einen auf ein und derselben Ebene sich abspielenden Dialektikprozeß, sondern als ein Stufensystem absteigender Ordnung betrachtet, das vom Ureinen, dem Jenseits alles Seins und aller Bestimmungen, über das ideelle Sein zum psychischen Sein und zu den niederen Stufen materiellen Seins bis hin zum μηδαμῶς ὄν, dem in keiner Weise mehr Seienden, absteigt.[2] Zumindest die ersten beiden Positionen bzw. Hypostasen lassen sich durch das Verhältnis von Negativität und Positivität kennzeichnen, indem die Transzendenz sich einer dialektischen Betrachtungsweise gemäß dem diskursiven Verstand, der διάνοια, entzieht und ihre Nichtigkeit und Grenze für den Verstand erweist. Eine positive Bedeutung läßt sich derselben allenfalls geben, wenn man eine metaphorische Betrachtungsweise einführt oder gegenüber dem diskursiven analytischen Verstand das holistische Vermögen der Intuition oder der intellektuellen Schau in Anschlag bringt. Das ἐξαίφνης bildet die Nahtstelle zwischen beiden Bereichen, aber so, daß es trotz seiner Weder-Noch-Struktur, die ihm als atopischem Vermittlungsprinzip eignet, das Hypostasensystem ermöglicht – bei positiver Beschreibung durch Überfließen seiner Fülle. Hierin weist es Ähnlichkeit auf mit Platons Konzeption des ἐπέκεινα τῆς οὐσίας aus dem Sonnengleichnis des *Staates*. Obwohl von endlicher Erkenntniswarte aus unzugänglich, also weder Erkanntes noch Erkennendes, fungiert es als Erkenntnisprinzip, das den Erkenntnisvorgang allererst ermöglicht, indem es auf seiten des Subjekts das Erkennen, die Kraft der Erkenntnis, und auf seiten des Objekts das Erkanntwerden bewirkt. Obwohl oder gerade weil es vom endlichen Verstand aus nur via negativa indizierbar ist und nicht positiv beschreib- und bestimmbar, weil alle Bestimmungen sich innerhalb der Erkenntnisrelation halten müssen, fungiert es als Grund und Bedingung von allem, und zwar als absoluter Grund. Das Verhältnis von Negativität zu Positivität gewinnt damit die Bedeutung eines Verhältnisses von göttlich Unendlichem zu endlich Beschränktem, in Bezug auf die Zeit: von Ewigkeit zu Zeit. Die Tatsache, daß

---

2 Vgl. A. Speiser: *Ein Parmenideskommentar.* Studien zur Platonischen Dialektik, Leipzig 1937; E. A. Wyller: *Platons Parmenides in seinem Zusammenhang mit Symposion und Politeia.* Interpretationen zur Platonischen Henologie, Oslo 1960.

das ἐξαίφνης an der zweiten Stelle, an der Platon es gebraucht, im *Siebten Brief*, in einem Kontext verwendet wird, der auf die Positivität unmittelbarer, instantanholistischer Schau des ideellen Ganzen zielt, wirkt möglicherweise in die Richtung, daß dem ἐξαίφνης auch die Bedeutung vertikaler Vermittlung zukommt, d.h. des Einbruchs der Transzendenz in die Immanenz, des Ewigen in das Zeitliche. Je nach Interpretation und Bewertung des Verhältnisses von Transzendenz und Immanenz der συμπλοκὴ τῶν γενῶν haben wir es mit einer Dialektik zu tun, die sich entweder in der Diskursivität erschöpft und für die das verstandesmäßige Begreifen alles ist oder deren Diskursivität sich auf dem Boden einer Fülle abspielt und die insofern über sich hinausweist auf ein Sein, das zwar durch die Gesetze der immanenten Dialektik nicht einholbar, wohl aber intuitiv erfaßbar ist.

Faßt man die verschiedenen Vermittlungsfunktionen des ἐξαίφνης bei Platon zusammen und analysiert sie auf ihre gemeinsame Struktur, so findet man in allen den Zusammenschluß zweier heterogener Strukturen. Im Kontext der Zeit ist es das Zusammentreffen von Bewegungs- bzw. Zeitkontinuität und Diskretheit, im Horizont des dialektischen Gefüges das Zusammentreffen von durchgängiger Wechselimplikation und abstraktem Für-sich-Sein der Einzelideen, im Falle des metaphysischen Horizonts das Zusammentreffen von unendlicher Fülle (Positivität) und endlicher Begrenztheit (Negativität), nämlich Begrenztheit unserer Erkenntnis, die das Ganze nicht holistisch, sondern nur im dialektischen Diskurs zu apperzipieren vermag. In allen Fällen ist eine Nahtstelle bezeichnet, die auf einen Bruch oder Sprung hinweist, wobei dieser nicht nur im Sinne des Abbruchs einer Struktur, sondern auch im Sinne des Anbruchs einer anderen, neuen zu verstehen ist, oder als Einbruch einer Struktur im wörtlichen Sinne, die zugleich ein Hereinbrechen einer anderen ist.[3] Dieses Jähe, Sprung- oder auch Rißhafte, das den Charakter der Unvermitteltheit hat – denn als Vermittlung pflegen wir nur nachvollziehbare, graduelle Übergänge anzusprechen –, ist in der Platon vorausliegenden griechischen Tradition zwar nicht etymologisch unter demselben Terminus, wohl aber, Platon verwandt, unter der Metapher des Blitzes abgehandelt worden. Die Metapher findet sich zuerst bei Heraklit und hat eine weitreichende Nachwirkung bis hin zu Heidegger gehabt.

Nach dieser Vorgeschichte der ἐξαίφνης-Konzeption bei Platon sei nun ihre Nachwirkung bei Aristoteles verfolgt.

## 3. Aristoteles' νῦν-Konzeption

Von der Vielfalt der Vermittlungsfunktionen, die dem ἐξαίφνης bei Platon zukommt, findet sich bei Aristoteles nur die zeitliche Variante fortgesetzt, nicht die dialektische und auch nicht die metaphysisch-theologische, was einerseits mit Ari-

---

3 Noch Hegel spricht in der *Wissenschaft der Logik* von einem Hervorbrechen des Nichts am Sein und bezeichnet damit die Abruptheit der Vermittlungsart.

stoteles' Ablehnung der Platonischen Substantialisierung der Ideen und der Herabsetzung dieser zu bloßen Prädikaten empirischer Gegenstände zusammenhängen mag, andererseits mit seiner Gottes- bzw. Nous-Konzeption, der zufolge das höchste Prinzip der unbewegte Beweger ist. So ist es nicht verwunderlich, daß der nicht zeitspezifische ἐξαίφνης-Begriff bei Platon von Aristoteles durch den zeitspezifischen Terminus des νῦν, des Augenblicks bzw. Moments, substituiert wird.

Die ausführlichste und eingehendste Erörterung über das νῦν findet sich im Rahmen der Aristotelischen Zeitabhandlung im IV. Buch der *Physik*, Kapitel 10-14, insbesondere in Kapitel 10 und 11 und am Anfang des 12. Kapitels, sowie an einigen ergänzenden Textstellen, beispielsweise im VI. Buch, Kapitel 3, sowie im VIII. Buch, Kapitel 8, im Rahmen der Zenonischen Paradoxien. An der erstgenannten Stelle wird das νῦν von Aristoteles unter drei verschiedenen Aspekten behandelt, die im Verhältnis zunehmender Explikation stehen und gegenüber der simpleren Platonischen Fassung des zeit- und bewegungskonstituierenden ἐξαίφνης eine beträchtliche Differenzierung und Sublimierung darstellen. Auf der ersten Stufe wird die Realitätsfrage des νῦν als eines Zeitmoments erörtert; zu diesem Zweck wird dasselbe hypothetisch sowohl als Substanz wie als Akzidens betrachtet. Auf den anderen beiden Stufen tritt es nach der Zurückweisung des Realitätsanspruchs nur noch als formale Struktur auf, die sich an dem einzigen Realitätshaltigen, dem bewegten Gegenstand, findet. Auf der untersten dieser beiden Stufen wird das νῦν als ταυτόν und ἕτερον, als Identitäts- und Differenzstruktur, behandelt, auf der zweiten als Kontinuitäts- und Trennungsprinzip und damit gegenüber der vorangehenden Stufe allererst als zeitkonstituierendes Prinzip. Hier interessiert es nicht mehr nur als Zeitmoment rein für sich, sondern in seinem Verhältnis zur Zeitdimension, anders gesagt, hier interessiert das Verhältnis Moment zu Extension. Thematisiert wird hier die Beziehung des diskreten Jetzt zur Kontinuität der Erstreckung. Auf alle drei Betrachtungsweisen des νῦν ist näher einzugehen.

Aristoteles eröffnet seine Zeitabhandlung im IV. Buch der *Physik*, Kapitel 10, mit der Realitätsfrage: Gehört die Zeit zum Seienden oder nicht? Zwecks Prüfung dieser Frage erwägt er in der für ihn typischen antithetischen Manier drei Alternativen der Zeitbetrachtung, mit denen die gesamten Möglichkeiten realer, gegenstandsbezogener Zeitauffassung erschöpft werden: 1. Zeit als Ganzes, 2. Zeit als Teil bzw. als Ganzes aus Teilen und 3. Zeit als Moment, d.h. ebenfalls als Teil, aber nicht im Sinne eines *component*, eines genuinen Aufbauelements, sondern eines *constituens*, eines Fremdelements, das nicht von gleicher Art und Beschaffenheit ist wie das Ganze, sondern von prinzipiell anderer. Die Annahme liegt nahe, daß sich erste und zweite Alternative im Sinne von *Ganzem* und *Teil* verhalten und zweite und dritte im Sinne von Teil als *component* und Teil als *constituens*, da das Reale von ausgedehnter wie unausgedehnter, substrathafter wie attributhafter Natur sein kann. Da alle Alternativen in Aporien münden, endet die Untersuchung in der Erkenntnis der Nichtrealität der Zeit und in dem Schluß auf ihren rein formalen Charakter.

Faßt man die Zeit als *Ganzes* (ὅλον) auf, so kommen für eine solche Betrachtungsweise nur Vergangenheit und Zukunft in Frage. Vergangene Zeit aber ist *nicht mehr*, zukünftige *noch nicht*, beiden mangelt es an Sein im Sinne von Präsentsein, von Existenz. Nicht weniger führt die Auffassung der Zeit als *Teil* bzw. als *Ganzes aus Teilen*, nämlich aus Vergangenheit und Zukunft, in Schwierigkeiten, da für dieses zeitliches Gebilde keines der Aufbaugesetze gilt, die sonst für Ganze aus Teilen gelten, denen zufolge entweder alle Teile oder zumindest einige derselben präsent sein müssen. Denn auch hier gilt wie im vorigen Fall, daß die Vergangenheit nicht mehr und die Zukunft noch nicht ist, mithin keinerlei Sein und Bestand vorliegt.

Somit bleibt nur die Alternative übrig, die Zeit als Teil im Sinne des *Moments* zu erwägen. Hier tritt das Jetzt (νῦν) ins Spiel. Bezüglich seiner lassen sich zwei Interpretationen denken: die als Substanz (Substrat) im Singular und die als Akzidens im Plural. Beide sind jedoch zum Scheitern verurteilt; denn nimmt man gemäß der Substantialitätsthese an, es gäbe nur ein einziges, allumfassendes Jetzt – das *nunc stans* –, so implizierte dies die Gleichzeitigkeit aller Dinge, Zustände und Geschehnisse, sie mögen einer noch so fernen Vergangenheit oder Zukunft angehören. Wenn alles in ein und demselben Jetzt auftritt, so bedeutet das die Aufhebung des Früher- und Späterseins, die Koinzidenz alles Seienden und damit Allgegenwart.[4]

Noch ein zweiter Beweis dient der Widerlegung der Substanzthese, nur daß er nicht wie der erste negativ im Sinne einer Zurückweisung des Jetzt als eines einzigen, einigen Substrats argumentiert, sondern positiv im Sinne des Nachweises einer Vielheit von Jetzten. Er weist darauf, daß jedes beliebig herausgegriffene Zeitstück, das der Vergangenheit oder Zukunft angehört, zweiseitig begrenzt ist und somit zumindest zwei Jetztpunkte, einen früheren und einen späteren, aufweist. Die Annahme einer Vielheit von Jetzten und damit die akzidentielle Auffassung des Jetzt scheint unvermeidbar zu sein.

Doch auch diese These, die den Status einer Antithese hat, führt sich selber ad absurdum. Nimmt man eine Pluralität disparater, unverbundener, atomarer Jetzte an, gleichsam Akzidenzien ohne verbindendes Substrat, so wird die Erklärung des für die Zeit typischen Fließens, des Vergehens und Entstehens, unmöglich. Denn wo und wann sollte ein Jetzt vergehen oder entstehen? In sich selber vermag es dies nicht, da es in seinem Selbstsein ja gerade *ist* und nicht entsteht oder vergeht. Da Entstehen und Vergehen als Übergänge zwischen Sein und Nichtsein Nichtsein implizieren, ergäbe sich bei einer solchen Auffassung ein Widerspruch im Jetzt zwischen seinem Sein und Nichtsein. Aber auch in einem anderen Jetzt vermag das fragliche Jetzt nicht zu vergehen, nicht nur, weil dann jenes andere Jetzt gegenwärtig ist und dessen Präsenz Nichtsein ausschließt, sondern, weil zwischen zwei Jetzten, die sich niemals unmittelbar folgen, eine Unendlichkeit von Jetzten liegt, mit denen das Jetzt gleichzeitig sein müßte. Die zu postulierende Sukzession und die hier tatsächlich unterstellte Gleichzeitigkeit aber bilden einen Widerspruch.

Das Resultat dieser antithetischen Behandlung des Jetzt ist die Negation des Jetzt sowohl im Sinne der *einen Substanz* wie im Sinne der *vielen Akzidenzien*, d.h.

---

4 Mit der Absurdität dieser Konsequenz will Aristoteles zugleich die Parmenideische These aus dem Lehrgedicht decouvrieren, die in der Tat behauptet, daß das πᾶν νῦν sei, d.h. daß alles zugleich in einer stehenden Gegenwart bestehe.

die Leugnung jedes möglichen Realitätsanspruchs des Jetzt, was freilich nicht ausschließt, daß das Jetzt als bloße Struktur oder Form an einem Realen vorkommen kann.

Zugleich macht die antithetische Behandlung des Jetzt, sei es als Substanz oder als Akzidens, deutlich, daß die Polarität nicht aufrechterhalten werden kann, da die eine ausgedehnte Substanz zumindest zwei Akzidenzien als Begrenzung verlangt und die Vielheit der Akzidenzien zum Zwecke des Wechsels ein verbindendes Substrat erfordert, an dem ihr Wechsel sich vollziehen kann. Strukturtheoretisch bedeutet dies, daß Kontinuität nicht ohne diskrete Begrenzung möglich ist und Diskreta nicht ohne kontinuierliche Verbindung.

Dies genauer zu erweisen dienen die beiden folgenden Argumentationsgänge, von denen der erste noch restringiert ist, insofern er sich auf den identischen und differenten Charakter des Jetzt in jedem Augenblick bezieht, ohne die eigentliche zeitkonstituierende und zeitüberbrückende Funktion des Jetzt in Erwägung zu ziehen, der zweite diese Restriktion aufhebt, insofern er die *durchgängige* Identität des Jetzt und seine Differenzierungsfunktion *in jedem Moment* betrachtet, das Jetzt also als Verbindungs- und Trennungsprinzip erörtert und damit als eigentlich zeitkonstituierendes Prinzip.

In Kapitel 11 artikuliert Aristoteles seine Ansicht zu in der Doppelthese, daß das Jetzt in gewisser Hinsicht identisch, in gewisser verschieden sei,[5] und fügt zur Erläuterung hinzu, daß es als Substrat (ὅ ποτε ὄν) identisch, als Bestimmung (τὸ εἶναι) verschieden sei. Die terminologische Distinktion von ὅ ποτε ὄν und τὸ εἶναι (λόγῳ) nimmt die sachliche Unterscheidung von Substanz und Akzidens wieder auf, ohne allerdings nach der Zurückweisung des Realitätsanspruchs des Jetzt noch dasselbe bedeuten zu können. Nicht mehr in realem Sinne als identische Substanz mit diversen Akzidenzien wird das Jetzt verstanden, sondern nur noch in strukturellem als identische und differente Form an einer realen Substanz. Hieraus erklärt sich, daß zur Begründung der Identität und Differenz des Jetzt auf den realen bewegten Gegenstand rekurriert werden muß, als dessen Struktur sich das Jetzt erweist. Damit hängt auch zusammen, daß Aristoteles die Zeitstruktur stets im Kontext von Bewegung und Raum behandelt. Die Bedeutung seiner Zeit, Bewegung und Raum verbindenden Theorie besteht darin, daß er trotz der behaupteten Isomorphie von Zeit, Bewegung und Raum hinsichtlich Kontinuität und Diskretheit ihre diesbezüglichen phänomenologischen und morphologischen Unterschiede heraushebt und sie zur Begründung nutzt. Voraussetzung ist ein kompliziertes Geflecht von Dependenzen zwischen Zeit, Bewegung und Raum, das auf einer unterschiedlichen Zuordnung von Kontinuität und Diskretheit, sei es essentiellen (καθ' αὑτό) oder kontingenten (κατὰ συμβεβηκός), beruht. So ist Kontinuität ursprünglich spezifisch für den Raum; nur ihm kommt sie primär zu oder, wie Aristoteles auch sagt, καθ' αὑτό.[6] Der Bewegung und der Zeit kommt sie lediglich in abgeleiteter Weise zu (κατὰ συμβεβηκός) aufgrund dessen, daß Bewegung im Raum

---

5 *Physik* 219 b 10 f.
6 *Metaphysik* 1020 a 26 ff; *Kategorienschrift* 6.

stattfindet und Zeit in Bewegung gründet. Kontinuität kommt also der Zeit nur über die Vermittlung von Bewegung und deren Stattfinden im Raum zu. Umgekehrt verhält es sich bei Diskretion. Diese ist ursprünglich (καθ' αὐτό) spezifisch für die Zeit, was sich aus ihrer originären und eigentlichen Beziehung zum Logos ergibt, der von Hause aus auf Einfaches, Unteilbares angelegt ist und als Vermögen der Diskretion gilt. Zeit gibt es nur in Verbindung mit dem Verstand. Bewußtsein im Sinne von Denken ist Zeitbewußtsein. Von hier erklärt sich auch der Zahlcharakter der Zeit, demzufolge Aristoteles Zeit geradezu als „Zahl der Bewegung hinsichtlich des Früher und Später"[7] definiert. Nur insofern Zeit als diskrete Zahl Explikat des Früher und Später der zugrundeliegenden Bewegung ist, kommt Diskretion auch der Bewegung und über deren Vermittlung dem Raum zu. Der operative Charakter des Verstehens bekundet sich darin, daß über die Vermittlung von Zeit und Bewegung die Diskreta im Raum, die Punkte, markiert wurde.

Vor diesem Hintergrund eines subtilen Fundierungsverhältnisses von Zeit, Bewegung und Raum ist der Aristotelische Beweis für die Identitäts- und Differenzstruktur des Jetzt zu sehen. Er erfolgt auf der Basis eines Nachweises von Identität und Differenz des bewegten Gegenstandes. Als Beispiel wählt Aristoteles Koriskos auf dem Markt und Koriskos im Lykaion. Das Beispiel soll das gleichzeitige Vorliegen von Identität und die Differenz bezüglich der Person Koriskos demonstrieren. Sofern Koriskos sich an unterschiedlichen Orten aufhält, ist er jeweils ein anderer, sofern er eine beharrende Substanz ist, ist er identisch. Während die Differenz der sinnlichen Wahrnehmung unmittelbar zugänglich ist, kann dies von der Identität des Substrats nicht behauptet werden. Sie stellt vielmehr eine Hypothese dar, ein Produkt des Verstandes, das auf eine ursprüngliche Beziehung zum Verstand weist, der von Hause aus auf Einfaches, Unteilbares, Identisches angelegt ist. Sofern das Bewegte immer ein Jetziges, und zwar immer ein anderes Jetziges ist, überträgt sich dessen Form – Identität und Differenz – auch auf das Jetzt. Um diese Doppelfunktion des Jetzt als Selbiges und Verschiedenes zu verstehen, haben die Interpreten zu unterschiedlichen Auslegungen gegriffen. So interpretiert Walter Bröcker[8] den Unterschied mittels der Differenz von Gegenwart und Zeitpunkten, wobei die letzteren die Verschiedenheit demonstrieren sollen. Denn jedes Jetzt ist ein anderes: „Jetzt ist es Morgen" ist verschieden von „Jetzt ist es Mittag" und „Jetzt ist es Abend", und gleichwohl ist jedes Jetzt ständig dasselbe: als Schnittpunkt zwischen Vergangenheit und Zukunft ist es Gegenwart, Präsenz. Andere Interpretationen sind die, die auf die Differenz von Form und Materie, Gattung und Spezies oder, in Bezug auf den realen Gegenstand, auf die Differenz des Jetzigen und sein diverses Jetztsein abheben.[9]

---

7 *Physik* 219 b 1f.
8 W. Bröcker: *Aristoteles*, Frankfurt a. M. 1935, S. 102 ff.
9 Vgl. W. Wieland: *Die aristotelische Physik*. Untersuchungen über die Grundlegung der Naturwissenschaft und der sprachlichen Bedingungen der Prinzipienforschung bei Aristoteles, Göttingen 1962, S. 324; G. Böhme: *Zeit und Zahl*. Studien zur Zeittheorie bei Platon, Aristoteles, Leibniz und Kant, Frankfurt a. M. 1974, S. 159-193, bes. S. 164, 166 u.ö.

Vergleichen wir auf dem gegenwärtigen Stand der Exposition die Aristotelische Theorie des νῦν mit der Platonischen Vermittlungstheorie, so dürfte das identische, die diversen νῦν verbindende νῦν des Aristoteles am meisten dem Platonischen Konstitutionsprinzip ähneln, das die diskreten Extrempositionen verbindet. Von entscheidender Bedeutung ist jedoch die Vermittlung von Kontinuität und Diskretheit oder, aristotelisch gesprochen, von durchgängiger Identität und pluraler Differenz. Bei Platon leistet sie das transzendente ἐξαίφνης dadurch, daß es weder die eine noch die andere Struktur ist, bei Aristoteles das immanente νῦν dadurch, daß es sowohl die eine wie die andere Struktur ist, sowohl Kontinuitätsprinzip wie Grenze und damit die Paradoxie in Reingestalt. Das Spezifikum der Aristotelischen Theorie besteht in der Immanenz der Transzendenz.

Das, was als Nachweis noch zu erbringen ist, ist die *durchgängige* Identität des νῦν bei gleichzeitiger *durchgängiger* Diskretion. Diesen Beweis führt Aristoteles unter dem Namen des Jetzt als Kontinuitätsprinzip (συνεχές) und Grenze (πέρας) (Teilungsprinzip) in Kapitel 11 und wiederaufgreifend am Anfang von Kapitel 13.

Wieso kann das Jetzt als Kontinuitäts- und Teilungsprinzip zugleich angesprochen werden? Der Nachweis erfolgt wiederum nicht direkt am Jetzt (νῦν), sondern indirekt anhand des analogen Linienpunktes (στιγμή) und der Übertragung seiner Verhältnisse auf das Jetzt über die Vermittlung des bewegten Gegenstandes. Der Grund hierfür ist in einem Evidenzunterschied bezüglich der Teilungs- bzw. Begrenzungsfunktion zu suchen (Kapitel 13), wie er zwischen dem Punkt einerseits und dem kinetischen Gegenstand und temporalen Jetzt andererseits besteht. Analoges gilt von der Kontinuierungsfunktion. Während der Punkt die Linie aktualiter teilt, indem er das Ende des ersten Stückes und den Anfang des zweiten bildet, teilt das Jetzt die Zeit nur potentialiter. Der bewegte Gegenstand nimmt eine Mittlerrolle ein. Bei Bewegung läßt sich die Teilung nur durch Pausieren des Objekts demonstrieren, welche zwei Bewegungsphasen realiter voneinander trennt. Während die Pause in der prinzipiellen Möglichkeit zur Aktualteilung mit dem Raumpunkt übereinstimmt, unterscheidet sie sich von ihm ebenso wie der Zeitpunkt darin, daß die Teilung durch den bewegten Gegenstand nicht aktuell, nur potentiell geschieht.

Näherhin kann das Vorgetragene so verstanden werden: Teilungsprinzip ist der Punkt insofern, als die durch ihn gesetzte Markierung (Grenze) als zwei Grenzen aufgefaßt werden kann, als Ende der ersten Teilstrecke und als Anfang der zweiten und damit als wirkliche Teilung. Für den Zeitpunkt hingegen ist typisch, daß er stets ein anderer ist in einem prinzipiell unaufhaltsamen und ununterbrochenen Prozeß. Das Jetzt ist ein kontinuierliches, fließendes Moment, das Vergangenheit und Zukunft nahtlos verbindet, sich ständig in die Zukunft hinein ausdehnt und Zukünftiges in Vergangenes überführt. Die Teilung bzw. Markierung, wie sie zwischen Vergangenheit und Zukunft besteht, kann demnach nur vermittels des Linienpunktes, also durch Projektion auf den räumlichen Punkt verständlich gemacht werden. So wie das Jetzt zur Demonstration seiner Grenzfunktion des Punktes bedarf, so bedarf umgekehrt dieser zur Demonstration seiner Kontinuierungsfunktion des fortlaufenden Jetzt, ist doch eine kontinuierliche Verbindung der disparaten simultanen Punkte nur im sukzessiven Durchgang möglich. Aufgrund dieser Demonstration beweist auch der Punkt seine Verbindungs- und Kontinuierungsfunktion dergestalt, daß in ihm die Grenzen zweier Linienstücke ununterscheidbar zusammenfallen. Am Anfang des VI. Buches der *Physik* definiert Aristoteles das Kontinuum als Eigenschaft von Ganzen bzw. Teilen, deren zwei Grenzen eine einzige ausmachen und daher das Ganze nicht wirklich interrumpieren.

Sofern sich das Jetzt in der Ambivalenz eines Kontinuierungs- und Teilungsprinzips zeigt, ersteres in originärer Weise, letzteres in vermittelter, erfüllt es die Bedingung und Aufgabe eines dialektischen Vermittlungsprinzips diverser Zeitstrukturen und damit auch die Bedingung und Aufgabe eines Konstitutionsprinzips der Zeit überhaupt, freilich auf andere Weise als bei Platon.

## V.

# Die Struktur der Zeit in Plotins Zeittheorie[*]

## 1. Die These von der ‚Psychologisierung' der Zeit

Plotins Zeittheorie, wie sie in der *Enneade* III,7 entworfen wird, verdient in mehrfacher Hinsicht unsere Aufmerksamkeit. Sie stellt in der Geschichte der Zeittheorie die erste Theorie dar, die eine Psychologisierung der Zeit vornimmt. Gemeint ist damit, daß die Zeit aus ihrer bis dahin geltenden kosmologischen Fundierung herausgenommen und in die Seele verlagert wird. Wurde die Zeit in der klassisch griechischen Philosophie identifiziert oder zumindest in einen engen Kontext gebracht mit den kosmischen Bewegungen, den Umläufen der Planeten, indem sie entweder mit dem *Bewegten* gleichgesetzt wurde wie in der pythagoreischen Zeitauffassung oder mit der *Bewegung* wie in der Platonischen Theorie oder mit *etwas* an der Bewegung, sei es mit *Maß* und *Zahl* wie in der Aristotelischen Definition oder mit *Abstand* wie in der stoischen und epikureischen Lehre, so wird sie von Plotin als Leben der Seele definiert, als Existenzweise der Psyche. Auch wenn sich bei Platon im *Parmenides* und *Timaios* ein Bezug der Zeit zur Seele andeutet und über Mittelglieder rekonstruieren läßt, dergestalt, daß der zeitliche Kosmos nach Gesetzen und Proportionen der Weltseele aufgebaut ist, womit auch die Zeit in Relation zur Weltseele steht, oder daß erst mit der psychisch-kognitiven Kraft der Dianoia der sukzessive Diskurs durch die Ideenwelt möglich wird, die in ihrer vollendeten, durchgängigen Bestimmung mit der zeitlichen Sinnenwelt zusammenfällt, so bleibt der Bezug doch unexpliziert. Selbst wenn Aristoteles den engen Zusammenhang einerseits von Zeit, Bewegung und Raum, andererseits dieser drei mit der Seele ins Zentrum seiner Betrachtungen rückt und Zeit als „Zahl der Bewegung gemäß dem Früher und Später"[1] definiert und auf diese Weise in Beziehung zur zählenden Seele setzt, bleibt seine Theorie ambivalent, indem nicht klar wird, ob Zeit ausschließlich unter der Bedingung der zählenden Seele zustande kommt und damit in Abhängigkeit von dieser oder nur unter Mitwirkung derselben, also nicht ohne sie. Seine Theorie basiert auf dem Unterschied eines an sich seienden Substrats der Zeit, das sich an der Bewegung findet, und einer Explikation und Definition der Zeit, die auf das Konto der zählenden Seele geht. Erst bei Plotin nehmen die Verhältnisse eindeutige Gestalt an, indem die Entscheidung zugunsten einer Psychologisierung der Zeit ausfällt.

---

[*] Modifizierter Wiederabdruck eines Aufsatzes in: *Archiv für Geschichte der Philosophie*, Bd. 71 (1980), S. 303-32.
[1] *Physik* 219 b 1f.

Allerdings bedarf die Plotin supponierte These einer Psychologisierung der Zeit einer dreifachen Einschränkung: Zum einen handelt es sich nicht um eine Subjektivierung, wie sie erst von Augustin vorgenommen wird. Wenn Plotin von der Seele spricht, meint er die Weltseele, an der die Einzelseelen nur partizipieren nach einem Schema, das weniger als Implikation und Integration aller Teile in einem Ganzen gedacht wird als vielmehr nach Art eines Ursache-Wirkungs- oder Grund-Folge-Verhältnisses. Die Weltseele fungiert als Einheit der Vielheit der Einzelseelen, indem sie eine und dieselbe in allen Differenten ist und deren gemeinsame Basis bildet. Zum anderen ist mit der Plotinischen Psychologisierung der Zeit noch nicht wie später bei Augustin eine Immanentisierung gemeint, die die Zeit ausschließlich zur Vorstellung erklärt und jedes darüber hinausgehende transsubjektive Sein derselben in Frage stellt. Während Augustin Vergangenheit, Gegenwart und Zukunft in Form von Erinnerung, Aufmerksamkeit und Erwartung in die Seele des Subjekts verlagert, existieren sie bei Plotin in ihrem An-sich-Sein. Die Zeit ist bei ihm die an sich seiende Lebens- und Vollzugsform *der* Seele, nicht die Vorstellung *in* der Seele. Und zum dritten impliziert die Psychologisierung der Zeit bei Plotin keine Entkosmologisierung, bleibt doch auch bei ihm die Weltseele Bedingung und Ermöglichungsgrund des sinnlich wahrnehmbaren Kosmos. Verlagert werden nur die Gewichte und damit die Dependenzverhältnisse, indem nicht mehr der Kosmos und sein Umschwung die Bedingung der Zeit abgibt, sondern die Seele. Gegenüber dem temporalen Kosmos hat die Seele nicht nur eine Explikations-, sondern eine Fundierungsfunktion, dergestalt, daß der Kosmos nur unter ihrer Prämisse möglich ist. Hatte bislang der Kosmos die Fundierungsrolle bei der Zeitauffassung inne, während die Seele respektive das Bewußtsein nur eine sekundäre Rolle als Explikationsinstanz spielte, so gewinnt nun die Seele Priorität.

Mit der Psychologisierung der Zeit eröffnen sich ganz neue Aspekte der Zeitstruktur. Wurde die Zeit bisher wegen ihrer Fundierung in der kosmischen Rotationsbewegung von dieser dependent gedacht und als zyklische Zeit definiert, so bringt die Independenz von der kosmologischen Fundierung und die Grundlegung in der Psyche die Möglichkeit mit sich, die Zeitstruktur aus der Seelenstruktur zu gewinnen. Da die Grundverfassung der Seele, wie noch zu zeigen sein wird, im Streben und Ausgreifen auf anderes besteht und sich mittels intentionaler Kategorien beschreiben läßt, folgt daraus für die Zeitgestalt, daß sie einen Fortgang zu immer anderem darstellt, einen progressus ad infinitum. An die Stelle des klassischen Zeitbegriffes von der Kreisgestalt, der die Wiederkehr des Gleichen ausdrückte, tritt bei Plotin der höchst modern anmutende Begriff des unendlichen Fortschritts, des unaufhaltsamen Ausgreifens auf Neues, der Offenheit des Horizontes, der sich in der Neuzeit durchgesetzt hat. Um diese Innovation Plotins angemessen verstehen zu können, muß sie vor dem Hintergrund der Plotinischen Ontologie expliziert werden. Zu diesem Zweck ist zunächst Plotins Hypostasensystem zu skizzieren, zumindest soweit, wie es zur Einordnung und Lokalisierung der Zeit und ihres Kontrastbegriffes, der Ewigkeit, erforderlich ist.

## 2. Plotins Seinshierarchie und ihre Explikationsschwierigkeiten

Bekanntlich versucht Plotin, das Seiende insgesamt einzufangen und einzuordnen in ein Hypostasensystem, das neun Hypostasen unterscheidet. Von ihnen sind die drei obersten die wichtigsten. Sie bestehen im Ureinen, in der durch Ewigkeit charakterisierten noetischen Welt und in der durch Zeit gekennzeichneten psychischen Sphäre, welche die Bedingung für den sinnlich wahrnehmbaren Kosmos abgibt, der sich über die Stufen: Planeten, Menschen, Tiere, Pflanzen, Anorganisches bis zur Materie erstreckt. Der methodische Zugang zu den einzelnen Stufen sowie die inhaltliche Fixierung derselben, desgleichen die Erklärung des Hinausgangs jeder Stufe über sich zur folgenden, d.h. die Rechtfertigung des Abstiegs, sind nicht problemlos und bleiben oft in unlösbaren Aporien stecken; sie lassen sich nicht systemimmanent erklären. Dies trifft z.B. auf die erste Hypostase zu.

Will man sie von unserem Erkenntnisstandpunkt und mit unseren Erkenntnismitteln und Sprachformen beschreiben, so ist sie direkt nicht faßbar, sondern nur indirekt im Aufstieg und Aufblick von unten. Von hier läßt sie sich nur *via negativa* bestimmen als das, was keine der endlichen Formen (Ideen oder Kategorien) *ist* und auch keine an sich *hat*, was also absolut ungeformt, gestaltlos, bestimmungslos ist.[2] Streng genommen dürfte nicht einmal dies gesagt werden, da auch Bestimmungslosigkeit eine Bestimmung ist, wenngleich eine negative. Da der ersten Hypostase jeder Gegensatz und jedes Gegensatzglied mangelt, auch das von Positivität und Negativität, dürfte sie nur paradox als ‚weder – noch' beschrieben werden; denn jede bestimmte positive oder negative Aussage verstünde das Ureine nicht in seinem An-sich-Sein, sondern in seinem Bezug zu uns. Eine Fixierung als dieses oder jenes ist unmöglich; es bleibt nur das „Umkreisen von außen"[3] oder das „Schweigen"[4].

Auf der anderen Seite hat die erste Hypostase die Funktion, Grund und Bedingung von allem zu sein. Selbst in nichts anderem gegründet, sondern nur in sich selbst, ist sie Grund von allem, das aus ihr folgt. Sie hat den Status eines Prinzips gegenüber dem Prinzipiierten. Damit ist freilich eine Privilegierung eines der beiden Gegensatzglieder verbunden. Da das Prinzip stets eines, selbig, unwandelbar ist, das Derivierte vieles, verschieden, wandelbar, besteht metaphysisch ein Vorrang der einen Seite vor der anderen: der Einheit vor der Vielheit – wie dies auch im Namen ‚Ureines' zum Ausdruck kommt –, der Identität vor der Differenz, der Unwandelbarkeit vor der Bewegung und Veränderung. Dieser Gedanke einer ontologischen Auszeichnung qualifiziert das System zu einem einseitigen Derivations-

---

2 Vgl. *Enneade* VI,9, 3, 39 (ἄμορφον), VI,7, 32, 9 (ἀνείδεον). Zitiert wird nach *Plotini Opera*, ed. P. Henry et H.-R. Schwyzer (Editio maior), 2 Bde., Paris, Bruxelles 1951 und 1959.

3 Plotin: *Über Ewigkeit und Zeit* (*Enneade III 7*), übersetzt, eingeleitet und kommentiert von W. Beierwaltes, Frankfurt a. M. 1967, 3., erg. Aufl. 1981, S. 86. Vgl. *Enneade* VI,9, 3, 52 f: ἡμᾶς οἷον ἔξωθεν περιέοντας.

4 A.a.O., S. 86.

und Dependenzsystem mit generativen Stufen. Wie beide Konzepte, die indirekte Bestimmung via negationis und der sachliche Primat des Positiven vor dem Negativen, zu vereinen sind, bleibt offen. So kann nicht erklärt werden, wie ‚nicht Seiendes', das aber auch nicht ‚Nichts' (‚Nicht-Seiendes') ist, dennoch positiv ‚Über-Seiendes' sein könne, und ebenso ‚nicht Eines', das freilich auch nicht ‚Vieles' ist, dennoch ‚Ureines' sein könne.

Nicht weniger unerklärlich ist der Hinausgang des Ureinen zur zweiten Hypostase. Was könnte eine absolut intakte, suisuffiziente Instanz motivieren, über sich hinauszugehen zu Schlechterem, Minderwertigerem? Die Emanation, die Plotin mittels der Begriffe des Ausströmens und Überfließens beschreibt, ist ein Bild, keine Erklärung, noch dazu eines, das zu Mißverständnissen Anlaß gibt. Selbst wenn das Mißverständnis vom Verströmen und Verfließen und Sich-Entleeren der Quelle abgehalten werden kann und festgehalten wird, daß das Ureine unvermindert bei sich bleibt, daß es ganz und vollkommen bleibt und gleichwohl aus sich herausgeht, handelt es sich um eine metaphorische Beschreibung. Auch das oft von Plotin herangezogene Bild einer Wurzel und einer aus ihr hervorgehenden Pflanze, das deutlich machen soll, daß die Wurzel unerschöpflich ist, obwohl sie ihre Wirkung in der ganzen Pflanze entfaltet, bleibt der Paradoxie verhaftet,[5] da die Wurzel realiter sich aus anderem, dem Erdreich, speist, ihre Kraft also nicht aus sich selbst schöpft. Darüber hinaus wirft die Konzeption die Frage auf, was eigentlich das absolute Ganze sei, die Wurzel bzw. die Quelle, d.h. die erste Hypostase, von der sich alles andere herleitet, oder die entfaltete Pflanze bzw. der ganze Fluß, d.h. das explizierte System, das alle Hypostasen umfaßt.

Nicht geringere Schwierigkeiten bereitet der Versuch einer Bestimmung der zweiten Hypostase. Obwohl diese als noetische Sphäre angesetzt ist, als Welt des Intelligiblen und des Geistes, die sich in instantaner Selbstreferenz gegenwärtig ist und sich damit holistisch erfaßt, muß sie, sobald sie begriffen, d.h. dianoetisch-logisch erfaßt und sprachlich artikuliert werden soll, ‚von unten', im Ausgang vom dianoetischen Denken, dem Logos,[6] angegangen werden, der das Leben der Psyche ausmacht. Das bedeutet, daß sämtliche Beschreibungsmittel zu ihrer Erfassung der aus ihr abgeleiteten und ihr subordinierten Sphäre angehören. So ergibt sich das Paradox, daß Begriffe und Darstellungsweisen des sukzessiven, temporalen Denkens appliziert werden auf einen Bereich, der das Gegenteil bedeutet und durch Kontrastbegriffe zu kennzeichnen wäre.

Scheint sich aus der Opposition von noetischer und dianoetischer Welt für die erstere eine der letzteren opponierte Charakteristik zu ergeben, und zwar, da die dianoetische Welt durch Bewegung und Wandel gekennzeichnet ist, eine durch

---

5 Vgl. *Enneade* III,8, 10, 13 ff. Andere Bilder für die Paradoxie des In-sich-Bleibens und Aussich-Herausgehens, der Immanation und Emanation sind Licht, Feuer, Luft, Schall, verstanden als Quelle und Ausdehnung. Vgl. auch J. G. Fichtes spätere Beschreibung von innerer und äußerer Existentialform des Lichts, von Ding an sich und Erscheinung, von Vater und Sohn in der *Wissenschaftslehre* von 1804.

6 Vgl. *Enneade* III,7, 11, 6.

Ruhe und Unwandelbarkeit, so täuscht der Anschein; denn die Kennzeichnung der noetischen Welt allein durch Ruhe und Unwandelbarkeit bleibt angesichts des Vollkommenheits- und Absolutheitspostulats unzulänglich und einseitig. Der Gegensatz von statischer Ruhe, Totenstarre, und expliziter Bewegung und Veränderung, der für den relativen Bereich gelten mag, kann für eine durch Vollkommenheit ausgezeichnete Sphäre keine Geltung haben. Sowenig sich die noetische Sphäre ausschließlich durch Ruhe charakterisieren läßt, sowenig läßt sie sich ausschließlich durch Bewegung bestimmen, sondern nur durch beide zugleich, wobei freilich beide nicht mehr in der uns vertrauten Weise auftreten: Ruhe nicht mehr als Unwandelbarkeit und Regungslosigkeit, sondern als Bei-sich-Bleiben von Bewegung, und Bewegung nicht mehr als expliziter Hinausgang zu anderem, sondern als interne, gehaltene Bewegtheit. Ihre Einheit läßt sich nur nach Art einer in sich stehenden Bewegung bzw. einer in sich vibrierenden Ruhe denken. Analog verhält es sich mit den übrigen konträren Kategorien, von denen keine allein auf den noetischen Bereich zutrifft, ohne der Einseitigkeit zu verfallen. In diesem Sinne ist das Noetische nicht weniger durch Identität als durch Differenz bestimmt, wobei zu bemerken ist, daß es sich in beiden Fällen um Relationsbegriffe handelt, so daß Identität mit sich nur über Differenz- und Fremdbeziehung möglich ist und Differenz- und Fremdbeziehung in identische Selbstreferenz eingebunden ist. Nach dem Vorbild von Platons *Sophistes* denkt sich Plotin den noetischen Bereich als eine συμπλοκὴ τῶν γενῶν, als ein Strukturgeflecht der fünf höchsten Genera: Sein, Identität, Differenz, Ruhe und Bewegung.[7] Es stellt ein dialektisches Gefüge dar, das freilich noch vor seiner sukzessiven Explikation steht, welche dem Logos zukommt.

## 3. Charakteristik der intelligiblen Welt und Ewigkeit

Nicht anders verhält es sich mit der noetischen Sphäre in ihrer Relation zur Temporalität. Alle zu ihrer Beschreibung verwendeten Begriffe entstammen der zeitlichen Dimension. Und doch sollen diese Begriffe gerade auf eine nicht-zeitliche, sondern ewige Sphäre angewandt und damit entzeitlicht, ja als originär unzeitlich gedacht werden. Hier zeigt sich die Paradoxie, im Medium der Sprache und deren Zeitlichkeit über Atemporales, Ewiges sprechen zu müssen, d.h. Unzeitliches nur zeitlich artikulieren zu können. Dies gilt insbesondere für die Begriffe: ‚Ist' (‚Sein') (τὸ ἔστιν, τὸ εἶναι), ‚Gegenwart' (‚Gegenwärtiges'), ‚Jetzt' (‚Nun') (τὸ νῦν), ‚Immer' (τὸ ἀεί), ‚Unausgedehntheit' (‚Unteilbarkeit') (τὸ ἀδιάστατον, τὸ ἀμερές), ‚Unendlichkeit' (τὸ ἄπειρον), mittels deren die Ewigkeit in den Kapiteln 2-6 der *Enneade* III,7 beschrieben wird.

---

7 Vgl. *Enneade* III,7, 3, 9 ff; vgl. auch III,7, 2. Eventuell kommen noch andere Genera wie Einheit und Unausgedehntheit hinzu. Die Frage eines geschlossenen oder offenen Systems steht nicht zur Diskussion.

Im normalen Sprachgebrauch bezeichnet die finite präsentische Verbform ‚ist' zusammen mit den ebenfalls finiten Formen, dem Imperfekt ‚war' und dem Futur ‚wird sein' das gesamte zeitliche Seiende: das Gegenwärtige, Vergangene, Zukünftige. Mit der Wendung: ‚Der Mensch ist jung' oder ‚Es ist Mittag' wird Präsentes indiziert, mit ‚Der Mensch war jung' Vergangenes und mit ‚Der Mensch wird alt sein' Zukünftiges. Während ‚war' und ‚wird sein' darin übereinstimmen, daß sie sich umfangmäßig auf das gesamte, unendliche vergangene und zukünftige Seiende beziehen, unterscheidet sich das ‚ist' darin von ihnen, daß es einen bestimmten, begrenzten, wenngleich je nach dem urteilenden Subjekt unterschiedlichen Zeitausschnitt bezeichnet, der als Gegenwart empfunden wird. Dieser kann größer oder kleiner sein, ein Jahrhundert, ein Jahrzehnt, einen oder mehrere Monate betragen wie in der Rede: ‚Wir leben in der Gegenwart' oder ‚Gegenwärtig haben wir Frühling', wie auch einen Tag, eine Stunde, eine Minute, eine Sekunde oder nur den Bruchteil einer solchen, wie ‚Gegenwärtig ist es 12 Uhr'. Stets ist eine Zeitspanne gemeint. Erst die exakte mathematisch begriffliche Zeitbestimmung, wie sie sich in Platons *Parmenides* und *Timaios* anbahnt und in Aristoteles' *Physik* explizit vollzogen wird, reduziert die Gegenwart auf einen punktuellen Augenblick als Grenze zwischen Vergangenheit und Zukunft. Die durch das ‚ist' bezeichnete konkrete Gegenwart und Realität einer Sache wird damit restringiert auf ein Abstraktum und Irreales, das im eigentlichen Sinne ein Nichtseiendes ist. Gleichzeitig wird die Fülle des Präsentseins aus der Zeit hinausgedrängt. Indem die Drei-Zeiten-Formel ‚war, ist, wird sein' auf die Zwei-Zeiten-Formel ‚war, wird sein' reduziert wird, deren Glieder zusammengehalten werden durch die der griechischen Grammatik eigentümliche Form des γίγνεσθαι, des Werdens, die den Übergang vom Vergangenen zum Zukünftigen und umgekehrt bezeichnet, erfolgt eine Zweiteilung in einen werdenden, niemals seienden und einen seienden, niemals werdenden Bereich. Mit dem aus der Zeit hinausgedrängten ‚ist' wird nun das Atemporale, Ewige benannt, das im Gegensatz zum ständigen Werden, zum Entstehen und Vergehen des Zeitlichen, das unentstandene, unvergängliche, unwandelbare, stets sich gleichbleibende Sein und Verharren ausdrückt. Zur Abhebung vom finiten ‚ist' wird es durch den Infinitiv ‚sein' (εἶναι) oder auch den substantivierten Infinitiv (τὸ εἶναι)[8] wiedergegeben; daneben bleibt jedoch der Ausdruck ‚ist' (ἔστιν) bzw. ‚Ist' (τὸ ἔστιν) zur Kennzeichnung dieser Sphäre bestehen.[9]

Historisch gesehen findet sich dieses Entwicklungsstadium bereits bei Parmenides erreicht, der Sein und (noetisches) Denken korreliert und aufgrund seines rigorosen ontologischen und epistemologischen Monismus alles Wandelbare als Nichtseiendes bestimmt bzw. zur bloßen „Meinung der Sterblichen"[10] degradiert und nur das Ist und Sein akzeptiert, das weder war noch sein wird, sondern schlicht ist. Auch Platon reserviert im *Timaios* (37 e) das eigentliche Sein für das Übersinnliche

---

8 *Enneade* III,7, 3, 33 f: λείπεται δὴ ἐν τῷ εἶναι τοῦτο ὅπερ ἔστιν εἶναι. Vgl. III,7, 3, 35 und 37.
9 Z.B. *Enneade* III,7, 6, 18.
10 *Parmenides*, frag. 8, 51.

und lehnt jeden Gebrauch im Kontext der Zeit und des Zeitlichen, z.B. in der Rede ‚ist gewesen', ‚wird sein', ‚ist nicht' als falsch und irritierend ab. Ist und Sein werden zum Modus des Überzeitlichen, Zeitenthobenen. Diese Tradition setzt Plotin fort, wenn er das Ist und Sein zur Beschreibung und Definition der Ewigkeit verwendet und diese Bedeutung sogar für die originäre und normative, nicht für die derivative hält.

Versucht man, sich ein konkretes Bild vom Verhältnis des zeitlosen ‚Ist' zum zeitlichen ‚war', ‚ist' und ‚wird sein' zu machen, so steht man vor der Alternative, entweder das unzeitliche ‚Ist' in Parallelität zur Zeit und zum zeitlichen Wandel als Bleiben und Verweilen aufzufassen, genauer: als unendliche Dauer, als Sein zu aller Zeit, oder als atemporales, im Vergleich zur zeitlichen Erstreckung auf einen Punkt reduziertes, komprimiertes Sein, das von jedem präsentischen Zeitstück und Moment aus nur via negativa bestimmt werden kann. Der Unterschied läuft auf das hinaus, was die Spätantike als *sempiternitas* und *aeternitas*, als unendliche Dauer und Nicht-Zeit gegeneinander abgegrenzt hat.

Während sich bei Parmenides und Platon eine Ambivalenz feststellen läßt, dergestalt, daß zuweilen die unendliche Dauer als Einheit dessen, was war, ist und sein wird, zur Charakteristik der übersinnlichen Sphäre verwendet wird, zuweilen die Negation,[11, 12] fällt Plotins Entscheidung eindeutig im Sinne der Atemporalität aus. Der unzeitliche Sinn von Ist und Sein wird für ihn zum ursprünglichen und maßgebenden. Zur Demonstration des Verhältnisses von Ewigkeit und Zeitlichkeit zieht Plotin das Bild eines Punktes und einer Linie heran,[13] indem er die Ewigkeit mit dem alles in sich versammelnden und bündelnden Punkt vergleicht und die Zeit mit der daraus hervorgehenden, sich ständig erweiternden Linie. Was im Punkt geballt auftritt, legt sich in der Zeit auseinander und erscheint dort entfaltet als jeweilige Gegenwart und jeweiliges ‚ist'. Das Bild verdeutlicht die Allgegenwart der Ewigkeit.

Zu demselben Resultat gelangt man, wenn man nicht mehr auf die Verbalformen und das durch sie bezeichnete Sein abhebt, sondern auf den Ort und die systematische Stelle des Ist und des Gegenwärtigseins: auf das Jetzt (Nun) (τὸ νῦν).

---

11 Vgl. *Parmenides*, frag. 8, 3, 5-21.
12 Platon bezeichnet die Ideen und Mathematika manchmal als immerseiend, d.h. als unentstanden, unvergänglich, unwandelbar in und mit der Zeit (*Timaios* 27 d: τί τὸ ὂν ἀεί, vgl. 28 a), manchmal als zeitenthoben, unzeitlich (*Timaios* 37 c ff). In der Literatur besteht respektive der zeitlichen oder nicht-zeitlichen Interpretation des Unvergänglichen eine Kontroverse. Während M. Heidegger (*Sein und Zeit*, 18. Aufl. Tübingen 2001, S. 25) und seine Schule (z.B. H. Weiss: *The Greek conceptions of time and being in the light of Heidegger's philosophy*, in: *Philosophy and Phaenomenological Research*, Bd. 2 [1941/42] S. 173-187) für die griechische Philosophie prinzipiell Zeitlichkeit, und zwar immerwährende Dauer, unterstellen aufgrund von Heideggers Grundkonzeption des Seins als temporale Anwesenheit und ständige Präsenz, lehnt W. Beierwaltes (Plotin: *Über Ewigkeit und Zeit* [*Enneade III 7*], a.a.O., S. 175 f) jede temporale Interpretation zumindest für die platonisch-plotinische Philosophie ab.
13 Vgl. *Enneade* III,7, 3, 19 f.

Normalerweise bezeichnet ‚jetzt' eine Zeitspanne größeren oder kleineren Umfangs. Die möglichen Ausdrucksweisen: ‚Jetzt schreiben wir das dritte Jahrtausend n. Chr.', ‚Jetzt ist Sommer', ‚Jetzt gehe ich ins Kino', ‚Jetzt schlägt das Wetter um' zeigen bereits die relative Spannweite. Zu einer abstrakten Zeitstelle, einem Moment, wird das Jetzt genau wie im Falle des Gegenwärtigen und des ‚ist' mit der präzisen begrifflich-mathematischen Bestimmung. Das Jetzt fungiert dann als Grenze und Trennungsprinzip zwischen Vergangenem und Zukünftigem. Da sich die Grenze zwischen Vergangenem und Zukünftigem permanent verschiebt und mit der Zeit wandert, ist die Trennung nicht real, nur potentiell; denn anders als die Bewegung, die in der Zeit stagnieren kann, kann die Zeit selbst nicht stillstehen, sondern geht unaufhörlich weiter. So ist das Jetzt nur ein latentes Trennungsprinzip. Zugleich fungiert es wegen seines ununterbrochenen Durchgangs durch die Zeit und seines Wanderns mit der Zeit als kontinuierend und dynamisierend, so daß es nicht weniger Kontinuierungs- wie Trennungsprinzip ist. Es hat die Janusköpfigkeit eines Trennungs- *und* Verbindungsprinzips. Analoges gilt für eine andere Funktion des Jetzt. Einerseits ist es aufgrund der Ermöglichung der konkreten Fülle des gegenwärtig Seienden das individuellste und konkreteste Prinzip, andererseits aufgrund der Grenzfunktion das abstrakteste und allgemeinste. Es vereinigt Konkretheit und Abstraktheit, Individualität und Allgemeinheit in sich.

Außerdem ist zu unterscheiden zwischen dem aktuellen Jetzt, das ein je anderes, neues, ein ‚jetzt' und jetzt wieder ‚jetzt' ist, das durch Indizes gekennzeichnet werden kann, und dem durchgehenden Jetzt, das sich in allen Jetzten als gleichbleibendes Substrat erhält. Das Jetzt verbindet Verschiedenheit und Selbigkeit, Akzidentalität und Substantialität. Während es mit dem einen Teil der Zeit angehört, fällt es mit dem anderen aus ihr heraus. Genauer gesagt, als zeitermöglichendes Prinzip, sei es als Substrat, Substanz, Selbiges, ist es selber nicht zeitlich, sondern ewig. Das von Plotin konzipierte Bild eines Mittelpunktes und Kreises vergegenwärtigt auch hier das Verhältnis von Ewigkeit und Zeit. Das punktuelle ewige Jetzt erscheint in der Zeit im jeweiligen Augenblick als das *nunc stans*, als das stehende Jetzt bzw. als Allgegenwart.[14]

Wurden bisher anhand einer Analyse der temporalen Verbform ‚ist' und des durch sie bezeichneten Seinsmodus sowie ihrer systematischen Stelle in der Zeit die Gründe aufgedeckt, die zur Herausnahme des Ist, des Gegenwärtigen und des Jetzt aus der Zeit bei Plotin führten, so gibt es noch einen anderen Begriff, der ebenfalls, obwohl von Hause aus zeitlich, von Plotin präferiert unzeitlich verwendet wird: das Immer.

Am Ende des 4. Kapitels definiert Plotin die Ewigkeit (ὁ αἰών) geradezu als das immer Seiende (τὸ ἀεὶ ὄν) in der Absicht, den etymologischen Zusammenhang von αἰών und ἀεί zu akzentuieren. Der Anormalität und Eigenwilligkeit der Verwendungsweise des ἀεί ist sich Plotin durchaus bewußt; denn im 2. und 6. Kapitel macht er auf den gewöhnlichen Gebrauch aufmerksam, demzufolge ‚immer' im

---

14 Vgl. *Enneade* VI,5, 11 und 14 ff, bes. 21. Zur Differenz der Zeitgestalt vgl. *Enneade* III,7, 3, 19 ff.

temporalen Sinne als ‚immer mehr', ‚immer weiter', ‚nie enden wollen' verwendet wird. Diesen Sinn weist er jedoch als Mißverständnis zurück; seiner Meinung nach handelt es sich ursprünglich um einen atemporalen Begriff. So wie der Ausdruck ‚Philosophie' stets an der wahren, eigentlichen Philosophie orientiert ist, während die unwahre den Namen ‚Sophistik' trägt und im eigentlichen Sinne keine Philosophie ist, so ist auch der Begriff ‚Sein', ‚Seiendes' (τὸ ὄν, τὸ ὤν) stets am eigentlichen, wahren, immer Seienden orientiert, nicht am uneigentlichen, unwahren, wechselnden.[15] ‚Wahres Sein' und ‚immer Sein' sind gleichbedeutend. ‚Immer sein' hat hier nicht die Bedeutung von zeitlichem Verweilen und Bleiben, von Immerwährendheit oder zeitlicher Erstreckung, also von unendlicher Zeit, sondern die von ausdehnungslosem Immer. Offensichtlich rekurriert Plotin mit dem ἀεί auf dessen mögliche etymologische Herkunft, die auf Ort- und Zeitloses, d.h. auf Außerzeitliches zu weisen scheint.

In der *Enneade* III,7 findet sich noch eine Reihe anderer Definitionen der Ewigkeit:

„Ewigkeit" ist „das am Seienden sich vollziehende im Sein seiende Leben, das zugleich ganz und erfüllt und gänzlich unausgedehnt ist" (Kap. 3,36 ff).[16]

„Ewigkeit" ist „vollendet-unendliches Leben dadurch, daß es schon ganz ist (was es ist) und nichts von sich selbst aufzehrt, da nichts in ihm vergangen ist oder zukünftig sein wird" (Kap. 5,25 ff).

„Ewigkeit zu sein" kommt dem zu, „was solcherweise [im Einen] verharrt und dem Verharrenden selbst, das Tätigkeit des Lebens ist, das bei sich verharrend auf Jenes [das Eine] und in Ihm ist und weder das Sein noch das Leben vortäuscht" (Kap. 6,9 ff).

„Ist also weder Früher noch Später an ihm, das Ist aber das Wahrste an ihm, ja es selbst, und zwar deshalb, weil es ist auf Grund seines Seins oder Lebens, so kommt wieder auf uns zu, wovon wir sprechen: die Ewigkeit" (Kap. 6,18 ff).

„Ganz also und seiend und gänzlich unbedürftig und nicht hier erfüllt, dort aber fehlend ist die derartige Wesenheit" (Kap. 6,37 f).

„Ein Seiendes aber, das des Danach nicht bedarf, weder für eine gemessene, noch für eine unendliche und unendlich zukünftige Zeit, sondern das bereits besitzt, was es sein soll, das ist es, wonach der Begriff strebt, dessen Sein nicht aus dem Soviel herkommt, sondern vor dem Soviel ist. Da es selbst kein Soviel ist, ziemt ihm ganz und gar nicht, ein Soviel zu berühren, damit sein Leben nicht zerteilt werde und es

---

15 Vgl. *Enneade* III,7, 6, 30 ff.
16 Übersetzung dieser und der folgenden Definitionen von W. Beierwaltes: Plotin: *Über Ewigkeit und Zeit (Enneade III 7)*, a.a.O.

so seine reine Teil-losigkeit aufhöbe, sondern vielmehr seinem Leben und Sein nach teil-los sei" (Kap. 6,43 ff).

Es fällt auf, daß diese Definitionen entweder Ganzheits- oder Vollkommenheitsbegriffe verwenden wie πᾶν, οὐκ ἐνδεές, οὐ ταύτῃ μὲν πλῆρες, ἄλλῃ δὲ ἐλλεῖπον oder Negationen von Extensionalität wie Unausgedehntheit (ἀδιάστατον), also Distanzlosigkeit, Abstandslosigkeit und in deren Folge Teil- und Quantitätslosigkeit (τὸ καθαρῶς ἀμερές). Auch dies erklärt sich daraus, daß unsere Welt zeitlich ausgedehnt, erstreckt ist und in Teile zerfällt, so daß nur mittels der Negation ihrer Form das Andersgeartete beschrieben werden kann.

Nicht zuletzt gilt dies für den Begriff ἄπειρον,[17] der gewöhnlich zur Beschreibung des unendlichen Progresses oder Regresses in Raum und Zeit verwendet wird, z.B. in der Wendung εἰς ἄπειρον. Das anaximandrische ἄπειρον hat in der griechischen Tradition einen ambivalenten Charakter; es bezeichnet sowohl das quantitativ Unendliche, das Unbegrenzte, bei dem über jeden erreichten Teil hinausgegangen werden kann zu einem neuen, sei es größeren, sei es kleineren, wie auch das qualitativ Unbestimmte, das Qualitäts- und Gestaltlose. Da die Ewigkeit ihrer ontologischen Natur nach ganz, vollkommen, vollendet ist, was Geschlossenheit und Grenze impliziert, wirkt das ἄπειρον, das als Zusammensetzung aus πέρας = ‚Grenze' und privativem ἀ gerade das Unbegrenzte, Grenzenlose, Unvollendete bedeutet, in der Anwendung auf Ewigkeit deplaziert und inadäquat, ja geradezu widersprüchlich. Dieser Sinn kann also nicht gemeint sein. Vielmehr soll das ἄπειρον, das in der zeitlichen Welt die beliebige Aneinanderreihung von Teilen meint, wenn es auf Ewigkeit angewendet wird, gerade das noch nicht in Teile zerlegte und zerfallene Ganze bezeichnen. Ein positiver Sinn kann einem solchen vollkommenen Unendlichen nur abgewonnen werden, wenn es als integrale unendliche Kraft verstanden wird, die über mögliche Teile herrscht. Nicht eine extensive, sondern intensive, nicht eine quantitative, sondern qualitative Bedeutung ist intendiert. Auch hier wird ein ursprünglich dem Bereich der Extensionalität und Distanz zugehöriger Begriff auf Nicht-Extensionales übertragen.[18]

---

17 *Enneade* III,7, 5, 26 und 30.

18 Man könnte noch Reflexionen darüber anstellen, in welchem Verhältnis Ewigkeit und ihre Substitute: Sein, Leben, Gegenwart, Jetzt usw. zur noetischen Welt stehen, die nach Kapitel 3 aus den fünf Genera: Sein, Identität, Differenz, Ruhe und Bewegung besteht. Gehören sie a) derselben Ebene an wie diese, d.h. sind sie nur weitere Genera neben diesen, oder stellen sie b) einen umfassenden, einheitlich-ganzheitlichen Aspekt dar, fungieren sie gleichsam als Konstitutions- und Verbindungsprinzipien der noetischen Welt, die auf höherem Niveau stehen? Dieselbe Frage stellt sich auch für die Begriffe ‚Schönheit' und ‚Wahrheit', die zu Beginn des 4. Kapitels neben Ewigkeit genannt werden.
Schon bei Platon, auf den diese Problematik zurückgeht, bleibt sie ungelöst, insofern einerseits – nach der Einleitung des *Parmenides* – die Begriffe des Schönen, Wahren, Guten Kategorien unter anderen sind, wenngleich sehr allgemeine, andererseits – nach dem *Staat* und dem *Phädros* – eine Sonderfunktion haben, weil sie zur Charakteristik des höchsten Platonischen Prinzips, der ἰδέα τοῦ ἀγαθοῦ, dienen, die unter ethischem Aspekt das Gute,

## 4. Entstehung der Zeit (Mythos und Analyse)

Führte schon die Erfassung und Bestimmung der zweiten Hypostase, der noetischen Welt und ihres wesentlichen Merkmals, der Ewigkeit, zu Paradoxien, da der Zugang nur ‚von unten' erfolgen konnte mit Mitteln des uns allein verfügbaren diskursiven Denkens, nämlich so, daß verselbständigte Einzelideen zur Bestimmung eines Ganzheitlichen herangezogen werden mußten und ebenso mittels temporaler Begriffe Atemporales, Ewiges beschrieben werden mußte, so steigert sich die Paradoxie noch, wenn es um die Erklärung der Herkunft unserer Erkenntniswelt, der psychischen Sphäre, aus der noetischen geht. Diese Herkunft beschreibt Plotin entsprechend seiner Emanationstheorie als Überquellen und Überfließen des Geistigen. Es ist ein Spezifikum der Plotinischen Methode, sich bei der Bestim-

---

unter theoretischem als das Wahre und unter ästhetischem als das Schöne meint. Ebenso wird Ewigkeit nach dem *Timaios* als *Grund*charakteristikum der noetischen Welt betrachtet, nicht nur als eines ihrer Momente. Wenn es heißt, daß die Zeit das Abbild des im Einen verharrenden Ewigen sei, dann werden hier Ewigkeit und Zeit dem Urbild-Abbild-Verhältnis von noetischer Welt und Werdewelt analog gesetzt. Die Sonderstellung der Kalokagathia und der Ewigkeit bleiben bis in die Scholastik erhalten, in gewisser Weise noch bis zu Kant, da dieser außer und über den 12 Kategorien das Gute, Wahre, Schöne als qualitative Einheitsbegriffe ansetzt. G. Picht (*Kants Religionsphilosophie*, Stuttgart 1985, S. 589 ff) spricht in diesem Zusammenhang von „Transkategorialien" im Unterschied zu den „Kategorien".
Bei Plotin finden sich Belege sowohl für die eine wie für die andere Version. Für die Interpretation der Ewigkeit und ihrer Äquivalente ‚Wahrheit' und ‚Schönheit' als Fundamentalkriterien der noetischen Welt spricht eine Stelle aus dem 3. Kapitel, nach der die Ewigkeit das aus dem Zugrundeliegenden (der noetischen Welt) gleichsam Hervorleuchtende ist (III,7, 3, 23 ff), d.h., wenn man die Vorstellung von Substanz und Akzidenz anwendet, das *Grund*akzidenz der noetischen Welt. Sie ist dasselbe wie die noetische Welt in ihrer Gesamtheit, nur in Form von deren In-Erscheinung-Treten, deren Offenbarung. Ähnlich argumentiert Plotin am Anfang von Kapitel 4, wenn er feststellt, daß die Ewigkeit der noetischen Welt nicht äußerlich, sondern innerlich, d.h. wesenhaft ist, daß sie aus ihr, mit ihr, dasselbe ist wie sie. Analoges gilt für Schönheit und Wahrheit. Als Teile eines Ganzen werden sie ausdrücklich abgelehnt. Teile würden nebeneinander versammelt das Ganze ausmachen, hier aber ist an eine Manifestation des Ganzen in einer spezifischen Form gedacht, an Momente im hegelschen Sinne.
Eine weitere Stütze findet sich in der Aussage von Kapitel 3 (III,7, 3, 16 f), daß die Ewigkeit das Leben der noetischen Welt sei, das im Selben verharre, da es immer das Ganze gegenwärtig habe. Als Leben des Ganzen, das alle Teile durchwaltet und zusammenhält und deren Einheit stiftet, ist die Ewigkeit Grundbestimmung des Ganzen.
Auf der anderen Seite ist zu bedenken, daß Ewigkeit in eben diesem Kapitel unmittelbar im Anschluß an die fünf Genera eingeführt und expliziert wird und nichts als eine Weiterbestimmung des Genus ‚Leben' ist, das ein Synonym für das Genus ‚Bewegung' darstellt (vgl. III, 7,3,9 f), nämlich Bewegung im geistigen Bereich. Aufgrund der Identifikation: Ewigkeit = Leben = Bewegung ist Ewigkeit nichts anderes als ein Genus unter anderen. Auch die Substitute der Ewigkeit, z.B. Sein (Ist), sind bereits unter den fünf Genera aufgeführt.
Die genaue Bestimmung der Ewigkeit und ihres Verhältnisses zur noetischen Welt bleibt bei Plotin offen.

mung von etwas nicht mit der bloßen Konstatierung des Faktischen, etwa des psychischen Lebens und seiner Temporalität, zu begnügen, sondern dasselbe aus seiner Herkunft zu erklären. Die deskriptive Methode wird durch die genetische komplettiert. So lautet die Frage respektive der die psychische Welt charakterisierenden Zeit nicht nur: Was ist die Zeit? sondern: Woher kommt die Zeit? Wie ist Zeit entstanden?[19]

Da die Beantwortung der Frage nur im Rahmen und mit den Mitteln des uns verfügbaren dianoetischen Vermögens und seiner temporalen Begrifflichkeit erfolgen kann, resultiert die paradoxe Situation, daß die Entstehung mit Begriffen beschrieben werden muß, die selbst erst entstehen sollen. Zu deduzieren ist die Zeit, ihre Herkunft aber kann nicht anders beschrieben werden denn als zeitlicher Prozeß. Dies ist ein redundantes Verfahren, bei dem das vorausgesetzt wird, was erklärt werden soll. Die Einsicht in diesen Sachverhalt decouvriert die Argumentation über die ontologische Genese der Zeit als eine nur äußerliche, die das Verhältnis ‚Geist – Seele', ‚Ewigkeit – Zeit' ausschließlich aus unserer Sicht beleuchtet, ohne über das wahre Verhältnis Aufschluß zu geben zu können.[20]

Plotin hat versucht, das Problem der Zeitentstehung durch einen Mythos von zu lösen,[21] womit er freilich konzediert, daß er in Wahrheit nichts erklärt und begründet; denn der Mythos ist eine a-begriffliche, bildhafte, mit Anspielungen und Analogien operierende Darstellungsweise. Zudem hat der Plotinische Mythos eine ganz andere Funktion als der Platonische Schöpfungsbericht im *Timaios*, der von der Welt- und Zeitentstehung berichtet und die Aufgabe einer rationalen Rekonstruktion der zeitbestimmten Welt in sukzessiver Form hat. Der Platonische Mythos ist nur eine verkappte, in ein zeitliches Gewand gehüllte Analyse der rationalen Aufbaugesetze des Kosmos. Dieses rationalistische Moment fehlt dem Plotinischen Mythos gänzlich. Seine Aufgabe besteht vielmehr darin, durch Appell an allbekannte und vertraute psychologische Konstellationen die Möglichkeit der Entstehung der Zeit plausibel zu machen.[22]

---

19 Fichte hat später in der *Wissenschaftslehre* von 1804 diese Methode unter anderen Vorzeichen nachgeahmt und als genetische Methode bezeichnet. Sein Verfahren ist nicht wie das Plotins ein methodisches Absteigen entsprechend der ontologischen Stufung, sondern ein methodisches Aufsteigen, indem er von Faktizitäten ausgeht und nach deren Herkunft fragt: „Wie haben wir es denn gemacht, daß uns diese Einsicht entstanden?" (*Fichtes Werke*, hrsg. von I. H. Fichte, Nachdruck der Ausgaben von 1845/46 und 1834/35, Berlin 1971, Bd. 10, S. 129). Durch Genetisierung wird zu immer höheren Stufen aufgestiegen, indem sukzessiv alle ‚Tatsachen' auf ‚Tathandlungen', nämlich transzendentale Bedingungen, reduziert werden bis zur absoluten Genesis.

20 Fichte, der mit demselben Problem zu kämpfen hatte, statuierte diesbezüglich den Unterschied von ‚äußerer' und ‚innerer Existentialform' bzw. von Erscheinung und Sache an sich.

21 Vgl. *Enneade* III,7, 11,15-17 und 20-23.

22 Vom Kontext her wäre zu fragen, ob der Mythos ein Abschweifen ist, da er weder systematisch noch methodisch begründet ist. Fällt er nicht aus dem Rahmen der Emanationstheorie heraus, wie des öfteren behauptet wird, da der Abstieg besser und richtiger mittels rationaler Begriffe wie denen von Ursache und Wirkung hätte beschrieben werden sollen?

Der Mythos berichtet, daß sich in der noetischen Sphäre eine Kraft (δύναμις) oder Natur (φύσις)²³ befand, die unzufrieden und überdrüssig war ihres bisherigen Zustandes, der instantanen holistischen Selbstbetrachtung, und daher nach Anderem, Neuem Ausschau hielt. Sie suchte mehr, als bei ihr war; sie strebte nach Fremdem und immer wieder Fremdem, um in diesem das bislang holistisch Geschaute sukzessiv wiederzufinden und wiederherzustellen.²⁴ Nicht nur als „überdrüssig" und „unzufrieden" wird die Kraft oder Natur beschrieben,²⁵ sondern auch als „unruhig", „übermütig" und „vorwitzig".²⁶ Der griechische, von Plotin zwar nicht gebrauchte Terminus hierfür lautet τόλμα, womit ‚Fürwitz', ‚Aberwitz', ‚Vorwitz', ‚Übermut', ‚superbia' gemeint ist. Unzufriedenheit und Übermut treiben die Kraft aus ihrer gewohnten Umgebung heraus. Das dritte hervorstechende Merkmal ist der Aussage zu entnehmen, daß diese Kraft danach strebt, sie selbst zu sein und über sich zu herrschen, also sich zu verselbständigen, sich zu individuieren.²⁷

Drei Merkmale sind es, die die Seele charakterisieren: 1. Unzufriedenheit und Überdruß, 2. Übermut und Vorwitz und 3. Verselbständigungs- und Individuationsdrang. Diese Beschreibungen sind nicht zufällig gewählt und stehen nicht isoliert, vielmehr sind sie die exakte Wiedergabe einer psychischen Verfassung, die wir als Streben (ὄρεξις), Trieb, Getriebensein (ὁρμή), Drang, Suchen (ζητεῖν) oder auch als Wille (βουλή) bezeichnen.²⁸ Nur auf den ersten Blick schließen sich Unzufriedenheit und Übermut aus, insofern das erste Moment ein Defizit signalisiert,

---

Nach H. Jonas: *Plotin über Ewigkeit und Zeit*, in: *Politische Ordnung und menschliche Existenz*, Festgabe für E. Voegelin zum 60. Geburtstag, hrsg. von A. Dempf, H. Arndt, F. Engel-Janosi, München 1962, S. 295-319, S. 313, soll der Mythos, der wie das Märchen mit ‚es war einmal' beginnt, die Einmaligkeit des Geschehens, das Ereignishafte der Handlung festhalten. Der Mythos erzählt eine Geschichte und setzt den Inhalt in die Zeit, um eben dadurch den Sinn von Ereignis und Handlung zu wahren, obwohl die betreffende Geschichte und Zeit als solche zeittranszendent sind.

Diese Interpretation setzt ein bestimmtes Zeitverständnis, nämlich ein mythisches, voraus, wonach das Einmalige, das Urereignis, sich in jedem Ereignis wiederholt, ein ‚ein für allemal' ist. Die mythische Zeitauffassung ist nicht die ständige Wiederholung eines Bestimmten, das dadurch seine Allgemeinheit demonstriert, wie dies beim Gesetz der Fall ist, sondern die einmalige Setzung eines Individuellen, das repräsentativ ist und immer neu vollzogen werden muß. Ob dieses mythische Zeitverständnis hier noch vorliegt, läßt sich bezweifeln. Vielmehr scheint der Mythos, seines ursprünglichen Sinnes beraubt, artifiziell als Kunstmythos angelegt zu sein.

23 *Enneade* III,7, 11,15 und 21.
24 Wie wenig dieser Mythos tatsächlich erklärt, zeigt die Tatsache, daß die noetische Welt gegenüber der psychischen als vollkommen, nicht als mangelhaft, endlich und begrenzt geschildert wird, so daß sich aufgrund ihres glückseligen Zustandes keine Notwendigkeit für einen Hinausgang ergibt, da dieser zu einem schlechteren, unglücklicheren Zustand führen würde.
25 *Enneade* III,7, 11,16 f und 22 ff.
26 *Enneade* III,7, 11,16 f und 21 f.
27 *Enneade* III,7, 11,15 f.
28 Vgl. *Enneade* IV,7,13,3 ff, wo das Mehr-Haben-Wollen als Trieb und Streben ausgelegt wird.

eine Bedürftigkeit, die zur Ergänzung und Vervollkommnung drängt durch Hinausgang über die gegebene Situation, während das zweite Moment einen Überfluß, ein Zuviel anzeigt, das die jeweilige Situation überschritten hat. Beide sind ein Überschreiten. Obzwar theoretisch Mangel und Überschuß einander opponiert sind, gehören sie empirisch-psychologisch zusammen und bilden nur verschiedene Betrachtungsweisen ein und derselben Disposition. Die Empfindung von Mangel und das damit verbundene Bedürfnis nach Ergänzung sowie der Übermut und Vorwitz, die hinausdrängen, haben dieselbe Struktur, nämlich das Hinausgehen über eine vorgegebene begrenzte, endliche Situation zu einer umfassenderen und von dort wieder zu einer umfassenderen usw. Diese Struktur begegnet auch in der Neugierde und im Forscherdrang, die einerseits durch Unbefriedigtsein, andererseits durch Übermut charakterisiert sind. Es ist die Struktur von Begrenzung und Entgrenzung, die das Grundkonstituens von Streben ausmacht.

Von derselben Art erweist sich die Tendenz zur Verselbständigung, Vereinzelung und Isolierung. In ihr dokumentiert sich das Individuationsprinzip. Dieses strebt zur Absetzung von der ursprünglich umfassenden integralen Einheit und Ganzheit, indem es sich dieser gegenüberstellt und als nunmehr Vereinzeltes in Differenz und Distanz zum Ganzen tritt, das auf diese Weise ebenfalls zu einem Einzelnen wird. Das ursprünglich einheitliche, die Teile allenfalls potentiell enthaltende Ganze zerfällt in diese und geht damit in die Einzelheit über. Eine ähnliche Struktur findet sich in der Charakteristik der Kraft als einer unruhigen, vielgeschäftigen. Πολυπραγμοσύνη = ‚Betriebsamkeit', ‚Vielgeschäftigkeit'[29] dient seit Platons *Charmides* und *Staat* zur Negativbeschreibung eines Verhaltens, das die Einheit aus dem Auge verloren hat und sich in eine Vielfalt von Aufgaben und Tätigkeiten zersplittert.

Die rationale Durchdringung des Mythos sowie die Strukturanalyse der psychischen Situation führen auf ein Sich-Entäußern, Über-sich-Hinausgreifen und Ausgreifen-auf-anderes, deren Konsequenz Distanz, Abstand, Weite ist. Das Resultat der psychischen Kraft, das sich aus ihrer Internverfassung ergibt, ist Dehnung und Erstreckung. Diese Merkmale sind wesentliche Indizien des Strebens, die sich in und mit dem Streben realisieren. Insgesamt lassen sich folgende Charaktere herausstellen:

1. Das Streben ist ein intentionaler, einsinnig ausgerichteter Vorgang.

2. Als Prozeß der Entgrenzung und Begrenzung und des erneuten Hinausgangs über jede Begrenzung schafft das Streben Distanz und stellt damit einen raumschaffenden und raumerweiternden Prozeß dar.

3. Das Streben erhält sich nur dadurch am Sein, daß es ständig auf Neues aus ist, während es gleichzeitig Altes verliert. Es dokumentiert gleicherweise Macht wie Ohnmacht, ersteres insofern, als es ständig Neues heranzieht, letzteres insofern, als es ständig seinen Besitz verliert.

---

29 *Enneade* III,7,11,15 (πολυπράγμονος).

Diese psychologischen, der triebhaft-voluntativen Sphäre angehörigen Begriffe benutzt Plotin, um die Entstehung der Zeit verständlich zu machen. Ist die Zeit die Auftritts- und Vollzugsweise der Seele und besteht die Grundverfassung der Seele im Streben, dann müssen sich alle Strukturmomente, die sich am Streben finden, auch in der Zeit wiederfinden. Dies ist in der Tat der Fall.[30]

1. Wie das Streben ist die Zeit ein ausgreifender, voranschreitender, vorwärtsgerichteter Prozeß. Ihre Intentionalität und Richtung ist in der Intentionalität des Strebens angelegt. Das Auffälligste am Plotinischen Zeitbegriff, das sich nur aus dessen psychologischer Fundierung in der Strebestruktur erklärt, ist die Zukunftsorientiertheit der Zeit. Zeit ist ein einsinnig zukunftsgerichteter Prozeß. Anders als bei Platon und Aristoteles wird Zeit bei Plotin nicht symmetrisch konstruiert mit gleicher Akzentuierung von Vergangenheit und Zukunft, wobei in der Konstruktion ein äußerer, zeitenthobener Standpunkt bezogen wird, für den die Zeit Objekt ist, sondern sie wird asymmetrisch aufgefaßt als einsinnig gerichteter Prozeß mit Akzentuierung der Zukunft.[31]

Wenn Plotin die Zeit symmetrisch beschreibt, etwa wenn er das Jetzt als Endpunkt der Vergangenheit und als Anfangspunkt der Zukunft interpretiert,[32] so geschieht dies entweder im Kontext der Auseinandersetzung mit traditionellen Lehrmeinungen oder als Reminiszenz an Alltagsvorstellungen. Plotins eigene Zeittheorie ist dagegen eindeutig zukunftsorientiert. Pointiert läßt sich der Sachverhalt so ausdrücken, daß das eigentliche Sein der Zeit in der Zukunft besteht.[33]

2. Ferner wird die Zeit von Plotin durch Distanz und Weite charakterisiert. Während für die Ewigkeit Distanzlosigkeit charakteristisch ist, ist für die Zeit als Form des Strebens, d.h. des Ausgreifens auf anderes, Extensionalität und Spannung kennzeichnend.

3. Schließlich vermag sich die Zeit nur dadurch am Sein zu erhalten, daß sie ständig ins Zukünftige strebt, während sie ebenso ständig Gegenwärtiges und Vergangenes verliert. Hierin dokumentieren sich Macht und Ohnmacht zugleich.

Das Streben erklärt aber nicht nur die Verfassung der Zeit als solche, sondern auch ihre Genesis aus der Ewigkeit; denn beides stellt gleicherweise einen Hinausgang dar.

Was die Plotinische Zeitkonzeption in der Geschichte der Zeittheorie so interessant macht, ist ihre anthropologisch-psychologische Fundierung. Erstmals wird hier die Zeitstruktur aus Strebestruktur der Psyche des Menschen erklärt und da-

---

30 Methodisch verfährt Plotin in *Enneade* III,7, 11 allerdings genau umgekehrt, indem er im ersten Teil vom Hinausgang der Zeit berichtet, im zweiten von dem der die Zeit fundierenden Psyche.
31 Auch in *Enneade* III,7,4, 29 ff wird die genuine Zukunftsorientiertheit der Zeit beschrieben als ‚Zueilen auf‘, ‚Nicht-Stillestehen-Wollen‘, ‚Immer-Neues-Schaffen‘, ‚An-sich-Ziehen des Seins‘ oder ‚Verlangen‘, ‚Hinausgehen aus sich‘ und ‚Hineinnehmen in sich‘, ‚Begierde‘.
32 Vgl. *Enneade* III,7, 9,64 f.
33 Vgl. hierzu auch F. Heinemann: *Plotin*. Forschungen über die Plotinische Frage, Plotins Entwicklung und sein System, Leipzig 1921, S. 186; H. Jonas: *Plotin über Ewigkeit und Zeit*, a.a.O., S. 298; W. Beierwaltes: Plotin: *Über Ewigkeit und Zeit* (*Enneade III 7*), a.a.O., S. 65.

mit eine eindeutige Ausrichtung auf die Zukunft gewonnen, die als offener Horizont angesetzt wird. Hiermit verbindet sich eine Kritik und Absetzung von der traditionellen symmetrischen Auffassung, die auf der Verräumlichung der Zeit basiert, insofern sie räumliche, speziell kosmologische Verhältnisse zur Prämisse hat.

## 5. Verfassung der Zeit gemäß dem Urbild-Abbild-Verhältnis

Was die rationale Aufschlüsselung des Mythos bezüglich der Zeitentstehung und Zeitstruktur offenbarte, nämlich den anthropologisch-psychologischen Sinn: die Intentionalität, einsinnige Gerichtetheit und Zukunftsorientiertheit, bedarf weiterer Stützen. Es finden sich zwei solcher, von denen die erste dem Vergleich zwischen Ewigkeit und Zeit entstammt und die zweite dem Vergleich zwischen Plotins und Platons Zeitauffassung.

Nach dem Vorbild des Platonischen *Timaios* deutet Plotin das Verhältnis von Ewigkeit und Zeit gemäß dem Urbild-Abbild-Schema. Während letzteres bei Platon nur eine, wenngleich wichtige Metapher zur Beschreibung der Beziehung diverser Ebenen ist, gewinnt es bei Plotin reale Bedeutung innerhalb der Seinshierarchie. Die adäquate Applikation dieses Schemas setzt voraus, daß zwischen Ewigkeit und Zeit Gemeinsamkeiten wie Differenzen bestehen; denn entfiele jede Differenz, so koinzidierten beide, und bestünde nur Differenz ohne jegliche Ähnlichkeit, so wären sie zwei völlig differente Sachverhalte, die nicht das geringste miteinander zu tun hätten. Die Abbildlichkeit setzt bei aller Differenz Gemeinsamkeit und bei aller Gemeinsamkeit Differenz und Besonderung voraus. Hinzukommt, daß die Relation eine einsinnige ist, eine gerichtete *analogia entis* im Sinne der antiken und mittelalterlichen Philosophie. So ist zwar das Abbild am Vorbild orientiert, nicht jedoch das Vorbild am Abbild. Jenes hat diesem gegenüber einen Primat, indem es als Maßstab und Richtschnur fungiert und den Leitfaden der Beurteilung abgibt.

Bei Anerkennung dieses Dependenzverhältnisses stellt sich konkret die Frage, was die Gemeinsamkeit und was die Differenz von Ewigkeit und Zeit ausmacht. In Anbetracht dessen, daß das Hypostasensystem ein ontologisches Stufensystem ist, muß das gemeinsame, durchgängige Kriterium das Sein sein. Bei Plotin tritt es in der spezifischen Modifikation des Lebens (ζωή) auf, das durch Tätigkeits- und Bewegungsbegriffe wie ἐνέργεια und κίνησις – sowohl in sich zurückgehaltene wie enteäußerte – beschrieben wird.[34] Auf diese Weise soll das Mißverständnis abgehalten werden, als sei mit Sein totes, starres Sein, absolut unbewegtes Sein gemeint. Leben hingegen deutet auf Bewegung und Wirkung; Belebtes meint in der griechischen Alltagssprache und Philosophie Bewegtes bzw. sich selbst Bewegendes. Man kann hierin eine Antizipation des mittelalterlichen wie auch des Fichteschen *esse in*

---

34 *Enneade* III,7, 11,35 und III,7, 3,9.

*mero actu* sehen: Sein ist Leben. Zudem entspricht Lebendigkeit viel mehr den geistigen und psychischen Aktivitäten als Totenruhe und Totenstarre. Allerdings treten Sein und Leben entsprechend der Seinshierarchie und dem mit ihr verbundenen Urbild-Abbild-Schema gestuft auf: Das übergeordnete Sein und Leben ist das eigentliche, wahre, zum Vorbild dienende; vom subordinierten kann nur im uneigentlichen, analogen Sinne gesprochen werden, im Sinne der Homonymie.[35] Das Unterscheidende zwischen paradigmatischem und abbildlichem Sein bzw. Leben, zwischen Ewigkeit und Zeit ist die Art des Lebens, die jeweilige Vollzugsform oder Auftrittsweise. Ihr müssen sich daher wesentliche Aufschlüsse über die Verfassung des psychischen Lebens und der Zeitlichkeit entnehmen lassen. Plotin charakterisiert die Differenz zwischen Ewigkeit als Lebensform des Geistes und Zeit als Lebensform der Psyche anhand dreier Kriterien: Einheit, Ganzheit und Unendlichkeit.

Die noetische Sphäre und die ihr zugeordnete Ewigkeit ist durch Einheit charakterisiert. Die unmittelbar adjungierte Kennzeichnung der Abstandslosigkeit (ἀδιάστατον)[36] verbietet eine bestimmte Interpretation von Einheit, nämlich die einer Vereinigung einer Vielheit, einer Summe von Teilen. Mit Einheit als Merkmal der noetischen Sphäre und Ewigkeit ist eine absolut einfache, vielheits-, differenz- und relationslose Einheit gemeint, in der die Teile durch totale Koinzidenz aufgehoben sind oder allenfalls latent existieren. Adäquater ließe sich das Verhältnis der Einheit zur latenten Vielheit nach dem Modell von Ursache und Wirkung, Grund und Folge, Bedingung und Bedingtem deuten, da die Ursache bzw. der Grund oder die Bedingung eine ist, die über die mögliche Vielheit herrscht. Die Einheit kann als Strukturierungsprinzip der Vielheit gelten. Die Zeit und die sie tragende Psyche hingegen sind Negationen dieser Einheit, sind Vielheit, Teile, Abstand, Distanz. Soll nach dem Hinausgang aus der Einheit und nach deren Explikation, d.h. nach deren Vervielfältigung die Zeit als Abbild überhaupt noch Ähnlichkeit mit der Ewigkeit, ihrem Vorbild, aufweisen, so kann dies nur dadurch geschehen, daß sich in der zeitlichen Vielheit ein einheitliches Moment findet. Dies ist insofern der Fall, als die ‚Vielheit' der Zeit nicht in Disparata zerfällt, sondern zusammengehalten wird durch ein verbindendes Prinzip, das sich als Kontinuierungsprinzip erweist und den Zusammenhang stiftet.

Ob respektive eines unendlichen Kontinuums allerdings noch in sensu stricto von abbildlicher Einheit in Bezug auf die vorbildliche Einheit gesprochen werden kann, erscheint zunächst problematisch. An dieser Stelle sei erinnert, daß Aristoteles in *Metaphysik*, Buch X, vier Einheitsbegriffe unterscheidet: Kontinuum, Ganzes, Allgemeines und Einzelnes, von denen die beiden ersten zusammengefaßt sind zur Einheit der Bewegung, die beiden letzten zur Einheit des Begriffes. Schon bei ihm begegnet die Schwierigkeit, ‚phänomenale' und ‚begriffliche' Einheit unter den Oberbegriff ‚Einheit' zu subsumieren, was sich besonders drastisch am phänomenalen Kontinuum zeigt, das an sich unendlich, d.h. ohne Ende und damit gera-

---

35 Vgl. *Enneade* III,7, 11,49.
36 *Enneade* III,7, 11,53.

de einheits- und grenzenlos ist. Die Rettung könnte nur ein als Kreis oder Kugel vorgestelltes Kontinuum bringen, wie es nach klassischer Auffassung im Kosmos vorliegt, bei dem sich die begriffliche Einheit in der Ganzheit der Kreis- oder Kugelgestalt widerspiegelt. Dieselbe Schwierigkeit begegnet bei Plotin – allerdings ohne von ihm reflektiert, geschweige denn ausdiskutiert worden zu sein –, wenn er die Relation ‚Ewigkeit – Zeit' durch das Verhältnis ‚Punkt – Linie' symbolisiert, wobei der Punkt die Einheit und die Linie die grenzenlose Vielheit bedeuten soll.[37] Trotz des gemeinsamen und verbindenden Merkmals der Einheit überwiegt das Differenzkriterium der Zeit gegenüber der Ewigkeit, die offene, unendliche, grenzenlose Ausdehnung des Punktes, die jede einheitstiftende Grenze überschreitet.[38]

---

37 *Enneade* III,7, 3,19 f. Die Gerade wird definiert als fließender, aus sich herausgehender, gradlinig bewegter Punkt. Vgl. Aristoteles: *Metaphysik* 1028 b 16 ff, *De anima* 409 a 4 ff; Philo: *De opificio mundi*, 49, in: *Philonis Alexandrini opera quae supersunt*, Bd. 1, ed. L. Cohn, Berlin 1896, S. 16.

38 Der hier vertretenen Interpretation, die auf Extensionalität, Gerichtetheit, Einsinnigkeit, Zukunftsorientiertheit, Offenheit usw., auf das Werdende, Verlaufende, Prozeßhafte der Zeit abhebt und damit auf die modale und gestalthafte Differenz zur Ewigkeit, widerspricht die Interpretation von W. Beierwaltes: Plotin: *Über Ewigkeit und Zeit* (*Enneade III 7*), a.a.O., S. 255 f, 271. Für ihn ist die Ähnlichkeit von Ewigkeit und Zeit als Urbild und Abbild nicht nur in dem gemeinsamen Substrat, dem Sein oder Leben, begründet, sondern darüber hinaus in deren Auftrittsweise und Vollzugsform, der Kreisgestalt. Der im Einen verharrenden Ewigkeit, die nach Beierwaltes als verharrend-bewegter Kreis aufzufassen ist, entspricht abbildlich das bewegte In-sich-Kreisen der Zeit; der paradigmatischen Totalität wird abbildlich die analoge explizite Form zugeordnet. Hierzu berufe sich Plotin – so Beierwaltes – auf das oft von ihm herangezogene Bild von Punkt und Kreis. „Wie ihr Ur-bild, die Ewigkeit als das Leben des Geistes gleich diesem selbst ein in sich verharrend-bewegter Kreis ist, so ist die Zeit abbildhafter Kreis um die Ewigkeit als Zentrum.[...] Sie bewegt sich durch das kreishafte Werden der Seele selbst im Kreise." (S. 256)
Diese Interpretation dürfte mehr durch Platon beeinflußt sein, als daß sie den Plotinischen Sinn trifft. Nicht zufällig führt Beierwaltes sie im Anschluß an die Platonische Zeitkonstruktion an, die eine kosmologische, nicht psychologische ist. Bei Plotin gibt es auf eine solche nicht nur keinen sachlichen Hinweis, die anthropologisch-psychologische Fundierung der Zeit im Streben verbietet sie auch. Zudem fällt auf, daß Plotin in Kapitel 11, 35 ff, für die zeitkonstituierende Funktion der Seele nicht das Kreisargument in Anspruch nimmt, sondern das Argument der Vielheit, Distanz, des Nacheinander. Indem die Seele ihre Tätigkeit immer wieder nacheinander vollzieht, erzeugt sie zusammen in und mit ihrer Tätigkeit das Nacheinander. Zugegebenermaßen leidet durch die Akzentuierung der Differenz die Urbild-Abbild-Relation und die daran gebundene Ähnlichkeit, die nicht nur eine substantielle, sondern auch formale sein müßte, und es ist fraglich, ob dieses von Platon übernommene Schema für Plotin überhaupt noch Gültigkeit hat. Die Schwierigkeit für Plotin besteht darin, aus der fortschreitenden Seele (vgl. *Enneade* III,7, 13, 41 ff) die in sich zurückkehrende Kreisbewegung des Alls zu erklären. Wie mehrfach in Plotins System zeigt sich hier eine Inkonsequenz, die ihren Grund in der nicht genügenden Abkoppelung von traditionellen Bindungen, besonders von Platon hat.
Auch *Enneade* VI,5, 11, 15-21 gehört hierher, wo die Behauptung aufgestellt wird, die Zeit werde als fortlaufende Linie durch die Kraft des Urbildes in einen Kreis gezwungen. Der

Die Ewigkeit wird nicht nur durch Einheit charakterisiert, sondern auch durch Ganzheit, wobei auch dieser Begriff nicht eine bloße Aggregation oder Summation von Teilen – den Inbegriff einer Vielheit – bedeutet, sondern eine Übersummation, um einen modernen gestalttheoretischen Begriff zu verwenden. Mit Ganzheit ist nicht die bloße Aneinanderreihung von Teilen, gleichsam der zusammengewürfelte Haufen gemeint, sondern das einheitliche Ganze, in das alle Teile integriert sind. Mit der Entstehung des psychischen Lebens und der Zeit zerfällt die Ganzheit in ihre potentiellen Teile. Was im Geist (νοῦς) in direkter, holistischer Weise vergewissert wurde, wird nun durch den Logos (λόγος) in Teile auseinandergelegt, analysiert und wieder synthetisiert, ohne daß freilich das Ganze je wieder erreicht wird. Das Ganze bleibt Ziel und Aufgabe der Synthesis. Es bleibt das Gesollte. An die Stelle des einigen Ganzen tritt die unendliche Sukzession der Teile, in der das Ganze nur noch in Form des immer zukünftigen Ganzen existiert, da die Wiederherstellung der Ganzheit der Sukzession widerstreitet.

Zu demselben Resultat führt auch der dritte Begriff, die Unendlichkeit, der auf Ewigkeit wie auf Zeit gleichermaßen angewendet wird, jedoch in heterogenem Sinne. Hat ‚unendlich' normalerweise die Bedeutung von quantitativ unbegrenzt und extensiv offen, so kann mit dem Begriff in der Anwendung auf Ewigkeit nur die qualitative, intensive Bedeutung gemeint sein, die gebündelte unendliche Kraft und Energie, die unendliche Mächtigkeit, die sich in der Zeit extensiv und quantitativ auslegt, und zwar in deren unendlicher Ausdehnung. Mit intensiver Unendlichkeit soll die Unerschöpflichkeit angezeigt werden, die ähnlich der unerschöpflichen Quelle eines Flusses Grund für den unendlichen sukzessiven Fortschritt der Zeit ist. Wollte man auch hierfür ein Bild anführen, so müßte man wieder auf den bündelnden, kontrahierenden Punkt und seine Explikation in der unendlichen Linie zurückgreifen, die im ständigen Neuerwerb besteht, um das, was das intensiv Unendliche vollendet enthält, zu erreichen. Die ‚gute Unendlichkeit' geht mit der Extensionalität in die ‚schlechte' über. Ohne daß Plotin dieses Thema anschneidet, kann mit aristotelischer Terminologie das vollendet Unendliche, in dem alle Möglichkeit immer schon verwirklicht ist, als ἐνέργεια angesprochen werden und der stets unvollendet bleibende zeitliche Hinausgang als δύναμις oder als Verbindung von ἐνέργεια und δύναμις, insofern jedes realisierte Wirklichkeitsquantum überschritten werden kann in Künftiges, Mögliches. Die ontologische Verfassung der ‚schlechten Unendlichkeit' ist δύναμις im Sinne der Möglichkeit.[39]

---

Hinweis auf die Macht des Urbildes bleibt nichtssagend, solange nicht sachlich in oder an der Zeit selbst das Moment der Ewigkeit aufgedeckt ist.
39 Vgl. W. Beierwaltes: Plotin: *Über Ewigkeit und Zeit* (*Enneade III 7*), a.a.O., S. 273.

## 6. Vergleich zwischen Platons und Plotins Zeittheorie

Eine weitere Stütze für die These von der Intentionalität, der einsinnigen, gradlinigen Gerichtetheit der Zeit bildet der Vergleich der Plotinischen Zeittheorie mit der Platonischen. Platon bleibt für Plotin das Vorbild, wohingegen alle anderen traditionellen wie zeitgenössischen Theorien von Plotin einer systematischen Kritik unterzogen werden, und zwar nach dem Einteilungsschema:
– Zeit identisch mit Bewegung,
– Zeit identisch mit Bewegtem,
– Zeit identisch mit etwas an der Bewegung, sei es Abstand, Maß oder Zahl.

Während mit der ersten These Platon angesprochen ist, zielt die zweite auf die pythagoreische, die dritte auf die aristotelische sowie auf die epikureische und stoische Auffassung. Platon allein bleibt von der Kritik verschont, da er nach Plotins Meinung unter den Vorgängern die Wahrheit eruierte, an die es anzuknüpfen und zu der es sich in ein sachlich-systematisches Verhältnis zu setzen gilt.[40] Selbst dort, wo Platons Zeitkonzeption vom Standpunkt Plotins einer Kritik hätte unterzogen werden müssen, wird sie artifiziell uminterpretiert, und gewisse Theoreme wie das der Zeitmessung und -zählung werden schlichtweg ignoriert und eliminiert. Nichtsdestoweniger lassen sich gravierende Differenzen zwischen Platon und Plotin feststellen, die den Vorbildstatus Platons für Plotin sachlich in Frage stellen. Dies soll an zwei markanten Punkten aufgezeigt werden.

Einer betrifft die Art und Weise der Zeitentstehung. Im *Timaios* (37 c f) wird berichtet, wie der göttliche Demiurg nach der Erschaffung der Welt, genauer, nach der Formung der Welt aus amorpher Materie gemäß den Ideen sein Produkt mit Wohlgefallen betrachtete als ein „Schmuckstück der ewigen Götter" und aus Freude darüber es dem Vorbild noch ähnlicher zu gestalten gedachte, indem er ihm die Zeit verlieh. Da der sinnlich wahrnehmbare Kosmos gegenüber dem ideellen, in sich ruhenden stets bewegt ist, kann diese Verähnlichung nicht anders erreicht werden als durch eine in sich kreisende Bewegung. Abgehoben wird hier auf die Ähnlichkeit zwischen Ewigkeit und Zeit. Nicht nur wird als Motiv für die Erschaffung der Zeit das göttliche Wohlgefallen angegeben, sondern die Zeit selbst wird durchgehend positiv gesehen und als Produkt Gottes beschrieben. Hinter der mythologischen Einkleidung steht die Tendenz – wie durchgehend im *Timaios* –, die Welt über die Vermittlung der Zeit und deren Ähnlichkeit mit dem Paradigma an die Vernunft und Rationalität zu binden, sie auf Begriffe zu bringen und rational zu erklären.

Ganz anders verhält es sich in der *Enneade* III,7, Kapitel 11. Auch dort wird in mythologischer Form von der Entstehung der Zeit berichtet, jedoch unter entgegengesetztem Vorzeichen. Die Entstehung der Zeit wird als ‚Fall' klassifiziert, als

---

40 Vgl. *Enneade* III,7, 1 und 7.

‚Abfall', als ‚Herausfallen' der Zeit aus der Ewigkeit. Mit dem Terminus ‚Fall' ist einer der traditionsreichsten und entwicklungsgeschichtlich folgenschwersten benannt. Historisch wie problemgeschichtlich geht der Begriff auf Platons *Phädros* (248 c) zurück, wo mittels seiner der rätselhafte, rational nicht zu erklärende Fall der geflügelten Seele geschildert wird, die, am überhimmlischen Ort sich aufhaltend und von der Schau des Ewigen sich nährend, plötzlich herausgerissen wird oder von sich aus herausfällt, in niedere Seinsstufen absteigt, sich inkarniert, zunächst in menschliche, dann in tierische und schließlich in pflanzliche Gestalt. An diese Tradition knüpft Plotin an.

Das bildhafte Wort ‚Fall' dient zusammen mit anderen Metaphern innerhalb des Plotinischen ontologischen Hierarchie- und Emanationssystems als Ausdruck für den irrationalen, rätselhaften Abstieg zu niederen Seinsstufen, den Übergang von einer Hypostase zur anderen durch Selbstentfremdung, womit notwendig eine Abweichung und Distanzierung von der höheren Stufe verbunden ist. Fall bzw. Abfall hat somit bei Plotin eine analoge Bedeutung wie Abweichung vom Ideal in Platons Liniengleichnis, die ebenfalls eine ontologische Rangordnung und Stufung anzeigt, mit der eine Wertminderung des Seins einhergeht. Wiewohl gerade diese Seins- und Wertminderung den ontologischen Begriff von Fall in engen Zusammenhang rückt mit dem ethischen Begriff ‚Fall', wie er aus der biblischen Tradition des Sündenfalls bekannt ist und zu Plotins Zeit eine Fortsetzung im gnostischen Fallbegriff, der Schuld und Sünde, des Mißbrauchs der Freiheit, fand, ist der Begriff bei Plotin an besagter Stelle frei von ethischen Implikationen. Darauf weist auch die Reminiszenz des Homer-Zitats: ὅππως δὴ πρῶτον πῦρ ἔμπεσε νηυσὶν Ἀχαιῶν („wie zuerst das Feuer nun fiel in die Schiffe Achaias"),[41] die bei Plotin in der Zeile anklingt ὅπως δὴ πρῶτον ἐξέπεσε χρόνος („wie fiel da allererst die Zeit heraus?").[42] Aus diesem Grunde ist die ethische Kontroverse müßig, ob der Fall durch Freiheit oder Notwendigkeit oder durch die dialektische Einheit beider bedingt sei. Für alle drei Möglichkeiten ließen sich Argumente finden: Zum einen ist es der freie Wille, der über den gegenwärtigen Zustand hinausstrebt und mehr will. Zum anderen ist dieses Wollen und Streben im Wesen der psychischen Kraft begründet. Und zum dritten kann hieraus geschlossen werden, daß beide einander wechselseitig durchdringen. Überlegungen dieser Art sind zumindest an dieser Stelle entbehrlich, da Plotin den Begriff in rein ontologischer Absicht gebraucht. Mit dem Begriff des Falls und Hinausfallens als Erklärungsgrund der Zeitentstehung ist nicht allein im Gegensatz zu Platon, der die Ähnlichkeit zwischen Ewigkeit und Zeit, Vorbild und Abbild betont, auf die Differenz abgehoben, sondern auch auf die Art und Gerichtetheit der Bewegung: Da es sich um einen einsinnigen, irreversiblen Prozeß handelt, muß auch die Zeitform einsinnig, geradlinig gerichtet, ständig fortschreitend sein.

Der zweite wichtige Differenzpunkt betrifft die Art und Weise der Fundierung der Zeit. Bei Platon ist die Zeit kosmologisch fundiert. Welt und Zeit werden nach

---

41 Homer: *Ilias* II,113.
42 *Enneade* III,7, 11, 7 f. Die Änderung von ἔμπεσε in ἐξέπεσε ist durch den Kontext bedingt.

dem Platonischen Mythos im *Timaios* zugleich erschaffen oder, um es weniger metaphorisch auszudrücken, sie existieren gleichursprünglich, womit auf die enge Verknüpfung von Welt und Zeit hingewiesen ist. Da das All als rotierender Kosmos vorgestellt wird, muß die Form der Zeit ihm gemäß sein: eine Kreisgestalt. Bekanntlich definiert Platon die Zeit als das in Zahlen fortschreitende, Kreise beschreibende ewige Abbild des Ewigen. Die Planeten und ihre Umläufe gelten nicht nur als Repräsentanten der Zeit, sondern auch als Werkzeuge der Zeitmessung. Sie geben die Maße der Zeitbestimmung vor, indem ihre Umläufe Tag und Nacht, Monat und Jahr festlegen. Die Wiederherstellung einer bestimmten gesamtplanetarischen Konstellation, die freilich nur bei Annahme rationaler Proportionen möglich ist, ergibt das kosmische Jahr. Die meisten der sieben Planeten werden jedoch nach Platon von den Menschen nicht zur Zeitrechnung herangezogen; hauptsächlich fungieren Sonne und Mond zur Messung. Die Bindung der Zeit an den rotierenden Kosmos mit seinen internen Planetenbewegungen bedingt bei Platon die spezifische und eigenwillige Form der Zeit: die in sich rückläufige Kreisbewegung, die zumindest bei Erreichen des kosmischen Jahres in sich zurückkehrt. Zeit wird als Rückkehr in sich, als Kreislauf aufgefaßt mit allen hieraus sich ergebenden Konsequenzen.

 Hiervon unterscheidet sich die psychologisch fundierte Plotinische Zeitauffassung radikal. Dadurch daß sie in der psychischen Kraft des Strebens und Vorwärtsdrängens, des Hinausgehens und Weitergehens mit deren Intentionalitätsstruktur gründet, übernimmt sie auch deren Züge: Einsinnigkeit, Gerichtetheit, Fortgang, Zukunftorientiertheit, Offenheit. Sie hat eine offene, nicht eine geschlossene Gestalt. Obwohl bei Plotin auch eine kosmologische Bezogenheit der Zeit zu finden ist, darf diese nicht als Abhängigkeit der Zeit vom Kosmos verstanden werden, vielmehr verhält es sich umgekehrt. Dadurch, daß die Weltseele als Ermöglichungsgrund des Kosmos fungiert, insofern sie ontologisch vorgängig ist, ist sie selbst und ihre Auftrittsform, die Zeit, prinzipiell independent vom Kosmos, der Kosmos hingegen dependent von ihr. Die Priorität der Zeit sichert dieser ihre Unabhängigkeit und Selbständigkeit auch in formaler Hinsicht. Allenfalls können der Kosmos und seine Rotation bzw. die Umlaufbahnen der Planeten als sichtbarer Ausdruck der Zeit und als Maß der Zeitmessung gelten. Denn da sich die Zeit lautlos, sinnlich nicht vernehmbar vollzieht, bedarf sie eines sinnlich wahrnehmbaren Substrats zur Darstellung. Die einzelnen Umläufe der Planeten geben aufgrund ihrer Iterierbarkeit das Maß für die Zeitmessung ab, das, vom Subjekt hergenommen, nur willkürlich wäre. So dient die Rückkehr der Planetenbewegungen zu ihrem Ausgangspunkt und die Wiederholung der Bewegungen zum Maßstab. Dadurch, daß die Zeit Bedingung des Kosmos ist, nicht umgekehrt Bedingtes und Abhängiges von ihm, was sie notwendig zur Kreiszeit stempeln würde, ist sie prädestiniert, Aufnahmeform *aller* Bewegungen, gleichförmiger wie ungleichförmiger, gradliniger wie kreisförmiger, zu sein. Die Rotation des Kosmos ist nur ein Fall unter anderen, ein Ausdruck von Zeit, wenngleich ein signifikanter.

 Es ist gewiß kein Zufall, daß in genau diesem Sinne Plotin Platons Zeittheorie und ihren Bezug zum Kosmos interpretiert, was in den eigens Platon gewidmeten

Kapiteln 12 und 13 geschieht. Die notwendige Bezogenheit und Abhängigkeit der Zeit vom Kosmos bei Platon wird modifiziert zu der These, daß die Planetenbewegungen lediglich zum Kundtun, zur Offenbarung der Zeit dienen.[43] Damit ist die Platonische Theorie auf den Kopf gestellt. An die Stelle des Zeitbegriffes von der Kreisgestalt ist bei Plotin die Auffassung von der unendlichen, gradlinig fortschreitenden, nicht in sich rückläufigen Zeit getreten. Bei ihm bahnt sich eine Zeittheorie an, die sich in der Neuzeit nicht nur fortsetzen, sondern durchsetzen wird, wenngleich sie dort anders begründet wird, nicht mehr psychologisch, sondern physikalisch. So benötigt Newton die unendliche Zeit und den unendlichen Raum zur Erklärung seines Axioms von der unendlichen, gradlinigen Trägheitsbewegung.

Plotins Zeittheorie kann als Beweis dienen, daß Zeitstrukturen wesentlich abhängen von Motiven, Intentionen und praktischen Zwecken, die mit der Zeit verfolgt werden.

---

43 Vgl. *Enneade* III,7, 12, 25 ff.

# VI.

# Die Struktur der Augustinischen Zeittheorie im XI. Buch der *Confessiones**

## 1. Geschichtliche Einordnung

Man pflegt Augustin in der Geschichte der Zeittheorie als Vater des „psychologischen Zeitbegriffes" hinzustellen.[1] Diese Einstufung bedarf der Präzisierung. Ist mit ihr gemeint, daß Augustin der erste gewesen sei, der die Zeit entkosmologisierte, ja entphysikalisierte, d.h. aus ihrer traditionellen Bindung an die Bewegung der Planeten wie der Körper überhaupt löste und statt dessen an die Seele band, indem er sie zu deren Existenzform erklärte, so ist sie unhaltbar. Schon bei Platon deutet sich ein Zusammenhang von Zeit und Seele an, wenngleich die Zeit primär mit der Rotation des Alls und den Umläufen der Planeten in Verbindung gebracht wird. Nicht nur, daß die Individualseele in der Kontemplation der gleichförmigen, gesetzmäßigen Umläufe der Planeten selbst zur inneren Gleichförmigkeit, Gesetzmäßigkeit und Ruhe gelangt, indem sie sich jenen anähnelt,[2] auch die allgemeine Weltseele ist als selbstreferentielles, autokinetisches Prinzip durch Zeit gekennzeichnet – naturgemäß durch die selbstbezügliche zyklische Zeit – und überträgt diese auf den Kosmos, da sie als Konstitutionsprinzip desselben fungiert. Allerdings finden sich diese Gedanken bei Platon nur in nuce.

Enger ist die Bindung der Zeit an die Seele bei Aristoteles. Seine berühmte Definition in *Physik* Δ 11 (219 b 1f) nach der die Zeit die Zahl der Bewegung hinsichtlich ihres Früher und Später ist, setzt die Aktivität der zählenden Seele voraus. Mag auch die rein phänomenale Zeit ein Moment an der Bewegung sein ohne Rekurs auf die Seele, so ist doch die begrifflich erfaßte Zeit, welche in der Ausgrenzung sukzessiver Zeitstrecken aus dem kontinuierlichen Zeitfluß besteht, nur möglich aufgrund der Grenzen setzenden und zählenden Seele. Aristoteles geht noch einen Schritt weiter, indem er auf die Notwendigkeit äußerer Bewegung für die Zeitdefinition verzichtet. Auch innere Bewegung, wie sie bei geschlossenen Augen

---

\* Modifizierter Wiederabdruck eines Aufsatzes in: *Philosophisches Jahrbuch*, Bd. 95 (1988), S. 72-95.
1 Vgl. U. Duchrow: *Der sogenannte psychologische Zeitbegriff Augustins im Verhältnis zur physikalischen und geschichtlichen Zeit*, in: *Zeitschrift für Theologie und Kirche*, Bd. 63 (1966), S. 267-288; J. F. Callahan: *Four Views of Time in Ancient Philosophy. On the Views of Plato, Aristotle, Plotinus and Saint Augustine*, Cambridge (Mass.) 1948, S. 204.
2 Vgl. Platon: *Timaios* 47 a ff.

und bei Fehlen äußerer Eindrücke stattfindet, reicht aus, in einer Selbstbestimmung der Seele den Zeitbegriff hervorzubringen.

Obwohl bei Aristoteles wie bei Platon wie überhaupt in der gesamten Antike die Astronomisierung der Zeit überwiegt, nicht zuletzt deswegen, weil die Himmelsbewegungen das Maß aller Zeitbestimmung abgeben, begegnet spätestens bei Plotin (*Enneade* III, 7) eine eindeutige Psychologisierung der Zeit dergestalt, daß diese zur Existenz- und Daseinsweise der Seele, zum Leben der Seele erklärt und ihre Struktur aus der psychischen Strebestruktur gewonnen wird. Allerdings gibt auch Plotin den kosmischen Bezug der Zeit nicht gänzlich auf, sondern restituiert ihn dadurch, daß er die Seele – verstanden als Weltseele, an der die Einzelseelen partizipieren – innerhalb seines Hypostasensystems zum Konstitutionsprinzip des Kosmos erklärt.

So ist das Theorem der Psychologisierung bzw. Subjektivierung, das die Zeit zur Existenzweise des Subjekts statuiert, keineswegs neu, und für dasselbe kann Augustin nicht als Urheber in Anspruch genommen werden. Anders jedoch verhält es sich, wenn mit der Psychologisierung bzw. Subjektivierung gemeint ist, daß die Zeit vorzugsweise oder ausschließlich im Innern der Seele existiert und dort als Zeitvorstellung, Zeiterlebnis, Zeiterfahrung u.ä. auftritt. Zwischen der Zeit als Existenzweise der Seele und der Zeit als Vorstellung in der Seele, zwischen realer, ichhafter Zeit und Zeitvorstellung im Ich, ist zu unterscheiden. Die innovatorische Leistung Augustins besteht in der Entdeckung der subjektimmanenten Zeit, unangesehen dessen, was die Zeit darüber hinaus noch sein mag. Gegenüber dem kosmologisch-astronomischen Interesse der Griechen gilt sein Interesse dem epistemologischen und psychologischen Aspekt der Zeit. So tritt bei ihm an die Stelle der Weltzeit die Ichzeit. Nicht zufällig hat später Husserl seine *Vorlesungen zur Phänomenologie des inneren Zeitbewußtseins* mit einem Augustin-Zitat eingeleitet[3] und die Augustinische Zeittheorie als „deskriptive Phänomenologie" und „Erkenntnistheorie" klassifiziert[4] und in ihr einen Vorläufer seiner eigenen phänomenologischen Zeitanalysen gesehen.

Die Motive, die Augustin zu dieser Zeitauffassung bewogen, lagen nicht in Willkür und Phantasie, auch nicht in einem Forschungsinteresse, das sich auf das Subjekt richtet, sondern in Aporien, in die sich die klassische Zeitauffassung der Griechen verwickelt hatte und die schon von Aristoteles zu Beginn seiner Zeitabhandlung im IV. Buch der *Physik*[5] aufgezeigt worden waren. Faßt man die Zeit in Analogie zu realen Dingen und Eigenschaften als Seiendes auf, sei es als substantiell oder akzidentell Seiendes, so gerät man in die Schwierigkeit, bei genauerem Durchdenken des Sachverhalts der Zeit jegliches Sein absprechen zu müssen; denn als Vergangenes ist sie nicht mehr, als Zukünftiges noch nicht und als Gegenwärtiges zerfällt sie, sofern man sie als Ausdehnung nimmt, wiederum in Vergangenes und

---

3 Es handelt sich um das berühmte Zitat aus *Confessiones* XI., Kap. 14, in: *Husserliana*, Bd. X, S. 3.
4 *Husserliana,* Bd. X, S. 3.
5 217 b f.

Zukünftiges und unterliegt demselben Diktum; als unausgedehnter Moment aber stellt sie einen zum Nichts tendierenden Grenzfall dar. Will man andererseits an der Zeit festhalten, wie es die alltägliche Erfahrung und die Wissenschaft fordern, so bleibt keine andere Möglichkeit, als sie in das Subjekt zu transferieren und zu dessen Vorstellung zu erklären.[6] Allerdings hat Augustin nur den ersten Schritt auf dem Wege in den neuzeitlichen Subjektivismus vollzogen, der mit Kants transzendentalphilosophischem Ansatz epistemologisch und mit Husserls transzendentalphänomenologischen Analysen auch psychologisch und bewußtseinstheoretisch zum Abschluß gelangt. Wenn nach der transzendentalphilosophischen Position die subjektiven Bedingungen möglicher Zeiterfahrung zugleich objektkonstituierende Funktion haben, woraus folgt, daß das Zeitobjekt nirgends anders als in der Vorstellung existiert, so vermißt man bei Augustin eine solche Konsequenz noch. Die Subjektivierung und Immanentisierung der Zeit, die zur Suspendierung der realen Zeit außerhalb des Subjekts hätte führen und die subjektive Zeitvorstellung zur einzig möglichen hätte erklären müssen, wird von Augustin unterlaufen durch das Festhalten an der realen, transsubjektiven Zeit und ihrer Bestimmung als physikalische und historische Zeit. Zu sehr ist Augustin der klassischen Tradition verhaftet, als daß er sich gänzlich von ihren Fesseln hätte lösen können. Nicht nur bedient er sich ständig ihrer Argumente und Beweisgänge, auch ihre Prämissen schieben sich immer wieder seinen neuen Einsichten unter.[7]

Das Festhalten an der Tradition, sei sie griechischer oder jüdisch-christlicher Provenienz, zeigt sich auch noch in einem anderen Punkt. Außer den beiden bisher erwähnten Zeitbegriffen, der Zeitvorstellung und der realen Zeit, kennt Augustin

---

6 Ein anderer Motivationsstrang geht, wie U. Duchrow: *Der sogenannte psychologische Zeitbegriff Augustins im Verhältnis zur physikalischen und geschichtlichen Zeit*, a.a.O., S. 272 ff, nachgewiesen hat, auf Augustins rhetorische Bildung und die Tradition, in der er steht, zurück, insbesondere auf die durch Varros *Disciplinarum libri* vermittelte Sprach-, Musik- und Rhythmuslehre. Diese hatte in ihm das Interesse an der *memoria*, dem Gedächtnis, geweckt. – John F. Callahan: *Gregory of Nyssa and the Psychological View of Time*, in: *Proceedings of the XIIth International Congress of Philosophy*, Firenze 1960, S. 59-66, hat zu zeigen versucht, daß die subjektive Zeitauffassung Augustin durch Gregor von Nyssa bekannt geworden ist, sei es durch direkte oder indirekte Vermittlung. Der eigentliche Grund jedoch für diese Theorie dürfte nach Augustins eigener Aussage nach Kap. 14 in den klassischen Aporien zu sehen sein.

7 Man muß P. H. J. W. Kamlah: *Christentum und Geschichtlichkeit*. Untersuchung zur Entstehung des Christentums und zu Augustins „Bürgschaft Gottes", Stuttgart, Köln 1951, S. 226, zustimmen, wenn er als Resümee seiner Augustin-Betrachtung feststellt, daß Augustin in antiken Traditionen steckenblieb. Am Schnittpunkt zwischen Antike und Neuzeit stehend, gelang es ihm nicht restlos, Altes und Neues zu einer integrativen Einheit zu verbinden. Dies bedingt die vielen Inkonsequenzen und Inkonzinnitäten seiner Theorie. Dieses Urteil soll Augustins kulturelle und literarische Leistung in den *Confessiones* keineswegs mindern. Wie kein anderer hat sich Augustin um Ausgleich und Verbindung heterogener Kulturen und Traditionen bemüht. Neu und einmalig ist der subjektive Weg in die Tiefen und Abgründe der menschlichen Seele und dessen subtile, nuancierte literarische Exposition.

noch einen dritten Begriff, den der Ewigkeit, die er als Prinzip der Zeit ansetzt. Sie fungiert als Ursprung und Ziel zugleich. Weder die Ewigkeitsvorstellung als solche noch ihr Verhältnis zur Zeit folgen aus den rein phänomenologischen und psychologischen Analysen Augustins, sie lassen sich allein erklären aus überlieferten metaphysischen und theologischen Hypothesen, zum einen aus Platons ontologischem Ansatz, demzufolge die Zeit Abbild des Äon ist, so wie alles zur Sinnlichkeit Gehörige Abbild und Erscheinung des Ideellen ist, und zum anderen aus dem biblischen Schöpfungsmythos, nach dem der ewige Gott Himmel und Erde einschließlich der Zeit erschaffen hat.

Will man Augustins Zeittheorie adäquat verstehen, so muß man die hierarchische Ordnung: Ewigkeit – Zeit (reale Zeit des Subjekts) – Zeitvorstellung im Subjekt berücksichtigen. Die vorliegende Untersuchung beabsichtigt, diese Stufen unter *strukturellem* Aspekt zu betrachten, ihre Gemeinsamkeiten wie ihre Differenzen aufzuweisen. Wären die Stufen absolut different, so folgten sie isoliert und beziehungslos aufeinander; man wüßte nicht, was es rechtfertigte, sie einer einheitlichen Zeittheorie zuzuordnen. Auch würde die mit dem Übergang von einer Stufe zur anderen verbundene thematische Modifikation des Zeitbegriffes haltlos werden, da ihr die Bezugspunkte des Übergangs fehlten. Und wären die Stufen absolut gleichartig, so bestünde kein Anlaß zur Abhebung; das im Schöpfungsmythos und in der Urbild-Abbild-Relation ausgedrückte Dependenzverhältnis würde hinfällig werden. Was also ist das durchgängige, alle Schichten verbindende Kriterium, und worin besteht die spezifische Differenz jeder Stufe?

## 2. Das Verhältnis von Gott (Ewigkeit) und Kosmos (Zeit)

Die im eigentlichen Sinne philosophischen Untersuchungen in den *Confessiones*, die von Kapitel 14 bis 28 reichen, werden umrahmt von theologischen Erörterungen, vom Schöpfungsmythos des *Alten Testaments* zu Beginn, von der Hoffnung auf ein Ende aller Zeiten und eine Vereinigung mit Gott am Schluß. Sachlich und methodisch handelt es sich hier um die Einbettung einer rein phänomenologischen Zeitanalyse in einen religiösen Kontext, was nicht ohne Auswirkung auf die Beurteilung der Zeitanalyse und den Status der Zeit selbst bleiben kann.[8] Nach dem Schöpfungsbericht aus *Genesis* 1 gilt die Zeit, die hier noch undifferenziert genommen wird und noch nicht in reale Zeit und Zeitvorstellung geschieden ist, als *creatum*, das auf einen *creator* weist. Die Zeit ist *zusammen* mit der Welt erschaffen, weder früher noch später, sondern gleichzeitig mit ihr.[9] Mit dieser These setzt sich

---

8 Aus einer rein phänomenologischen Behandlung der Zeit ließe sich die Herkunftsfrage nach dem Woher der Zeit niemals ableiten.

9 Vgl. Au. Augustin: *De civitate*, XI, 6: „Procul dubio non est mundus factus in tempore, sed cum tempore."

Augustin nicht nur von der populären Vorstellung einer Erschaffung des Kosmos *in* der Zeit ab, einer Zeit, die als leer, inhaltslos, unerfüllt vorgestellt werden müßte, um in ihr etwas erschaffen zu können, sondern auch von der antiken Theorie der Ewigkeit der Welt und Zeit. Die Verwendung der Schöpfungsmetapher, der logisch das Grund-Folge-Verhältnis, real das Ursache-Wirkungs-Verhältnis und ganz allgemein das Verhältnis von Bedingung und Bedingtem zugrunde liegt, hat weitreichende Konsequenzen für die Deutung der Beziehung zwischen Gott und Welt. Während in *logischer* und *realer* Hinsicht die Kausalkategorie ein einseitiges Dependenzverhältnis bezeichnet, in welchem die Ursache der Wirkung voraufgeht und diese jener folgt, enthält sie in *epistemologischer* Hinsicht einen Doppelbezug, bei dem nicht nur die Ursache auf die Wirkung verweist, sondern auch umgekehrt die Wirkung auf die Ursache; denn etwas als Wirkung verstehen bedeutet, es als Wirkung einer Ursache verstehen. Allerdings ist die Erschließung der Ursache aus der Wirkung einer Einschränkung unterworfen. Zwar läßt sich sicher und verbindlich auf die Existenz einer Ursache *überhaupt* schließen, nicht jedoch auf die einer *bestimmten*; denn wie wir aus Traum, Phantasie, Halluzination u.a. wissen, kann die Ursache für etwas, z.B. für die Vorstellung von Dingen der Außenwelt, nicht nur in den letzteren selbst liegen, sondern auch in uns.[10] *Daß* eine Ursache vorliegen muß, steht außer Zweifel, nicht aber, *welche* es ist und von *welcher Art*. Dasein und Sosein bleiben in diesem Schluß getrennt.

Bei der Anwendung des Ursache-Wirkungs-Schemas auf das Verhältnis von Gott und Welt resultieren nicht unerhebliche Schwierigkeiten. Nicht nur ist fraglich, ob die Welt überhaupt als Wirkung einer Ursache gedeutet werden könne und nicht besser als unhinterfragbares, nur zu konstatierendes Faktum hingenommen werden sollte. Immerhin handelt es sich um einen übertragenen Gebrauch der Kausaltheorie, da hier statt der sonst bekannten und zugänglichen zwei Relata nur eines bekannt ist, das andere prinzipiell unzugänglich. Daher könnte es sich bei der Supposition der Kausalrelation um eine irreale, imaginäre Annahme handeln, die in Wahrheit nur unsere Vorstellung von einer solchen widerspiegelte. Selbst im Falle eines realen Verhältnisses bliebe die weitere Frage, ob der Schluß von der Welt auf eine transzendente Ursache – Gott – legitim sei oder auf eine immanente Ursache – die Welt selbst – geschlossen werden müsse nach Art einer *causa sui* (Selbstbegründung). Daß sich Augustin dieser Schwierigkeit durchaus bewußt ist, zeigt die Tatsache, daß er einen diesbezüglichen Argumentationsgang in Kapitel 4, den er sonst in Anlehnung an einen Platonischen Beweisgang im *Timaios*[11] konzipiert, genau an dieser Stelle um ein bei Platon nicht zu findendes Argument erweitert. Wie Platon schließt Augustin zunächst aus der Faktizität der Welt auf eine Verursa-

---

10 Diese Einsicht ist seit Kants *Kritik der reinen Vernunft* ins Allgemeinbewußtsein gerückt. Sie basiert auf der Verbindung unterschiedlicher, nicht gleichartiger Relata, wie sie in den dynamischen Kategorien und Grundsätzen, z.B. im Kausalverhältnis, vorliegen.
11 Platon: *Timaios* 27 d ff.

chung.¹² Dieser Schluß läßt eine Alternative zu: Entweder kann die Ursache ein transzendentes Wesen – Gott – sein, sofern man eine Fremdverursachung unterstellt, oder die Welt selbst, sofern man eine Selbstverursachung annimmt. Letztere Möglichkeit schließt Augustin dann auf eine recht merkwürdige, kaum nachvollziehbare Weise aus, indem er die Selbstverursachung temporal interpretiert, d.h. die in der Selbstbeziehung enthaltene Stellendifferenz der Relata, des Bewirkenden und des Bewirkten, zeitlich deutet und so zu dem absurden Schluß gelangt, daß die Welt als verursachende sich selbst als verursachter vorausgehen müsse. – Die Akzeptanz der ersten Alternative dürfte ihren Grund eher in einem religiösen Dogma als in einer philosophischen Argumentation haben.

Konzediert man Gott als transzendentes Verursachungsprinzip, so folgt daraus noch keinerlei Qualifikation Gottes. Mag durch das Kausalverhältnis auch die Existenz eines Schöpfergottes erwiesen sein, so ist damit noch kein weiteres Merkmal über ihn ausgemacht. Das gilt auch und gerade im Hinblick auf die Ewigkeit. Ihre Zuschreibung zu Gott und ihre nähere Explikation sind durch nichts gerechtfertigt. Da eine Explikation stets nur von unserem Erkenntnisstand aus und mit unseren Mitteln erfolgen kann, ist sie nichts weiter als ein Spiel der Phantasie, eine Hypostasierung. Der Versuch, Gott mit Mitteln der Temporalität zu beschreiben, wenngleich via negativa, ist nur eine Extrapolation unseres Vorstellens und stellt weder eine der Realität angemessene Beschreibung dar noch einen notwendigen Schluß. Von der Schlußweise her muß das verursachende Prinzip indifferent bleiben wie in der negativen Theologie, nach der die Stelle eines letzten Grundes der Welt nur noch indiziert werden kann durch Absprechen aller endlichen Prädikate. Es gibt Passagen im XI. Buch der *Confessiones*, die in diese Richtung deuten, etwa, wenn von Gott gesagt wird, daß er die Welt aus Nichts und in Nichts erschaffen habe.¹³ Seine Schöpfung ist eine *creatio ex nihilo* und, wie zu ergänzen ist, *in nihilo*; denn anders als der menschliche Künstler, der an einem bestimmten Ort der Welt und zu einer bestimmten Zeit einen vorgegebenen Stoff nach einer vorgegebenen Gestalt formt, erzeugt der göttliche Schöpfer erst die Materie aus dem Nichts und tut dies ort- und zeitlos, da der Weltraum und die Weltzeit erst Produkte seiner Schöpfung sind. In dieselbe Richtung zielen auch Äußerungen wie die, daß Gottes Ewigkeit und die Zeitlichkeit der Welt inkomparabel seien,¹⁴ was nur daraus zu erklären ist, daß die göttlichen Qualitäten uns unzugänglich bleiben. Oder es heißt im Zusammenhang mit dem göttlichen Schöpfungswort, daß es im Vergleich zum menschlichen Wort, das in der Zeit entsteht, das eine Weile dauert und dann vergeht, etwas „ganz, ganz anderes" sei.¹⁵ Eine solche Kennzeichnung verbietet die

---

12 Fichte hat später den Terminus ‚Faktum' als Tat*sache* übersetzt, die auf eine Tat*handlung* deutet. Auch das deutsche Wort ‚Wirklichkeit' bezeichnet ein Gewirktes und verweist auf eine Ursache.
13 Vgl. Au. Augustinus: *Confessiones – Bekenntnisse*, eingeleitet, übers. und erläutert von J. Bernhart, München 1955, 3. Aufl. 1966, Kap. 5.
14 Kap. 11.
15 Kap. 6: „Aliud est, longe aliud est", vgl. Buch VII, Kap. 10, 16.

Anwendung der hegelschen Dialektik, wonach das Andere das Andere meiner selbst ist und als Setzung von mir stets einen Bezug auf mich bewahrt. Hier dagegen geht es um das in jeder Hinsicht Andere, bei dem jeder verstehbare Bezug zu mir abgebrochen ist. Obwohl das Schöpfungsverhältnis ursprünglich ersonnen ist, die Beziehung zwischen Gott und Welt, Ewigkeit und Zeit zu erklären, lehrt die konsequente Verfolgung der Implikationen desselben, daß eine Diastase zwischen beiden besteht. Selbst wenn man eine reale Verbindung konzedierte, entzöge sie sich jeder *begrifflichen, inhaltlichen* Bestimmung. Mit Bezug auf die Zeitthematik bedeutet das, daß nicht mehr angebbar ist, was das gemeinsame, verbindende Band zwischen Ewigkeit und Zeit ist. Der Gedanke der *dissimilitudo* zwischen Gott (Ewigkeit) und Welt (Zeit) überwiegt in den *Confessiones* den der *similitudo*.[16]

In diesem Kontext legt sich der Vergleich mit dem Platonischen Schöpfungsmythos aus dem *Timaios* nahe, zumal Augustin Argumentationsgänge direkt von dort übernimmt. Allerdings ist der Vergleich unter die kritische Frage zu stellen, ob die Intention Augustins noch dieselbe sei wie Platons oder sich gewandelt habe. Von der Antwort hängt ab, ob die Argumentationen noch in derselben Funktion verwendet werden oder andere Ziele verfolgen.

Wie Augustin schließt Platon von der Faktizität der sinnlich wahrnehmbaren Welt und ihrer Grundbefindlichkeit, der Veränderung, auf eine Ursache, die er mit dem göttlichen Demiurgen identifiziert.[17] Nur ist sich Platon anders als Augustin der Unzulässigkeit der Verallgemeinerung des Schlusses von dem, was innerhalb der Welt gilt, auf die Welt insgesamt und ihr Verhältnis zu anderem außerhalb der Welt bewußt. Was vom Einzelseienden innerhalb der Welt gilt, muß nicht ebenso vom Universum als solchem gelten und vom transzendenten Prinzip schon gar nicht. Der göttliche Produktionsakt erhält folgerichtig bei Platon eine metaphorische, keine realistische Deutung. Anders als der biblisch-augustinische Schöpfungsmythos ist der platonische eine temporale Einkleidung eines an sich immer schon bestehenden Sachverhalts, nämlich der ewigen Verfassung der Welt. Indem wir den ursprünglichen Schöpfungsakt des Demiurgen nachvollziehen, der im übrigen keine *creatio ex nihilo* ist, sondern ein Präge- und Ordnungsakt bereits vorhandener, wenngleich amorpher Materie im Hinblick auf ein ideelles Formensystem (Ideenkosmos), dringen wir in die Aufbaugesetze und Konstruktionsprinzipien des Kosmos ein. So ist die Nachkonstruktion der Urerzeugung der Prozeß der Verständigung über die genuinen Strukturen der Welt. Da die Nachkonstruktion

---

16 Die Differenz betont E. Rudolph: *Einheit und Differenz. Anmerkungen zu Augustins Zeitauffassung im XI. Buch der „Confessiones"*, in: K. Gloy und E. Rudolph (Hrsg.): *Einheit als Grundfrage der Philosophie,* Darmstadt 1985, S. 102-119, bes. S. 115. Um einen Ausgleich bemüht sich O. Lechner: *Idee und Zeit in der Metaphysik Augustins,* München 1964, S. 125.

17 Der Demiurg hat nach Platons mehrschichtiger Ursachentheorie nur eine unter mehreren Ursachenfunktionen, und zwar die einer *causa efficiens,* neben der die *causa formalis, materialis* und *teleologis* als weitere figurieren, und dies nicht erst seit Aristoteles.
Während bei Augustin *causa efficiens* und *causa formalis,* Wirk- und Formursache, in Gott zusammenfallen, sind sie bei Platon getrennt.

stets im Hinblick auf die paradigmatischen Strukturen erfolgen muß, die als Maßstab und Beurteilungsgrundlage der realen, immanenten Strukturen dienen, enthält diese Konstellation implizit den Hinweis auf ein Urbild-Abbild-Verhältnis, wie es explizit von Platon zwischen Ewigkeit und Zeit statuiert wird, wobei die Ewigkeit der ideellen, die Zeit dem sinnlichen Bereich angehört. Der Chronos gilt ihm als Abbild des Äon, und zwar als an den zyklischen Umläufen der Planeten sichtbar werdendes, bewegtes Abbild des in sich verharrenden Ewigen.[18]

Obwohl das Urbild-Abbild-Verhältnis ähnlich strukturiert ist wie das Kausalverhältnis, unterscheidet es sich von diesem durch die Akzentuierung der Ähnlichkeitsbeziehung. Zwar drückt es logisch genau wie dieses eine einseitige Dependenz aus, indem das Nachbild vom Vorbild abhängt und ohne dasselbe nicht existieren kann, während aber das Kausalverhältnis eine Beziehung zwischen Heterogenem artikuliert, artikuliert das Urbild-Abbild-Verhältnis eine zwischen Ähnlichem. Denn was taugte die Rede von einer Abbildung, wenn nicht mit ihr ein Verweisungscharakter verbunden wäre. Verweist die Wirkung im Kausalverhältnis lediglich auf das Dasein einer Ursache überhaupt, so deutet das Abbild auf ein Paradigma, mit dem es einen Teil der Eigenschaften gemeinsam hat.

Als Resultat des Vergleichs ist festzuhalten: Während bei Platon die Verwendung des Urbild-Abbild-Schemas der Absicht dient, die Gemeinsamkeit von Ewigkeit und Zeit herauszustreichen und die Durchgängigkeit eines Merkmals oder Merkmalskomplexes zu betonen, verändert die Ersetzung dieses Schemas durch das Kausalverhältnis bei Augustin – ob bewußt oder unbewußt – die Situation insofern, als nun die Verschiedenheit in den Vordergrund tritt. Mag auch das Augustinische Frühwerk starke Anklänge an die Platonische Zeitdefinition erkennen lassen,[19] in den *Confessiones* ist diese Orientierung zugunsten einer bewußten Auslegung des biblischen Schöpfungsmythos aufgegeben.

Wie dies notwendig Konsequenzen für die Beschreibung Gottes hat, so auch für die der Welt. Während sich bei Platon die ideelle Ewigkeit auf die sinnliche Welt überträgt und dort entsprechend den Bedingungen der Sinnlichkeit als bewegte auftritt, genauer als niemals endende Kreisbewegung, verbietet sich für Augustin jede Immanentisierung der Ewigkeit als Übertragung göttlicher Prädikate auf die geschöpfliche Welt. Die Welt mit ihrer Zeitstruktur ist für ihn nicht wie in der platonisch-aristotelischen und in der gesamtgriechischen Tradition gleichewig mit Gott bzw. dem Äon. In Kapitel 10 greift Augustin dieses Theorem auf und formuliert es als einen möglichen Selbsteinwand, allerdings in der Absicht, ihn zurückzuweisen. Die Argumentation würde lauten: Wenn Gottes Wille, Welt und Zeit zu erschaffen, zu seinem Wesen gehört, und dies nicht nur kontingenterweise und sporadisch, sondern notwendig, und sein Wesen ewig ist, dann muß auch der Wille ewig sein. Da der göttliche Wille identisch ist mit dem Schöpfungsakt, muß auch

---

18 Vgl. Platons Zeitdefinition in *Timaios* 37 d ff.
19 Vgl. Au. Augustin: *De musica*, VI, 11, 29: „aeternitatem imitantia, dum coeli conversio ad idem redit"; *Enarrationes in Psalmos*, 9, 7, 17: „aeternitatis quaedam imitatio"; *De genesi ad litteram imperfectus,* liber 13: „uestigium aeternitatis".

die Welt und ihre Zeitstruktur gleichewig mit Gott existieren. Einer solchen auf griechischem Gedankengut basierenden These von der transzendent-immanenten Ewigkeit stellt Augustin die einem anderen Kulturkreis entnommene biblische These von der Geschöpflichkeit und Anfänglichkeit der Welt und Zeit entgegen, freilich ohne einen Beweis dafür anführen zu können. Die Tatsache, daß er dieser These Priorität einräumt gegenüber der anderen, läßt darauf schließen, daß es ihm aus religiöser Überzeugung ernst ist mit der im Schöpfungsgedanken gelegenen Differenz zwischen Gott und Welt.

## 3. Ewigkeit

Aus dem Augustinischen Schöpfungstheorem folgt die prinzipielle Unzugänglichkeit und Undeterminierbarkeit Gottes. Wenn Gott dennoch positive Prädikate zugeschrieben werden, wie die Ewigkeit, so ist diese Zuschreibung mehr theologisch als philosophisch bedingt und hat den Sinn, die Superiorität Gottes, seine Macht und Herrlichkeit gegenüber der Nichtigkeit und Hinfälligkeit der Welt herauszustellen. Wie immer die Prädikation geschieht, sie muß von unserem endlichen, beschränkten Erkenntnisstandpunkt aus und mit den uns verfügbaren temporalen Mitteln erfolgen, wenngleich in Absetzung von diesen und in Negation dieser. Das kann nur auf zweifache Weise geschehen, entweder durch *Koinzidenz* des bei uns Getrennten, Vielen, Differenten und Relationalen oder durch *Verabsolutierung* einer einzelnen, isolierten Bestimmung.

Ein Beispiel für die erstere Art ist die Annahme, daß die temporale Trias: Vergangenheit, Gegenwart und Zukunft, die bei uns die Zeit charakterisiert, in der göttlichen Ewigkeit aufgehoben ist. In dieser gibt es keine Vergangenheit und keine Zukunft,[20] sondern nur eine Vergangenheit, die zugleich Gegenwart und Zukunft, eine Zukunft, die zugleich Vergangenheit und Gegenwart, und eine Gegenwart, die zugleich Vergangenheit und Zukunft ist. Die Differenz der Zeitmodi entfällt. So heißt es in Kapitel 13, daß unsere Jahre kommen und gehen, sich sukzessiv aneinanderreihen, während Gottes Jahre alle zugleich sind. In Aufnahme des *Psalms* 101, 28 sagt Augustin lapidar: „Tu autem idem ipse es" („Du aber bist stets derselbe"). Sind unsere Lebensjahre durch ein *praeterire* gekennzeichnet, durch ein Vorübergehen und mit diesem durch Vielheit und Verschiedenheit, so ist die göttliche Sphäre durch Unvergänglichkeit und Konstanz charakterisiert, was von Augustin oft durch den Terminus „stans"[21] ausgedrückt wird. Der Sukzessivität und der mit ihr verbundenen Pluralität und Differenz steht die Unwandelbarkeit, Einheit und Identität gegenüber.

---
20 Vgl. Kap. 11.
21 Kap. 11 u. 13.

Ein Beispiel für die zweite Art findet sich ebenfalls in Kapitel 13. Aus der Trias wird die Gegenwart herausgegriffen und zur Unendlichkeit geweitet. Das Resultat ist das *nunc stans* der Tradition,[22] die ewige Gegenwart oder die stets gegenwärtige Ewigkeit (*semper praesens aeternitas*).[23] Gottes Heute, so wird gesagt, ist nicht unser Heute, dem in der Reihe der Heute ein gestriges voraufgeht und ein morgiges folgt, sondern ein stehendes Heute, ein „hodie", kein „cotidie".

Mit dieser gegenwartsbezogenen Konzeption der Ewigkeit macht Augustin Anleihen bei der antiken griechischen Tradition und ihrer Beschreibung des Äon, obgleich hinter dieser eine andere Ontologie steht. Die Antike zeichnet den Gegenwartsmodus des Seins aus. Seit Parmenides genießt das Sein – verstanden als Bleiben, Beharren, Verweilen – eine Präferenz gegenüber dem Werden, dem Entstehen und Vergehen, die in Platons Unterscheidung des Ideenkosmos vom sinnlich wahrnehmbaren Kosmos ihren prägnanten Ausdruck findet. Ist jener im eigentlichen Sinne das immer Seiende, Unentstandene, Unvergängliche, so dieser das niemals Seiende, sondern immer Werdende. Das hier verabsolutierte Sein hat seinen Ausgangspunkt im sinnlichen Gegenwärtigsein der Dinge, wie es sich der aktuellen Augenblickswahrnehmung darbietet. Dieses Gegenwärtigsein zeigt die Dinge in ihrer vollen Konkretheit, Klarheit und Deutlichkeit, mit Heidegger zu sprechen, in ihrer ἀλήθεια, ihrer Unverborgenheit, ihrer totalen Offenheit, während das Vergangensein ihnen bereits etwas nimmt und das Künftigsein noch alles verhüllt. Hypostasiert zum stets Gegenwärtigsein, entspricht diesem Seinsmodus der νοῦς, mit dem die gegenwartsbezogene intellektuelle Anschauung gemeint ist. In der christlichen Tradition wird die Ewigkeit Gottes auch als Allgegenwart (Omnipräsenz) Gottes interpretiert, die immer auch eine Selbstgegenwart Gottes ist.

Hinter diesen beiden Beschreibungsweisen steht die Absicht, die Sukzessivität, Vielheit, Diversität und Relationalität unserer zeitlichen Welt aufzuheben in einer Einheit, die zugleich eine Ganzheit ist. Diese koinzidentelle Einheit kann aber, wenn an dem Gedanken der totalen Andersheit Gottes und der Ewigkeit festgehalten werden soll, wie es das Schöpfungstheorem im Unterschied zum Urbild-Abbild-Verhältnis und der in ihm enthaltene Kausalitätsgedanke fordert, weder das platonische ἓν διαφέρον ἐν ἑαυτῷ noch das spinozistische ἓν καί πᾶν noch die idealistische Einheit aus Einheit und Vielheit sein; denn diese sind insgesamt Formen, die die Vielheit latent in sich tragen und aus sich entlassen können, sei es nach der Art des Implikations-Explikations-Schemas oder nach Art von Kontraktion und Extrapolation oder des dialektischen Hinausgangs. Zwar ist auch die koinzidentelle Einheit keine abstrakte, vielheitslose, sondern eine konkrete Fülle, aber in ihr ist das Viele bzw. das All differenzlos zu Einem geworden und das Eine zu Allem. Die stereotyp bei Augustin wiederkehrende Formel für Ewigkeit lautet: „simul ac sempiterne omnia" („alles zugleich und immerfort").[24] Sie drückt eine zweifache Beziehung zur Zeit aus, zum einen zum Zeitpunkt, zum anderen zur Zeit-

---

[22] Der Terminus selbst stammt zwar erst von Boethius und aus der Scholastik.
[23] Kap. 13; vgl. Kap. 11: „quod semper est praesens" und „totum esse praesens".
[24] Kap. 7 (zweimal); vgl. Kap. 13: „omnes simul stant".

spanne. Mit Blick auf den Zeitpunkt soll in der Ewigkeit alles zugleich sein und sich analog verhalten wie der Raum zur Zeit, dessen gesamte Teile in jedem Augenblick koexistieren, mit Blick auf die ganze Zeit soll dieses Verhältnis ununterbrochen und immer gelten.

Wurde die Ewigkeit bisher als das gegenüber der Zeit ganz Andere gesehen und aus der Negation des Zeitlichen heraus beschrieben, so hat die Ewigkeit noch eine andere Funktion respektive der Zeit, nämlich eine ursprungstheoretische, die sie zur Ursprungsdimension und zum Anfang der Zeit statuiert. Damit wird die Frage unabweisbar, ob und wie die Ewigkeit als selber a-temporal Temporalität entlassen könne. Enthält die Ewigkeit die Zeit in sich, die sie aus sich freisetzt, oder schließt sie die Zeit so sehr aus, daß diese ihr nur äußerlich anjungiert werden kann? Die Frage läßt sich auch so stellen: Kann die Ewigkeit zugleich zeitenthobener, ontologischer Grund wie temporaler Anfang der Zeit sein oder nicht?

Wenn die eine Möglichkeit einem Dualismus Vorschub leistet, so tendiert die andere zwingend zu einer dialektischen Konstruktion. Obwohl Augustin im Grunde ein undialektischer Denker ist, dem die Möglichkeit der Welt- und Zeitentäußerung der Idealisten fernliegt, gibt es mehrere Stellen, die sich nicht anders als im Sinne einer dialektischen Lösung lesen lassen:

1. Nach Kapitel 8 schaut Gott in seiner ewigen Vernunft, in der es keinen Anfang und kein Ende des Seienden gibt, das Anfangen- und Endensollen alles Zeitlichen. In Gottes Allgegenwart vereinigen sich A-Temporalität und Temporalität. Gott weiß um Anfang und Ende der Zeit, in ihm ist die ganze Zeitreihe zugleich präsent.

2. In dieselbe Richtung zielt, wenn ebenfalls in Kapitel 8 Augustin das göttliche Schöpfungswort, das allem Zeitlichen enthoben ist, gleichzeitig zu uns sprechen läßt. Damit tritt es in die Funktion eines Ersten *in* der Reihe des zeitlich Seienden unter Beibehaltung seines Status als prius *für* das zeitlich Seiende.

3. Eine ähnliche Konstellation ergibt sich auch aufgrund der Ambivalenz des „praecedere" aus Kapitel 13 und des „ante" aus Kapitel 30. Beide Termini, die zur Beschreibung Gottes und der Ewigkeit in bezug auf die Welt und Zeit gebraucht werden, haben einen doppelten Sinn, sowohl einen temporalen wie einen a-temporalen. Dem ersten zufolge ist das zeitliche „Vorangehen" und „Früher" gemeint, dem zweiten zufolge das logische „Zugrundeliegen" und „a priori", die Unabhängigkeit von der Erfahrungswelt. Obwohl Augustin in die zweite Richtung zielt, so, wenn er Gott ausdrücklich als „allen Zeiten vorhergehend" bestimmt,[25] bleibt ein temporaler Rest, der dann zum Vorschein kommt, wenn er Gott zum Anfang der Zeit, d.h. zum Ersten in der Zeitreihe erklärt. Gott fungiert als logischer Grund wie als temporaler Anfang der Zeit. Bei einem rein logischen Bedingungsverhältnis zwischen Gottes Ewigkeit und weltlicher Zeit, wie es das a priori fordert, wären Welt und Zeit gleichewig mit Gott, ihm lediglich logisch, nicht temporal nachgeordnet. Mit dem Schöpfungstheorem und der These vom zeitlichen Anfang der

---

25 Kap. 13: „omnia tempora praecederes"; vgl. Kap. 30 „ante omnia tempora".

Welt kommt eine andere Dimension hinein.²⁶ Wiewohl diese Interpretation im Widerspruch zu jener steht, die die göttliche Dimension in totaler Andersheit beläßt, ermöglicht sie allein ein Verstehen der Zeiterschaffung. Andernfalls müßte die Schöpfung ein Rätsel bleiben.

## 4. Reale Zeit

Mit dem Schöpfungstheorem, das das Verhältnis Gott – Welt regelt, werden respektive der geschöpflichen Zeit status- und wertmäßig zwei Aussagen gemacht, eine negative und eine positive. Zum einen wird die Zeit als bloß geschaffene klassifiziert, die als solche nicht der Ursprungsdimension angehört, sondern lediglich eine Folgeerscheinung ist. Sie wird unter den Aspekt der Negation gestellt und gegenüber der Seinsfülle und Vollkommenheit der Ewigkeit durch Nichtigkeit, Defizienz und Unvollkommenheit charakterisiert. Zum anderen aber bleibt die Zeit Produkt Gottes und partizipiert als solches am Göttlichen. Durch ihre Beziehung zu Gott verfällt sie niemals gänzlich dem Nichts, sondern bewahrt stets etwas Positives. Diesen beiden Aspekten ist genauer nachzugehen. Bevor jedoch qualitative Aussagen gemacht werden können, muß die Zeit hinreichend umrissen sein, da sich Aussagen stets auf ein Vorliegendes beziehen. Was also ist die Zeit, was ist ihr Wesen? Mit dieser sokratisch-platonischen τί ἐστι-Frage eröffnet Augustin in Kapitel 14 die eigentliche Zeitanalyse.

Die alltägliche, vorwissenschaftliche Zeiterfahrung, wie sie sich aus dem praktischen Umgang mit den Dingen ergibt, führt auf zwei Merkmalskomplexe, zum einen auf die Modi *praeteritum*, *praesens* und *futurum*,²⁷ aus denen sich die Zeit konstituiert, zum anderen auf das Fließen. Den drei Modi zufolge tritt die Zeit als vergangene, gegenwärtige und zukünftige auf. Ob es sich bei diesen Modi um originäre Zeitbestimmungen handelt, die aufgrund ihrer Naturgegebenheit der alltäglichen Erfahrung zugrunde liegen, oder um traditionsbedingte, derivative, die nur aufgrund einer langen Denkgewohnheit zur Selbstverständlichkeit geworden sind, bleibt offen. Augustin behauptet, dieselben schon von Jugend an zu kennen,²⁸ so

---

26 In der Literatur herrscht ein Streit zwischen dialektischer und undialektischer Interpretation. Als Vertreter der ersten sei genannt L. Boros: *Das Problem der Zeitlichkeit bei Augustinus* (Diss. München 1954), als Vertreter der zweiten O. Lechner: *Idee und Zeit in der Metaphysik Augustins*, a.a.O. Während nach der undialektischen Interpretation die „Zeit zeitlos der Ewigkeit eingefaltet" ist (O. Lechner: a.a.O., S. 143), um die Zeitfreiheit als Prinzip der Zeit zu retten, verwirklicht sich nach der dialektischen Interpretation Gottes Ewigkeit sowohl im Zugleich wie im Nacheinander. So kann Gott „ein wahres Nacheinander und damit eine Zeitlichkeit bei der vollen Bewahrung des ewigen Seins" durchaus besitzen (L. Boros: a.a.O., S. 28).
27 Vgl. Kap. 17; Kap. 20.
28 Vgl. Kap. 17.

daß ihm nichts so sicher und unbezweifelbar erscheint wie sie. Was als Grund für die Annahme der drei Modi angesehen werden kann, der Umstand, daß es vergangene Zeit nicht gäbe, wenn nichts verginge (*praeterire*), und zukünftige nicht, wenn nichts herankäme (*advenire*), und gegenwärtige nicht, wenn nichts wäre (*esse*),[29] entpuppt sich genauer besehen als Hinweis auf den zweiten Merkmalskomplex: auf die Sukzession; denn Vergehen und Herankommen sind anders als die statischen Bestimmungen ‚vergangen‘ (‚Vergangenheit‘), ‚zukünftig‘ (‚Zukunft‘) und ‚gegenwärtig‘ (‚Gegenwart‘) Bewegungsarten und daher unter den Generalbegriff ‚Bewegung‘, ‚Fließen‘, ‚Sukzession‘ zu subsumieren.

Um Augustins Argumentationsgang im folgenden zu verstehen, bedarf es einer Vorbemerkung. Bei den von ihm genannten Merkmalen handelt es sich zumindest angesichts des Gebrauchs, den er von ihnen macht, nicht um rein *formale* Bestimmungen, die einem Realen zukommen, sondern um *substantielle,* also um selber Reales. Zwar könnte die deutsche Übersetzung des lateinischen *praeteritum, praesens* und *futurum* mit ‚Vergangenheit‘, ‚Gegenwart‘ und ‚Zukunft‘ ersteres nahelegen, doch spricht Augustin ausdrücklich von vergangener, gegenwärtiger und zukünftiger Zeit. Während ‚Vergangenheit‘, ‚Gegenwart‘ und ‚Zukunft‘ konstante, invariante Formen sind, die als Ordnungsschemata für Zeitliches fungieren, selbst aber nicht zeitlich sind, weil sich eine Selbstprädikation verbietet, werden vergangene, gegenwärtige und zukünftige Zeit als Seiendes behandelt, das selber der Zeitlichkeit untersteht.

Forscht man nun dem Sein der so charakterisierten, dreifach aufgefächerten Zeit nach, so zeigt sich eine Seinsaporie, zu deren Nachweis Augustin auf die bekannte Aristotelische Argumentation aus *Physik* IV, 10 (217 b f) rekurriert: Vergangene Zeit qua vergangene ist nicht mehr, zukünftige qua zukünftige ist noch nicht, beide sind also nicht seiend; und auch für die gegenwärtige Zeit, sofern sie als ausgedehnte genommen wird, gilt, daß sie in bereits Vergangenes und noch Ausstehendes zerfällt, auf die das Nichtsein zutrifft. Als wie groß oder klein auch immer die gegenwärtige Zeit angesehen werden mag, ob als ein Jahr, ein Tag, eine Stunde, eine Sekunde usw., stets ist ein Teil derselben schon passiert, während ein anderer Teil noch bevorsteht; beide sind also im eigentlichen Sinne nicht. Und faßt man die Gegenwart als ausdehnungslosen Moment auf, wie er die Grenze zwischen vergangener und künftiger ausgedehnter Zeit bildet, so verwirklicht er zwar ein Sein, aber eines in reduziertester Bedeutung. Denn der Augenblick ist der unendliche rasche Übergang von einem Nichts zum anderen Nichts. Sein Sein ist ein flüchtiges, das die Tendenz zum Nichtsein hat.[30] So besteht der Seinsgrund der punktuellen Gegenwart darin, daß sie „nicht sein wird".[31]

In dieser Negativität dokumentiert sich die Seins- und Ursprungsferne der geschöpflichen Zeit von der göttlichen Ewigkeit. Zwar repräsentiert die Gegenwart noch immer eine privilegierte Stelle der Zeit, sofern sie die einzige ist, die ein Sein

---

29 Vgl. Kap. 14.
30 Kap. 14: „tendit non esse".
31 Kap. 14: „cui causa, ut sit, illa est, quia non erit".

aufweist und damit eine Verbindung zum ewigen göttlichen Sein herstellt. Man kann sie die Einbruchstelle der Ewigkeit nennen, die das totale Abgleiten der Zeit in Nichts und Nichtigkeit verhindert. Im Vergleich zur göttlichen Seinsfülle aber ist ihr Sein ein minimes, das einem Nichtsein gleichkommt.

Reduziert sich damit die geschöpfliche reale Zeit auf einen ausdehnungslosen Moment? Nicht einmal von einer Mehrzahl von Momenten dürfte man sprechen, geschweige denn von einer Mehrzahl von Zeitabschnitten oder einer Zersplitterung der Zeit, wie Augustin dies de facto tut, z.B. wenn er sagt, daß ich „in Zeiten zersprungen"[32] sei oder „Zerfahrenheit mein Leben"[33] ausmache oder daß die Vielheit auf die göttliche Einheit zu beziehen sei.[34] Die Unterscheidung mehrerer diskreter Augenblicke setzte ein einheitliches, verbindendes Band, einen kontinuierlichen Zeitfluß voraus, aus dem sich diese herausheben ließen, welcher aber gerade nicht nachweisbar ist.

Bevor die obige Frage entschieden werden kann, ist zu klären, ob es sich bei der aufgezeigten Aporie um eine *Seins*aporie handelt, an der die als real unterstellte Zeit kollabiert, oder um eine *Erkenntnis*aporie, die nur die Unzulänglichkeit unseres epistemischen Zugangs zum zeitlichen Sein artikuliert, dasselbe an sich aber untangiert läßt. Beide Möglichkeiten involvieren Schwierigkeiten. Die erste Alternative, nach der das zeitlich Seiende in Wahrheit gar nicht ist, könnte weder die Vielheit der zeitlichen Augenblicke erklären, noch deren Einordnung in einen Zeitfluß vornehmen. Zudem ließe sie mit der realen Zeit auch die durchgängige Identität und Beharrlichkeit der realen Substanzen in der Zeit kollabieren. Noch eine weitere Schwierigkeit wäre unvermeidbar. Zwar zwingt die ontologische Aporie der Zeit, die allenfalls den unausgedehnten Moment ausnimmt, zu einer Verlagerung der Zeitvorstellung in das Subjekt, da es ausgedehnte Zeit irgendwie und irgendwo geben muß, aber sie vermag angesichts des radikalen zeitlichen Wechsels den Zusammenhang zwischen dem singulären Augenblick in der Realität und der Zeitextension im Subjekt nicht mehr zu erklären. Gibt es hier überhaupt noch ein fixierbares durchgehendes Kriterium?

Die zweite Alternative, die die Realität der Zeit unterstellt, aber ihr Erkennbarkeit in Zweifel zieht, hätte zwar den Vorteil, das Faktum der Vielheit von Zeitpunkten und deren Lokalisation im realen Zeitfluß erklären zu können, aber den Nachteil, dem weiteren Argumentationsgang entgegenzustehen. Denn der Fortgang erklärt gerade aus dem Scheitern der *quid*-Frage (der Wesens- oder Seinsfrage) den Hervorgang der *ubi*-Frage und sucht die Lösung in der Transferierung der Zeit aus der Realität in das Vorstellungssubjekt. Da nach der zweiten Alternative eine reale Zeit außerhalb des Subjekts durchaus zulässig wäre, hätte sie deren Existenz zu erhärten und gegen den immer wieder auftauchenden Einwand zu verteidigen, die reale Zeit sei nur eine Extrapolation oder Transsubstantiation unsererseits.

---

32 Kap. 29: „in tempora dissilui".
33 Kap. 29: „distentio est vita mea".
34 Vgl. Kap. 29.

Für die epistemologische Aporie scheint zunächst zu sprechen, daß Augustin das 14. Kapitel mit einer methodologischen Reflexion einleitet, nämlich jenem berühmten, vielzitierten Ausspruch: „Wenn niemand mich fragt, was die Zeit sei, so weiß ich es, will ich es einem Fragenden erklären, so weiß ich es nicht."[35] Mit diesem Ausspruch weist Augustin auf den fundamentalen Unterschied zwischen unmittelbarem Wissen, das wir Vergewisserung, Vertrautheit mit etwas nennen, und begrifflich vermitteltem Wissen. Eignet jenes auch noch dem Aphasen und dem sprachlich Ungeschulten, so kommt dieses nur demjenigen zu, der begriffsanalytisch-diskursiv in einen Sachverhalt einzudringen und ihn unter eine Beschreibung zu stellen vermag. Der Unterschied bezieht sich auf den von vorwissenschaftlichem, natürlichem Wissenszustand und wissenschaftlichem Wissen. Das Eigentümliche ist nun, daß der Übergang von einem Zustand in den anderen mit einem Verlust an Wissen verbunden ist. Das eben noch Bekannte und Vertraute, als sicher Vermeinte wird fremd. Handelt es sich hier um die bloße Destruktion von Scheinwissen, von Meinungen, Dogmen, Ansichten u.ä., wie sie das alltägliche Leben kennzeichnen, oder um einen wirklichen Wissensentzug, der die Zeit zu einem *implicatissimum aenigma* macht?

Kapitel 17 scheint eine Antwort zu geben. Hier werden vergangene und zukünftige Zeit als *occultum*, als Dunkles und Rätselvolles bezeichnet, nur der Augenblick als das helle, klare, sichtbare Da. Indem die Zeit aus der Zukunft in die Vergangenheit geht, geht sie aus dem einen Dunkel in das andere Dunkel über, und dies über den allein hellen Augenblick. Sie gleicht einem Negativfilm, der nur an einer einzigen Stelle belichtet ist. Die hier supponierte These vom Vorhandensein der realen Zeit sucht Augustin zu erhärten durch den Hinweis auf die wenigstens einigen Menschen zukommende Fähigkeit zur Prophetie, Wahrsagung, zum Hellsehen, die das Dunkel der Zukunft zu lichten und die Zeit aus ihrer Verborgenheit hervorzuholen vermag. Nach dieser Stelle wäre der kontinuierliche Zeitfluß eine Realität außerhalb des Subjekts. Nur bemerken wir ihn für gewöhnlich nicht, da wir in ihm stehen. Es ist eine bekannte Tatsache, daß wir, solange wir uns im Fluß befinden und gleichgeschwindig mit ihm schwimmen, sein Strömen nicht konstatieren. Erst wenn wir uns aus dem Strom ans feste Ufer begeben haben und ihn als Ganzes überblicken und mit einem festen Koordinatensystem, dem Ufer, vergleichen, gelangen wir zum Bewußtsein seines Strömens. Im Fluß stehen und den Fluß betrachten, schließen einander aus. Mit der Objektivation des Fließens entzieht sich das Sein des Flusses qua Fließen; nur das jeweilige Jetzt macht es noch zugänglich.

Trotz dieser scheinbar plausiblen Erklärung ist der Einwand unabweisbar, daß die Fluß- bzw. Zeitvorstellung ausschließlich unsere Vorstellung sein könnte ohne reales, transsubjektives Pendant, zumal Augustin den Realitätsentzug gar nicht mittels des obigen Arguments erklärt,[36] sondern über die aufgezeigte ontologische

---

35 Kap. 14: „Si nemo ex me quaerat, scio; si quaerenti explicare velim, nescio."
36 Augustin scheint diese Argumentation noch gar nicht entdeckt zu haben, sonst hätte er nicht unmittelbar an die methodologische Reflexion in Kap. 14 die ontologische Aporie angeschlossen, sondern sich der ersteren bedient.

Aporie. Zudem gestattet der Kontext, in dem die Passage steht, beide Deutungen, die ‚mit' und ‚ohne' reale Zeit, besagt der Kontext doch nur, daß sich die Zeitvorstellung aus Prognose und Erinnerung aufbaut, die ihrerseits auf Anzeichen und Ursachen wie auf hinterlassenen Gedächtnisspuren basieren. Eine definitive Entscheidung über die epistemologische oder ontologische Auslegung der Aporie läßt sich nicht herbeiführen, da Augustin die Konsequenzen seines Ansatzes offensichtlich nicht hinreichend durchdacht hat.

## 5. Zeitvorstellung

Die eigentliche Leistung und Innovation Augustins besteht in dem Entwurf einer Theorie der Zeitvorstellung im Subjekt (Ich). Sie ist motiviert durch die Aporie der realen Zeit.[37] Einerseits läßt sich die vermeintlich aus Vergangenem, Gegenwärtigem und Zukünftigem bestehende Zeit nicht definitiv nachweisen, andererseits ist nicht zu bestreiten, daß die Zeit irgendwie und -wo existiert, und zwar nicht nur als Moment, sondern als Zeitspanne. Wir nehmen Zeiten wahr, vergleichen sie miteinander, bestimmen ihre Längen, nennen die eine doppelt oder dreimal so groß wie die andere usw. Insbesondere der Versuch der Quantifizierung,[38] der für das alltägliche Leben ebenso unverzichtbar ist wie für die Wissenschaft, verschärft die Problematik, da weder die vergangene Zeit meßbar ist, weil sie nicht mehr ist, noch die zukünftige, weil sie noch nicht ist, und für die ausgedehnte gegenwärtige, die selbst in Vergangenes und Zukünftiges zerfällt, gilt, daß sich respektive ihrer das Argument iteriert. Das ausdehnungslose Jetzt aber ist nicht meßbar, da es bezüglich seiner nichts zu messen gibt. Trotz dieses negativen Resultats fördert die Argumentation eine positive Einsicht zutage: Sie macht die Bedingungen deutlich, unter denen eine Quantifikation der Zeit allein möglich ist: 1. Gegenwärtigkeit und 2. Extensionalität (Dauer).[39]

---

37 Die von U. Duchrow: *Der sogenannte psychologische Zeitbegriff Augustins im Verhältnis zur physikalischen und geschichtlichen Zeit*, a.a.O., S. 279 f, angeführte Motivation, die im Wegfall der kosmologischen Zeit der Antike besteht und Augustin zur Substitution durch ein neues Schema zwingt, nämlich das der Vorstellungseinheit, welche dieselbe Einheitsstiftung leistet wie die griechische Kreiszeit, ist zwar richtig, aber ungenügend und schließt die obige Motivation nicht aus, da auch die zyklische Zeit eine reale ist.

38 Vgl. Kap. 15-16.

39 Hinzu kommt noch eine dritte Bedingung: Begrenzung; denn gemessen werden kann nur Begrenztes durch Begrenztes. Der auszumessende Bereich kann definitiv nur bestimmt werden, wenn er nicht unendlich ist, und das Maß, mit dem gemessen wird, muß per definitionem ein fixes Maß sein. Da die reale Zeit im gegenwärtigen Augenblick nur vorübergehend, mithin unabgeschlossen und offen ist, kann sie, wie Augustin am Beispiel der Messung zweier Silben, einer langen durch eine kurze, in Kap. 27 zeigt, nur als vergangene, abgeschlossene gemessen werden; denn solange die kurze Silbe, die als Maß fungiert, noch

Zur Lösung des Problems schlägt Augustin die Transferierung der Zeit aus der Realität in das Subjekt (Ich) vor, in welchem sie nun als Zeitvorstellung auftritt. Der Geist (*animus*)[40] bzw. die Seele (*anima*)[41] wird zum Ort der Zeit. Wiewohl das Subjekt als Bestandteil der Welt selber zeitlich und vergänglich ist, besitzt es in der Vorstellungsfähigkeit ein Vermögen, das die gesamte Zeit als gegenwärtig vorstellt und damit zugleich eine der Bedingungen der Quantifikation erfüllt. Die Frage, wie die Vorstellung eines gegenwärtigen Zeitganzen möglich sei, wird beantwortet durch die vergegenwärtigenden psychischen Akte der Erinnerung (*memoria*), Wahrnehmung (*contuitus, intuitus*) und Erwartung (*expectatio*), durch die schon Vergangenes aufbewahrt und noch Ausstehendes antizipiert und so in die Gegenwart hineingeholt wird.

Wie Augustin am Beispiel seiner Kindheit demonstriert,[42] ist dieselbe als Faktum unwiederbringlich dahin, nicht jedoch in der Erinnerung (*memoria*); denn während sie sich abspielte, hinterließ sie Spuren und Eindrücke im Gedächtnis, die dort aufbewahrt werden und durch Erinnerung in die Gegenwart hineingetragen werden können.

Analog zur Erinnerung als repristinierender Leistung versucht Augustin, auch die Zukunftserwartung (*expectatio*) zu konstruieren, mittels deren die bevorstehende und als solche noch nicht existente Zeit in die Gegenwart hineingeholt werden kann. Dies geschieht in drei Anläufen.[43]

Der erste rekurriert auf das seltene, wenngleich gelegentlich zu beobachtende und auch biblisch belegte Phänomen der Prophetie, also der Zukunftsvision. Einigen auserwählten Menschen kommt die Gabe zu, die zukünftige, noch nicht existente Zeit in Bildern und Zeichen zu schauen und etwas zu sehen, was dem gewöhnlich Sterblichen verborgen bleibt.

Der zweite, handlungstheoretische Anlauf stützt sich auf die Struktur von Handlungen, denen zukunftsorientierte Pläne, Entwürfe, Projekte zugrunde liegen, nach denen sie erfolgen. Diese Pläne sind strukturell ein Vorlaufen in die Zukunft von der Gegenwart aus und ein Zurückkommen von jener auf diese, durch die die noch ausstehende Zukunft antizipiert wird.

Der dritte Anlauf ist ein wissenschaftstheoretischer, der sich die naturgesetzlich fundierten Prognosen zunutze macht. Ist z.B. das Morgenrot gegeben, so kann auf den bevorstehenden Sonnenaufgang geschlossen werden aufgrund der durch wiederholte Beobachtung belegten Gesetzlichkeit, die zwischen Morgenrot und Sonnenaufgang besteht, nach der beide im Verhältnis von *antecedens* und *consequens*

---

dauert, gibt sie kein Maß ab, und solange die lange Silbe, die gemessen werden soll, noch dauert, stellt sie keinen exakt auszumessenden Bereich dar. Die Forderung nach Begrenzung steht in offenkundigem Widerspruch zur Realität der Gegenwart. Wie läßt sich beides – Bewegung und Gegenwärtigkeit – vereinen?
40 Kap. 18, 26, 27, 28.
41 Kap. 19, 20.
42 Vgl. Kap. 18.
43 Vgl. Kap. 18.

stehen. Zeigt sich nun die Morgenröte, so kann aufgrund der Erinnerung an das Naturgesetz dieselbe als Anzeichen für den bevorstehenden Sonnenaufgang genommen und dieser prognostiziert werden. Gegenüber den vorhergehenden Fällen ist dieser Fall insofern komplizierter, als gegenwärtig nicht nur die Wahrnehmung der Morgenröte ist, sondern auch die Erinnerung an den Zusammenhang mit dem Sonnenaufgang und die Prognose des Sonnenaufgangs.

In der Aufzählung der Zeitmodi fehlt noch die Gegenwart. Ihr ist die Wahrnehmung bzw. Aufmerksamkeit (*contuitus, intuitus*)[44] zugeordnet.

Durch diese triadische Auffächerung der subjektiven Vorstellungskraft in die Akte der Erinnerung, Wahrnehmung und Erwartung wird die Gegenwärtigkeit der Zeit hergestellt. Die Akte selbst können vergegenwärtigend-gegenwärtige genannt werden; durch sie wird das thematisierbare Zeitobjekt überhaupt erst gestiftet. Die Zeit ist nicht zusammengesetzt aus Vergangenem, Gegenwärtigem und Zukünftigem, sondern sie ist die Gegenwart des Vergangenen (*praesens de praeteritis*), die Gegenwart des Gegenwärtigen (*praesens de praesentibus*) und die Gegenwart des Zukünftigen (*praesens de futuris*) kraft Erinnerung (*memoria*), Wahrnehmung (*contuitus*) und Erwartung (*expectatio*),[45] basierend auf Erinnerungs- und Vorstellungsbildern, Spuren, Eindrücken, Anzeichen, Antizipationen, Schemata usw.

Außer der Bedingung der Gegenwärtigkeit ist auch die zweite Bedingung der Quantifikation erfüllt: die Extensionalität. Augustin definiert die Zeit als „distentio animi",[46] als Erstreckung oder Ausdehnung des Geistes. Dies hat nicht selten zu Mißverständnissen geführt. Ist mit Erstreckung das *intentum* – mit Husserl zu sprechen: das Noema, das Vorgestellte – gemeint oder die *intentio* – die Noesis, das Vorstellende? Kurt Flasch[47] glaubt Augustin kritisieren zu müssen, indem er ihm unterstellt, er habe eine lange zurückliegende Vergangenheit als eine langerstreckte Erinnerung an Vergangenes und eine weit entfernte Zukunft als eine langerstreckte Erwartung des Zukünftigen angenommen, also gleichsam als ein langes Verweilen bei diesen, da hier von der subjektiven Vorstellung ausgesagt werde, was von ihrem Objekt gilt. Aufgrund der internen Differenz von Vorstellungskraft und vorgestellten Spuren, Anzeichen, Bildern usw. im Subjekt wird man jedoch davon ausgehen dürfen, daß Augustin sich das Bewußtsein als intentionales gedacht hat. Unter dieser Voraussetzung ist mit der langerstreckten Erinnerung oder Erwartung nicht gemeint, daß das im Zeitstrom befindliche, momentan Vorstellende gedehnt sei, sondern das, worauf sich das Vorstellende intentional bezieht.[48]

---

44 Kap. 20, 27.
45 Kap. 20.
46 Kap. 26, vgl. Kap. 23, 29.
47 K. Flasch: *Augustin.* Einführung in sein Denken, Stuttgart 1980, 3. bibliographisch erg. Aufl. 2003, S. 275 f.
48 Auch die dritte Bedingung der Messung, nämlich Begrenztheit, wird von der vergegenwärtigenden, aus Erinnerung, Wahrnehmung und Erwartung konstituierten Zeitvorstellung erfüllt, da ihre stets endliche Ausdehnung Begrenzung impliziert.

Versucht man, die Augustinische Theorie der Zeitvorstellung zu klassifizieren, so wird man sie eine gestalttheoretische nennen müssen, wird doch hier die Zeit mit einer Gestalt, d.h. einer ausgedehnten, aber geschlossenen Figur verglichen. Allerdings handelt es sich nicht wie in der antiken Zeittheorie um die Kreisgestalt, genauer um den Kreislauf, der kosmologisch-planetarisch fundiert ist, sondern um eine rhythmische Gestalt, analog den Klang- und Sprachgestalten wie den Silben, Versen, Gedichten, Melodien, Liedern usw., wie sie aus der Rhetorik, Musiktheorie und Rhythmuslehre bekannt sind.[49] Ihre Geschlossenheit grenzt die Theorie aber auch von neuzeitlichen Zeitkonzeptionen ab, die die Zeit als eine unendliche, unabschließbare, einsinnig gerichtete Gerade vorstellen.

Der Vergleich der Zeit mit einem Lied oder einem Gedicht[50] hat Konsequenzen für ihren Aufbau. Wie sich ein Versfuß aus Silben, ein Vers aus Versfüßen, ein Gedicht aus Versen zusammensetzt, ja, wie das Gedicht selbst eingeordnet ist in ein größeres Szenarium, den Zusammenhang des individuellen Lebens, und dieses wiederum in das Leben der Menschheit,[51] so gilt ein entsprechendes Teil-Ganzes-Verhältnis auch für den Aufbau der Zeit. Die Teile der Zeit, die selbst Ganzheiten für kleinere Teile sind, erweisen sich als integriert in einen größeren Ganzheitszusammenhang, der selbst wieder Teil eines noch größeren Ganzen ist und so fort. Die Zeit ist ein relatives Ganzes aus Teilen. Nicht das Fließen als solches, die irreversible Verdrängung, ist thematisch in der Zeitvorstellung, sondern der Fluß als ganzer, was nur möglich ist, wenn das Subjekt außerhalb des Fließens gedacht wird, einen festen Standpunkt einnimmt und das Fließen in ein festes Koordinatensystem einfängt. Augustins Theorie kann als Versuch gewertet werden, die Zeit ihrer Vergänglichkeit zu entreißen und sie begrifflich zu fixieren. Wir haben es mit einer entzeitlichten, verräumlichten Zeit zu tun.

Daraus ergeben sich Konsequenzen für die Zeitmodi. Wie der Raum mit allen seinen Teilen kopräsent, d.h. zugleich in jedem gegenwärtigen Augenblick ist, so ist auch die verräumlichte Zeit gegenwartsbezogen und mit einer Privilegierung der Gegenwart verbunden. Genau besehen handelt es sich beim verräumlichten Zeitganzen um ein imaginatives, ideell strukturiertes Ganzes, bei dem im Anfang bereits das Ende antizipiert und im Ende noch der Anfang präsent ist und während des gesamten Verlaufs Anfang und Ende gleicherweise wirksam sind. Exemplifizieren läßt sich eine solche Struktur an der Melodie, die bei abruptem Abbruch von uns selbständig fortgesetzt werden kann, da das Klanggebilde stets als Ganzes gegenwärtig ist.

Auf Seiten des Subjekts entspricht dem kopräsenten Zeitganzen das Gegenwartsbewußtsein, in welchem sich Erinnerung, Wahrnehmung und Erwartung vereinigen. Da alle drei vergegenwärtigend-gegenwärtige Vorstellungen sind, läßt sich ihre Einheit nur aufgrund wechselseitiger Durchdringung erklären. Augustin demon-

---
49 Dieselben Beispiele hat später Husserl in der *Phänomenologie des inneren Zeitbewußtseins* herangezogen.
50 Vgl. Kap. 27, 28.
51 Vgl. Kap. 28.

striert dies am Beispiel der Rezitation eines Gedichtes.[52] Zu Beginn der Rezitation herrscht die Erwartung des Ganzen vor, am Ende besteht die Erinnerung an das Ganze, während des Vortrags ist stets ein Teil erinnert, ein anderer Teil erwartet, abgesehen davon, daß jeder Teil perzipiert wird. So durchziehen alle drei Akte das Gedicht und konstituieren in durchgängiger Einheit das Gegenwartsbewußtsein.[53]

Gerät damit nicht das Gegenwartsbewußtsein, das zugleich Erinnerung an Vergangenes, Wahrnehmung von Gegenwärtigem und Erwartung von Zukünftigem ist, in Konkurrenz zum göttlichen Bewußtsein, das als Vorstellung der Ewigkeit Vorstellung eines allumfassenden Ganzen ist? Am Ende des XI. Buches, Kapitel 31, wirft Augustin selbst diese Frage auf. Er projektiert dort zwei Arten von Geist, ein überdimensionales menschliches Bewußtsein, das das gesamte Vergangene, Gegenwärtige und Zukünftige schaut und somit allumfassend und allvergegenwärtigend ist, und das göttliche, das, alles zugleich schauend, Allgegenwart ist. Dennoch sind beide inkomparabel. Während das menschliche Bewußtsein als Zeitbewußtsein durch Sukzession und Nacheinander von Vergangenheit, Gegenwart und Zukunft charakterisiert ist, kennt das göttliche Bewußtsein keine Folge und Veränderung. In ihm ist alles zugleich und auf einmal, während in jenem alles nacheinander ist, aufgeteilt in Vorgängiges und Nachfolgendes. Gleichwohl ist es nicht illegitim, das menschliche Gegenwartsbewußtsein – das endliche wie das unendliche – in Analogie zum göttlichen zu setzen, da es die koinzidentelle Ewigkeit auffaltet zur sukzessiven ausgedehnten Gegenwart, nämlich zur Gegenwart des Zeitflusses.[54]

---

52 Vgl. Kap. 28.
53 M. Steinhoff: *Zeitbewußtsein und Selbsterfahrung*, 2 Bde., Würzburg 1983, Bd. l, S. 41 f, bestreitet die Privilegierung des Gegenwartsbewußtseins und die Symmetrie von *memoria* und *expectatio* und setzt an deren Stelle eine Privilegierung des Gedächtnisses mit dem Hinweis auf die in Kap. 18 behandelte naturgesetzlich fundierte Prognose, die ohne Erinnerung an den Abfolge-Zusammenhang nicht möglich wäre und damit die Unentbehrlichkeit der Erinnerung zeigt. Umgekehrt wäre zu fragen, ob nicht auch die Erinnerung an ein durchstrukturiertes Ganzes, z.B. an die Kindheit, Erwartung verlangt, um diese überhaupt von einem anderen Lebensabschnitt abgrenzen zu können.
54 Eine Schwierigkeit, mit der später Bergson in seiner Theorie der Zeit als unendlicher Dauer (*durée*) zu kämpfen hat, nämlich wie angesichts einer unendlichen Allgegenwart Vergessen erklärt werden könne, kennt Augustin nicht aufgrund seiner gestalttheoretischen Konzeption der Zeit. Wie groß auch immer das menschliche Bewußtsein gedacht wird, es bleibt ein begrenztes, mit dessen Erinnerungsgrenzen die Grenzen des Vergessens verschoben, aber nicht aufgehoben werden.

## 6. Komplikationen: zyklische und eschatologische Zeit

Die bisherige Argumentation folgte dem Schöpfungsgedanken und dem mit ihm verbundenen Abstieg über die Stufen: Ewigkeit – Zeit (reale Zeit) – Zeitvorstellung. Dabei erwies sich die Konzeption der Zeitvorstellung im Subjekt als Augustins genuine Leistung, zu welcher ihn die Irrealität und Nichtigkeit der realen Zeit nötigte. Allerdings ist Augustin mit dieser Konzeption auf halbem Wege steckengeblieben; bei konsequenter Explikation der Prämissen und Implikationen seiner Theorie hätte er eine transzendentalphilosophische Position annehmen müssen wie später Kant, die mit dem Aufweis der Bedingungen subjektiver Zeiterfahrung zugleich die Bedingungen objektiver Zeitvorstellung artikuliert und sich jeder darüber hinausgehenden Aussage über eine mögliche transsubjektive, reale Zeit enthält.[55] Statt dessen füllt Augustin die durch die Seinsaporie entstandene Leerstelle der realen Zeit durch andere realistische Zeittheorien aus, und zwar sowohl durch die kosmologisch-physikalische Zeit, die er der antiken Tradition entnimmt, wie durch die existentiell-historische Zeit, die er aus der jüdisch-christlichen Tradition entlehnt. Mit der ersteren gelangt die zyklische Zeitform in sein System, die in der ständigen Wiederholung des Gleichen besteht, mit der letzteren die eschatologische, die einsinnig auf die Zukunft als Endzeit gerichtet ist. Beide sind im Grunde inkompatibel mit Augustins der Rhythmik, Musik- und Sprachtheorie entnommenen Konzeption, obwohl alle gestalttheoretische Ausformungen sind. Sie dokumentieren nur den mißlungenen Versuch, römisch-lateinische rhetorische Tradition mit griechischer naturwissenschaftlicher und jüdisch-christlicher heilsgeschichtlicher zu verbinden.

*a. Physikalische Zeit*

Obwohl Augustin die griechische Zeittheorie in ihren eminentesten Ausgestaltungen, der platonisch kosmologischen wie der genereller gefaßten aristotelisch physikalischen, entschieden bekämpft, schleichen sich beide Auffassungen unbemerkt in sein System ein. Für die erste ist die Identifikation der Zeit mit den Planetenumläufen, letztlich mit der Rotation des Kosmos charakteristisch, für die zweite die Identifikation der Zeit mit der Bewegung von Körpern überhaupt, gleich, welchen Bahnen sie folgen. Die zweite ist der ersten nach Augustin insofern zu präferieren,

---

55 Die Ambivalenz und Unentschiedenheit der Augustinischen Theorie hat in der Literatur zu unterschiedlichen Auslegungen geführt. Für die einen, z.B. E. Rudolph: *Einheit und Differenz*, a.a.O., S. 111, ist der Übergang von der realen Zeit zur Zeitvorstellung nur ein Wechsel vom Zeitobjekt zum subjektiven Vorstellungsvermögen, für die anderen, z.B. K. Flasch: *Augustin*, a.a.O., S. 276, ist es ein prinzipieller Wechsel von der *quid-* zur *ubi*-Frage, der verbunden ist mit einer Verlagerung der Zeit aus der Realität in das Subjekt, in welchem sie fürderhin ausschließlich existiert.

als Zeit auch dann noch vorliegen muß, wenn Sonne, Mond und die übrigen Planeten stillstehen und nur noch eine Töpferscheibe sich dreht.[56]

Die Widerlegung der ersten Version erfolgt exemplarisch am Beispiel der Zuordnung eines Tages (24 Stunden) zum Sonnenumlauf,[57] die pars pro toto für die Zuordnung der Zeit zur Himmelsrotation steht.[58] Die Widerlegung erfolgt unter zwei Prämissen, von denen die eine den Tag mit dem Sonnenumlauf *identifiziert,* die andere den Tag als *Dauer* des Sonnenumlaufs nimmt.[59] Strukturell gesehen identifiziert die erste die Zeit mit der Bewegung, während die zweite die Zeit als Moment an der Bewegung betrachtet. Folgt aus der ersten Prämisse, daß man von einem Tag auch dann noch sprechen muß, wenn die Sonne ihre Bahn halb oder doppelt oder dreifach so schnell zurücklegt, so folgt aus der zweiten das genaue Gegenteil, nämlich, daß man unter keinen Umständen von einem Tag mehr sprechen darf, falls die Sonne in mehr oder weniger als 24 Stunden ihren Umlauf vollendet. Die erste Konsequenz zeigt die Relativität von Bewegung und Zeit. Da die Zeit von der Bewegung dependiert oder sogar mit ihr identisch ist, muß einer Geschwindigkeitsänderung der Bewegung stets eine Änderung der Zeitgeschwindigkeit korrespondieren. Da sich eine solche Möglichkeit prinzipiell nicht bestreiten läßt, können die Planetenumläufe kein definitives Zeitmaß abgeben, wie noch Platon angenommen hatte.[60]

Gegen die zweite Annahme spricht, daß ein Tag auch dann vorliegt, wenn kein Sonnenumlauf stattfindet. Daß dies immerhin denkmöglich ist, glaubt Augustin unter Berufung der *Josua*-Stelle 10, 12 f belegen zu können. Nach dieser äußerte der Prophet den Wunsch, die Sonne möge stillstehen, damit er die Schlacht siegreich beenden könne. Die Sonne stand still, unterdessen die Schlacht und die Zeit weitergingen. Bestritten wird hier der existentielle Zusammenhang von Zeit und (äußerer) Bewegung.

Was die nicht mehr kosmologisch, sondern nur noch allgemein physikalisch begründete Zeitauffassung betrifft, so scheint Augustin gegen sie einwenden zu wollen, wiewohl er dies nicht expressis verbis formuliert, daß auch bei Wegfall äußerer Bewegung Zeit bleibt, wie das leise oder laute Sprechen von Worten, Silben usw. oder die im Geist erfolgte Rezitation eines Gedichtes bezeugen, die immerhin noch innere Bewegung und Zeit erkennen lassen.[61]

---

56 Vgl. Kap. 23.

57 Sonnenumlauf meint hier das scheinbare Umkreisen der Sonne um die Erde von Sonnenaufgang zu Sonnenaufgang, wie es auf phänomenologischer Basis das ptolemäisch-geozentrische Weltbild unterstellt.

58 Vgl. Kap. 23.

59 Die letztere Erklärung berücksichtigt, daß Zeit nicht nur vorliegt während der Bewegung, sondern auch während der Ruhe und des Stillstandes, vgl. Kap. 24.

60 Mit dem Wegfall der Planetenumläufe geht das objektive Zeitmaß verloren, das sich im Subjekt nicht wiederherstellen läßt. Denn wie Augustin am Beispiel der Messung von Silben, Versen, Gedichten zeigt, kann ein langer Vers rasch, ein kurzer gedehnt gesprochen werden. Im Subjekt gibt es kein exaktes, präzises Maß, vgl. Kap. 26.

61 Vgl. Kap. 23, 27.

Ungeachtet dieser Widerlegung treten beide Zeitinterpretationen wie selbstverständlich in Augustins Theorie auf, die erste, wenn in Kapitel 23 die Planetenumläufe als Prinzip der Zeiteinteilung in Jahre, Monate, Tage, Stunden usw. zugelassen werden, wie dies im Alltag üblich ist: „Gewiß, die Sterne und Leuchten am Himmel dienen zu Merkzeichen und zur Bestimmung von Zeiten und Tagen und Jahren; ja, dazu sind sie."⁶² Mit dieser Äußerung übernimmt Augustin Platons Zeitauffassung aus dem *Timaios,* in welchem in 41 e und 42 d die Planeten zu Werkzeugen (ὄργανα) der Zeit erklärt werden und in 38 e gesagt wird, daß Gott Sonne, Mond und die übrigen Planeten erschaffen habe zur Begrenzung der Zeit und zur Feststellung der die Zeit bezeichnenden Zahlen, kurzum zur Zeitmessung.

Auch die zweite Zeitauffassung begegnet wie selbstverständlich. Indem Augustin Bewegung konzediert, sowohl äußere wie innere, z.B. den Sonnenumlauf, die Drehung einer Töpferscheibe oder den Ablauf eines Liedes, konzediert er auch Zeit; denn wie immer Bewegung aufgefaßt wird, ob als Ortswechsel, Zustandsänderung, Zu- oder Abnahme usw., stets stellt sie einen temporalen Prozeß dar, der ohne Zeit nicht denkbar ist. Mit Bewegung in der Realität ist auch reale Zeit gegeben.

*b. Historische Zeit*

Noch auf eine andere Weise füllt Augustin die Leerstelle der realen Zeit aus, nämlich durch Übernahme der jüdisch-christlichen Geschichtszeit. Diese Zeit, in der das zeitvorstellende Subjekt steht, ist von besonderer Art. Ihr liegt eine soteriologische Konzeption zugrunde, die einen göttlichen Heilsplan unterstellt, der die Ablösung der alten, korrupten Welt durch eine neue, heile Welt vorsieht. Durch diese Zukunftsorientiertheit und Endzeiterwartung unterscheidet sich diese Geschichtsauffassung von anderen, z.B. von solchen, die entweder einen unendlichen Prozeß ohne Fortschritt und Ziel oder eine ständig fortschreitende Entwicklung mit zunehmender, wenngleich unabschließbarer Vervollkommnung annehmen.

Mag auch die Ablösung der alten Welt und der Anbruch einer neuen dem jüdischen Volk, das sich für das auserwählte hielt, zunächst innerhalb einer endlichen Zeit als realisierbar erschienen sein, so wurde später aufgrund der Erfahrung, daß sich der Anbruch immer wieder verzögerte, die Annahme hypostasiert und der Anbruch an das Ende aller Zeiten verlegt. Damit änderte sich zwangsläufig die Grundkonstellation, wobei Ungereimtheiten nicht ausbleiben konnten; denn die verabsolutierte eschatologische Zeit unterstellt nicht mehr nur ein Ende der alten Welt *in* der Zeit, sondern das Ende der Welt *und* der Zeit, was verbunden ist mit dem Anbruch einer zeitlosen heilen Welt.

Anders als in Meditationssystemen, in denen der Ausstieg aus der Zeit und der Transzensus in ein überzeitliches Reich prinzipiell in jedem Augenblick der Zeit

---

62 Kap. 23.

vollziehbar ist, ist er in der vorliegenden Konzeption nur am Ende der Zeit möglich. Deshalb läßt er sich auch nur hoffend und erwartend antizipieren.[63] Nimmt man den Gedanken der Zeitlosigkeit der anbrechenden Welt ernst, so müßte er zu aller Zeit gelten, da er zeitindependent ist. Dann aber resultierte ein Widerspruch zu der explizit futurischen Fassung der eschatologischen Konzeption, da die Zeitunabhängigkeit nicht mit der futuristischen Konzeption verträglich ist.

Das Pendant zur eschatologischen Konzeption mit ihrem absoluten Ende der Zeit ist der Schöpfungsgedanke mit seinem absoluten Anfang der Zeit. Nach ihm gibt es zumindest im Glauben das absolute Novum des Zeitanbruchs, das sich in der Zeitlosigkeit ereignet. Der Gedanke führt zu derselben Schwierigkeit, ja, vergrößert sie noch, stellt er doch vor die Frage,[64] wie in absoluter Zeitlosigkeit plötzlich Zeit anfangen könne. – Außerdem wird mit der schöpfungs- und heilsgeschichtlich konzipierten Zeit, die Anfang und Ende kennt, im Grunde die zeitlose Ewigkeit aufgehoben, insofern nun eine ‚Ewigkeit' am Anfang und eine ‚Ewigkeit' am Ende steht, zwischen denen die Zeit spielt, während die durch Anfang und Ende begrenzte Zeit eingebettet sein müßte in ein zeitloses Apriori, das nicht nur am Anfang und am Ende der Zeit steht, sondern an beiden zugleich und immerfort währt.[65]

Die eschatologische Zeitauffassung begegnet im XI. Buch der *Confessiones* nur ansatzweise; weitläufiger und detaillierter ausgeführt ist sie in *De civitate Dei*. Im XI. Buch der *Confessiones* tritt sie am Ende (ab Kapitel 29) auf als Pendant zum einleitenden Schöpfungsmythos, und zwar in moralischem Kontext. Es geht darum, aus der Vielheit und Zerstreutheit des Zeitlichen, in der das Ich verfangen ist, zur Einheit zu finden. Hier begegnen Stellen wie: „Ich bin zersplittert in Zeiten", „Zerfahrenheit ist mein Leben", „im aufgeregten Unbestand der Dinge werden meine Gedanken, wird das tiefste Leben meiner Seele hierhin, dorthin gezerrt".[66] Sie stellen vor die Aufgabe, zur inneren Sammlung und zur koinzidentellen Einheit mit Gott zu gelangen. Die endgültige und restlose Erfüllung dieser Aufgabe ist nur am Ende aller Zeit möglich und bleibt während des Lebens lediglich Hoffen und Erwarten aufgrund göttlicher Verheißung. „Noch aber ‚schwinden meine Jahre in Seufzen dahin', und Du nur bist mein Trost, Herr, mein Vater, und Du bist ewig"[67] oder „weg von den alten Tagen will ich mich zusammenraffen im Streben nur nach dem Einen"[68] – diese und ähnliche Stellen lassen die eschatologische Konzeption erkennen. Allerdings wird sie gestört durch das Eindringen des Gedankens vom

---

63 Im Unterschied zu der ebenfalls zukunftsorientierten Sorgestruktur, die Heidegger unterstellt, herrscht hier Erwartung und Hoffnung vor.
64 Vgl. Kap. 10.
65 Hier wird die Ambivalenz der Augustinischen Zeittheorie, die aus der Verbindung der ursprünglich rein eschatologischen Auffassung mit dem Grundgedanken der griechischen Ontologie vom Immerwähren resultiert, besonders deutlich.
66 Kap. 29.
67 Kap. 29.
68 Kap. 29.

Immerwähren aus der griechischen Ontologie. Dies zeigt besonders die folgende Stelle aus Kapitel 29:

„ ‚Praeterita oblitus' non in ea quae futura et transitura sunt, sed in ‚ea quae ante sunt' non distentus, sed ‚extentus', non secundum distentionem, sed secundum intentionem ‚sequor ad palmam supernae vocationis', ubi ‚audiam vocem laudis et contempler delectationem tuam' nec venientem nec praetereuntem." („ ‚Was dahinten liegt vergessend', nicht zerspannt in das Viele, was da kommt und geht, sondern ‚ausgespannt nach dem, was vorweg [zeitlos] da ist', ‚ringe ich', nicht in der Weise des Zerfahrens, sondern in der Weise der gespannten Sammlung ‚um die Palme der Berufung nach oben', wo ‚ich das Loblied vernehme und Deine Wonne schauen soll', die nicht kommt und nicht geht"),

die zurückgeht auf *Philipper* 3,13 f:

„Unum autem, quae retro sunt oblitus, in ea quae ante sunt extentus, secundum intentionem sequor ad palmam supernae vocationis dei in Christo Jesu."

ἐν δέ, τὰ μὲν ὀπίσω ἐπιλανθανόμενος, τοῖς δὲ ἔμπροσθεν ἐπεκτεινόμενος, κατὰ σκοπὸν διώκω εἰς τὸ βραβεῖον τῆς ἄνω κλήσεως τοῦ θεοῦ ἐν Χριστῷ Ἰησοῦ. („Ich vergesse, was dahinten ist, ich strecke mich zu dem, das da vorne ist, und jage – nach dem vorgestreckten Ziel – nach dem Kleinod, welches vorhält die himmlische Berufung Gottes in Christo Jesu.")

Während der griechische Originaltext eindeutig zukunftsorientiert und eschatologisch ist und ἔμπροσθεν das ‚Sich-nach-vorn – in die Zukunft – Strecken' meint, ist, wie Ulrich Duchrow[69] nachgewiesen hat, die lateinische Itala-Übersetzung ambivalent und zur Fehlinterpretation prädestiniert, da das „ante" in der Formulierung „in ea quae ante sunt" sowohl temporal wie a-temporal gelesen werden kann. Im letzteren Falle hat es die Bedeutung von ‚a priori', von ‚zeitunabhängig', wie sie auch in Kapitel 30 vorliegt, wo „ante" als „ante omnia tempora" erläutert wird.

Obwohl Augustins Bedeutung als Vermittler der jüdisch-christlichen eschatologischen Zeitauffassung für die moderne Geschichtstheorie nicht unterschätzt werden darf, ist seine Theorie der Psychologisierung der Zeit für die Entwicklung der Geistesgeschichte weitaus wichtiger, da sie den Weg in den neuzeitlichen Subjektivismus und in die Transzendentalphilosophie eröffnet.[70] Als in sich konsistent und

---

69 U. Duchrow: *Der sogenannte psychologische Zeitbegriff Augustins im Verhältnis zur physikalischen und geschichtlichen Zeit*, a.a.O., S. 284.

70 Nicht diskutiert wird von Augustin das Verhältnis von privatsubjektiver zu intersubjektiver Zeitvorstellung. Die Zeitvorstellung im Einzelsubjekt tritt mit dem Anspruch auf Objektivität auf, und zwar auf die einzig mögliche wegen des Entfallens des äußeren Zeitbezugs. Welches aber sind die Kriterien, die bei Negation der realen Zeit als Objekt und Maßstab der Zeitmessung die Intersubjektivität und Objektivität verbürgen?

kohärent kann seine Theorie allerdings angesichts der Konfundierung verschiedenartiger Zeitkonzepte nicht bezeichnet werden.

# VII.

# Newtons Zeittheorie und ihre Rezeption bei Kant

## 1. Das Zeitproblem in der Gegenwart

Die Aspekte und Fragerichtungen, unter denen die Zeitproblematik in der Gegenwart behandelt wird, sind vielfältiger Art. Ohne Vollständigkeit zu beanspruchen, seien einige genannt:
- Wir sprechen in vielfältiger Weise von Zeit. Wir fragen, wie lange etwas dauere, wie viel Zeit vergangen sei oder noch zur Verfügung stehe und wann etwas geschieht; wir konstatieren, ob es zur rechten oder unrechten Zeit geschieht. Manchmal haben wir das Gefühl, daß die Zeit drängt,[1] daß sie verrinnt, ehe wir uns versehen haben, daß sie wie im Flug vergeht oder wie im Schneckentempo dahinkriecht.
- Eine der Grundfragen betrifft dies Klassifikation dieser vielfältigen Zeitausdrükke, wie sie in unserer Redeweise über Zeit sichtbar wird. Die Schwierigkeit besteht darin, daß wir keinen einheitlichen Oberbegriff von Zeit besitzen, da die zeitlichen Ausdrücke zum wenigsten auf zwei grundverschiedene Frageweisen antworten, zum einen auf die Frage ‚wie lange‘, also die Frage nach der Zeitspanne, zum anderen auf die Frage nach dem ‚wann‘, also auf den Zeitpunkt.
- Zum weiteren interessiert die Frage nach der Realität oder Idealität der Zeit. Ist die Zeit etwas Reales, Wirkliches in der Welt, zumindest ein reales Konstituens derselben, oder ist sie nur unsere subjektive Vorstellungsweise von der Welt, in Kants Terminologie: eine subjektive Anschauungsform, und damit etwas Ideelles?
- Eine dritte Fragerichtung befaßt sich mit der Morphologie der Zeit, d.h. mit ihren möglichen Ausgestaltungen. Unterschieden werden eine zyklische Zeit, die durch das Bild des Kreises wiedergegeben wird und vor allem aus der Mythologie bekannt ist, eine eschatologische, auf einen Endzustand und Abschluß gerichtete Zeit, wie sie in der jüdisch-christlichen Tradition begegnet, eine gradlinige, einsinnig gerichtete, offene, in die Zukunft sich erstreckende Zeit, die durch den Zeitpfeil repräsentiert wird und uns von Newton bekannt ist, sowie eine vielfältig sich verzweigende Zeit, wie Georg Picht sie thematisiert hat.

---

1 Siehe den Titel von C. F. v. Weizsäckers Buch: *Die Zeit drängt*. Eine Weltversammlung der Christen für Gerechtigkeit, Frieden und die Bewahrung der Schöpfung, München, Wien 1986.

– Eine weitere Beschäftigung mit der Zeit befaßt sich mit ihrer Struktur. Seit McTaggart[2] unterscheidet man die sogenannte A- und B-Reihe der Zeit, von denen die letztere die relationalen, sogenannten lagezeitlichen Bestimmungen wie ‚früher als', ‚später als' und ‚gleichzeitig mit' ausdrückt, die unabhängig von einem Betrachter sind und stets gleichbleiben – denn was früher ist als ein anderes, ist es, gleichgültig ob es in die Vergangenheit, Gegenwart oder Zukunft gesetzt wird, und was später ist als ein anderes, bleibt es ebenfalls –, und von denen die erstere die Modi ‚Vergangenheit', ‚Gegenwart' und ‚Zukunft' expliziert, die jeweils auf einen bestimmten Betrachter bezogen sind. Was gegenwärtig, was vergangen oder was zukünftig ist, entscheidet sich jeweils in bezug auf meine Situation und ist insofern vom Subjekt abhängig.

Alle diese vielfältigen Fragen konnten erst aufgeworfen werden, als eine übermächtige Tradition mit einer bestimmten Zeitauffassung, die für zwei Jahrhunderte unumschränkt das Denken bestimmt hatte und auch heute noch den gängigen mathematisch-physikalischen Begriff der Zeit abgibt, nämlich die Newtonische Zeittheorie, an Einfluß verlor und kritisiert wurde. Die Kritik am Newtonischen Zeitkonzept erfolgte von drei Seiten.

– Die erste grundsätzliche Infragestellung geschah seitens der Physik, und zwar durch die Entdeckung der speziellen Relativitätstheorie Einsteins. Die Kritik betraf insbesondere das Gesetz der ubiquitären Gleichzeitigkeit, das nach Newtons Theorie selbstverständlich ist. In der relativistischen Physik zeigt sich, daß man auf gewisse empirische Beobachtungs- und Experimentalbedingungen, wie etwa die Lichtgeschwindigkeit, nicht verzichten kann, da sie die höchste uns bekannte Größe der Signalübertragung, aber endlich ist. Auch wurde deutlich, daß man die Bewegtheit und Unbewegtheit eines Beobachtungssystems berücksichtigen muß. Das Newtonische Gesetz der ubiquitären Gleichzeitigkeit aller Ereignisse im Weltall gilt aber nur in bezug auf ein ruhendes Bezugssystem, nicht in bezug auf bewegte Systeme. Zwei Lichtblitze aus entgegengesetzten Richtungen, die einem ruhenden Beobachter, der sich in gleichem Abstand zum Geschehensort befindet, gleichzeitig erscheinen, erscheinen ihm, wenn er sich sehr schnell in Richtung auf den einen zubewegt, nacheinander. Auch gilt nach relativistischer Ansicht, daß die Zeit in Systemen mit hoher Geschwindigkeit in bezug auf einen ruhenden oder langsamer bewegten Beobachter langsamer verläuft als die Eigenzeit. Durch diese Zeitdilatation geht die einheitliche Meßgrundlage und Zeitdauer verloren. Mit dem physikalischen Gesetz der Gleichzeitigkeit und der einheitlichen, objektiv bestimmbaren Zeitdauer wurden auch die Prämissen der Newtonischen Zeittheorie unterminiert, was teils partial, teils total geschah.[3]

---

2 J. McTaggart: *The Nature of Existence*, Cambridge 1927, Bd. 2, S. 9 f, § 305 f.
3 Zur grundsätzlichen Infragestellung vgl. H. Scholz: *Das Vermächtnis der kantischen Lehre vom Raum und von der Zeit*, in: Kant-Studien, Bd. 24 (1924), S. 21-69, bes. S. 62 ff; ders.: *Eine Topologie der Zeit im Kantischen Sinne*, in: *Dialectica*, Bd. 9 (1955), S. 66-113, bes. S. 92 ff; H. Reichenbach: *Relativitätstheorie und Erkenntnistheorie a priori*, Berlin 1920,

– Die zweite grundsätzliche Infragestellung erfolgte seitens der Phänomenologie. Der von Husserl in Vorschlag gebrachte phänomenologische Ansatz sowie die auf ihm weiterentwickelte Fundamentalontologie Heideggers, desgleichen die gesamte von Heidegger beeinflußte phänomenologisch-existentialistische Richtung, rüttelten an den Grundfesten der Newtonischen Theorie, der Überzeugung einer objektiven Zeit.[4] Das besondere Interesse der Phänomenologie galt der Herausarbeitung verschiedener Zeitschichten, nicht nur der standardisierten, idealisierten objektiv-physikalischen Zeit, der sogenannte Vulgärzeit, die traditionell die dominante Rolle spielte, sondern auch der reicher strukturierten, konkreten subjektiv-psychologischen Zeit, bei der es sich um die im Erleben begründeten subjektiven Zeiterfahrungen handelt. Vor allem diese gewannen für die Phänomenologie vorrangige Bedeutung. Im Rahmen einer Konstitutionstheorie wurde der Versuch gemacht, die diversen Zeitschichten aufeinander zu beziehen und ineinander zu begründen, wobei die subjektive Zeit die originäre, primitive Schicht bildet, auf die sich die objektive mathematisch-physikalische Zeit als derivative aufbaut. Mit diesem Versuch ging die Zuordnung verschiedener Zeitstrukturen zu verschiedenen Ebenen einher, und zwar der modalzeitlichen Bestimmungen von Gegenwart, Vergangenheit und Zukunft zur subjektiven Erlebniszeit, der lagezeitlichen Bestimmungen ‚früher', ‚später' und ‚gleichzeitig' zur objektiven mathematisch-physikalischen Zeit. In der phänomenologisch-existentialistischen Richtung begegnen wir dem Bemühen, die idealisierte, metrisierte objektiv-physikalische Zeit mit ihren reinen Relationen in der konkreten Erlebniszeit zu fundieren. Eine solche Betrachtungsweise mußte notwendig auf die Einseitigkeit und Beschränktheit der rein physikalischen Zeittheorie Newtons und auf das Desiderat eines psychologischen Zeitbegriffes aufmerksam machen, nicht weniger auf den gänzlichen Mangel einer Verhältnisbestimmung beider.[5]

---

S. 59 ff; ders.: *Philosophie der Raum-Zeit-Lehre*, Berlin, Leipzig 1928, bes. S. 1f, 43, 48, 135, 173 (wiederabgedruckt in: H. Reichenbach: *Gesammelte Werke*, hrsg. von A. Kamlah und M. Reichenbach, Bd. 2, Braunschweig 1977).

4 Vgl. G. Krüger: *Über Kants Lehre von der Zeit*, in: *Anteile*, Festschrift für M. Heidegger zum 60. Geburtstag, Frankfurt a. M. 1950; W. Bröcker: *Kant über Metaphysik und Erfahrung*, Frankfurt a. M. 1970, S. 27 f; ders.: *Husserls Lehre von der Zeit*, in: *Philosophia Naturalis*, Bd. 4 (1957), S. 374-379; P. Rohs: *Transzendentale Ästhetik*, Meisenheim a. Glan 1973, S. 173 ff; ders. *Transzendentale Apperzeption und ursprüngliche Zeitlichkeit*, in: *Zeitschrift für philosophische Forschung*, Bd. 31 (1977), S. 191-216; H. Schmitz: *System der Philosophie*, Bd. 1: *Die Gegenwart*, Bonn 1964, bes. S. 149 ff, 435 ff; M. Steinhoff: *Zeitbewußtsein und Selbsterfahrung*. Studien zum Verhältnis von Subjektivität und Zeitlichkeit im vorkantischen Empirismus und in der Transzendentalphilosophie Kants und Husserls, 2 Bde., Würzburg 1983.

5 Vgl. K. Hübner: *Die Wahrheit des Mythos*, München 1985, bes. S. 156-158 (obwohl bei ihm die Differenzierungen durcheinandergehen); H. Pilot: *Die Wahrheit der Selbstbestimmung*. Zeitlogische Aspekte der personalen Identität, in: G. Heinemann (Hrsg.): *Zeitbegriffe*. Ergebnisse des interdisziplinären Symposiums „Zeitbegriff der Naturwissenschaften, Zeiter-

- Die dritte prinzipielle Infragestellung, die die jüngste ist, kommt von philosophischer Seite, wobei ethnologische und religionsphilosophische Studien eine gewichtige Rolle spielen. Für eine umfassende philosophische Zeittheorie stellt sich die Aufgabe, nicht nur die diversen Zeitbegriffe wie den physikalischen, mythologischen, theologischen, psychologischen usw. zu systematisieren, sondern auch die mit ihnen verbundenen Zeitgestalten, die gradlinig unendliche, die zyklische, die eschatologische, die rhythmische usw., in einem System zu vereinen. Versuche in dieser Richtung sind in den letzten Jahrzehnten gemacht worden, und zwar von Gottfried Heinemann ...*Was ist Zeit*[6], von Hermann Schmitz *System der Philosophie*[7], von Kurt Hübner *Über verschiedene Zeitbegriffe in Alltag, Physik und Mythos*[8], von Jean Gebser *Ursprung und Gegenwart*[9], Günter Dux *Die Zeit in der Geschichte*[10] und mir selber[11]. Auch diese Versuche lassen die Einseitigkeit und Beschränktheit des Newtonischen Zeitbegriffes als eines physikalischen erkennen und weisen ihn als *einen unter anderen* aus, noch nicht einmal als den einzigen physikalischen Zeitbegriff.

Wie sieht die Newtonische Zeittheorie aus, gegen die hier polemisiert wird, was ist ihre Spezifität?

## 2. Charakteristik von Newtons Zeittheorie

Wichtige Aufschlüsse über Newtons Zeitauffassung erhalten wir aus seinem Hauptwerk *Philosophiae naturalis principia mathematica*[12], insbesondere aus dem 1. Scholium. Zwar verzichtet Newton ausdrücklich auf eine Definition der Zeit wie auch auf eine solche des Raumes, des Ortes und der Bewegung mit dem Hinweis,

---

   fahrung und Zeitbewußtsein" (Kassel 1983), Freiburg, München 1986, S. 139-181, bes. S. 162.
6  In: G. Heinemann (Hrsg.): *Zeitbegriffe*, a.a.O., S. 27-50.
7  Bonn 1964, Bd. 1, S. 153 ff, 435 ff.
8  In: *Redliches Denken*, Festschrift für G.-G. Grau zum 60. Geburtstag, hrsg. von F. W. Korff, Stuttgart-Bad Cannstatt 1984, S. 20-30. Vgl. ders.: Die Wahrheit des Mythos, a.a.O., S. 156-158.
9  2 Teile und Kommentarbd., Schaffhausen 1986, 2. Aufl. 1999, Teil 1, S. 234-263, 2. Teil, S. 379-389.
10 Ihre Entwicklungslogik vom Mythos zur Weltzeit. Mit kulturvergleichenden Untersuchungen in Brasilien (J. Mensing), Indien (G. Dux / K. Kälble / J. Meßmer) und Deutschland (B. Kiesel), Frankfurt a. M. 1992, 2. Aufl. 1998.
11 K. Gloy: *Zeit. Eine Morphologie*, Freiburg, München 2006.
12 I. Newton: *Philosophiae naturalis principia mathematica*, Cambridge 1676, dt. *Mathematische Anfangsgründe der Naturwissenschaften*, hrsg. von J. Ph. Wolfers, Darmstadt 1963 (unveränderter fotomechanischer Nachdruck der Ausgabe Berlin 1872).

daß diese jedermann hinlänglich bekannt seien. Doch lassen seine Ausführungen zu der von ihm ins Auge gefaßten Unterscheidung von absoluter und relativer, wahrer und scheinbarer, mathematischer und empirischer Zeit (Gleiches gilt für den Raum und die Bewegung) seine eigene Auffassung deutlich erkennen. Folgende Merkmale werden ausdrücklich oder unausdrücklich genannt:

1. Die absolute Zeit ist ebenso wie der absolute Raum etwas Reales, Substrathaftes, Substantielles, was daraus hervorgeht, daß sie als Subjekt von Prädikationen fungieren. Von der Zeit heißt es, daß sie an sich und vermöge ihrer Natur (*in se et natura sua*) gleichförmig fließt (*aequabiliter fluit*), vom Raum, daß er vermöge seiner Natur (*natura sua*) immer gleich und unbeweglich verharrt (*semper manet similare et immobile*).

2. Die absolute Zeit ist nicht anders als der absolute Raum leer. Wie dieser als Behältnis zur Aufnahme und Lokalisation materiell gefüllter, beweglicher, also relativer Räume fungiert, die mit Körpern identifiziert werden, so dient jene als Medium zur Aufnahme und Anordnung materiell gefüllter, relativer Zeiten wie der Stunden, Tage, Jahre usw.

3. Aufgrund ihrer Absolutheit sind Zeit und Raum unendlich. Da weder die Zeit noch der Raum etwas außer sich haben, zu dem sie in Beziehung treten könnten, sind sie allumfassend und unendlich.

4. In gleicher Weise begründet sich ihre Singularität; denn was ausnahmslos alle relativen Zeiten und Räume umfaßt, ist als Absolutes auch eines und einzig. Es gibt keine Mehrzahl absoluter Zeiten und Räume, es gibt nur eine einzige absolute Zeit und einen einzigen absoluten Raum.

5. Zeit und Raum sind homogen, d.h. gleichartig, so daß das, was für einen Teil gilt, auch für jeden anderen gilt, und was auf eine Richtung zutrifft, auch auf alle anderen zutrifft. Selbst wenn es bei der Zeitmessung keine absolut gleichförmige Bewegung geben sollte, sondern nur eine unmerklich beschleunigte oder verlangsamte, so muß doch die absolute Zeit als Maßgrundlage aller Bewegung, beschleunigter wie verlangsamter, als gleichförmig und unveränderlich supponiert werden.

6. Zeit und Raum sind kontinuierlich. Auch wenn dies nicht eigens ausgesprochen wird, ist es mitgedacht und als selbstverständlich vorausgesetzt in der These vom Fluß (*fluxus*) der Zeit sowie in der kinematischen Auffassung der Variablen (Fluenten) und des Differentialquotienten (Fluxion).

7. Zeit und Raum sind metrisierbar, d.h. quantifizierbar. Dies erhellt daraus, daß sie die Einordnung der relativen Teile gestatten und dadurch ihre Teilbarkeit und Meßbarkeit beweisen.

In zwei gravierenden Punkten freilich differieren Zeit und Raum voneinander.

1. Während es von den relativen Räumen heißt, daß sie frei beweglich seien hinsichtlich ihrer Lage im an sich unbeweglichen absoluten Raum, gilt von den relativen Zeiten in bezug auf die absolute Zeit, daß ihre Reihenfolge unveränderlich feststeht. Ist von zwei Ereignissen A früher als B, so gilt dies durchgehend für alle Zeiten von der Zukunft über die Gegenwart bis zur Vergangenheit. A und B ändern ihre Stellung zueinander nicht, ob sie zukünftig, gegenwärtig oder vergangen sind. Ihre Aufeinanderfolge und Ordnung ist konstant. Dies ist zugleich ein Hin-

weis auf die Konstanz und Invarianz der Aufeinanderfolge und Ordnung der Zeitteile überhaupt, die durch die Relation ‚früher – später' wiedergegeben wird. Mit ihr ist eine asymmetrische Relation mit interner Richtungsdifferenz bezeichnet, eine sogenannte Anisotropie, insofern das Frühere relativ zum Späteren niemals zu einem Späteren werden kann und umgekehrt.

Die freie Beweglichkeit der relativen Räume hingegen, die zwar auch zunächst in asymmetrischen Relationen von links und rechts, oben und unten, vorn und hinten stehen, deren Lage und Anordnung aber beliebig variieren kann mit der Bewegung derselben oder der eines Betrachters, ist Ausdruck ihrer genuinen Isotropie. Hiermit ist die Unausgezeichnetheit der Raumteile, die Richtungsindifferenz gemeint, anders gesagt, die Umkehrbarkeit der Relationen.

2. Während der absolute Raum als unbeweglich definiert wird, wird die absolute Zeit als Fluß (*fluxus*) bestimmt. Als solcher kann sie nur vorgestellt werden, wenn sie in ihrer Erstreckung von der Zukunft über die Gegenwart in die Vergangenheit betrachtet wird, d.h. als ein stehendes Gnzes. Da sich der Fluß in seinem Fließen nur verständlich machen läßt über modalzeitliche Bestimmungen wie Zukunft, Gegenwart und Vergangenheit und diese ein Subjekt verlangen, für das etwas zukünftig oder gegenwärtig oder vergangen ist, ein solches aber bezüglich der absoluten Zeit nicht irgendein einzelnes empirisches Subjekt sein kann, sondern nur ein absolutes, muß es sich hier um das göttliche Subjekt handeln. Wie der absolute Raum „sensorium" Gottes[13] genannt wird, so ist analog der absolute Zeitfluß auch ein Instrumentarium Gottes. Der absolute Zeitfluß, der im Grunde etwas Stehendes, nicht Fließendes ist, bestimmt jedem Ereignis seine absolute Stelle, an der es an der Reihe ist, aus der Zukunft in die Gegenwart zu treten und von dort in die Vergangenheit. Selbst wenn es nur ein einziges wahrnehmbares Datum gäbe, wäre seine Stelle definitiv fixiert.

Zusammengefaßt enthält Newtons Zeittheorie folgende Charakteristika:
– Realität oder Substantialität
– Leerheit
– Unendlichkeit
– Singularität (Einheit/Einzigkeit)
– Homogenität
– Kontinuität
– Metrisierbarkeit bzw. Quantifizierbarkeit.
– Anisotropie im Gegensatz zur Isotropie des Raumes (lagezeitliche Bestimmtheit gemäß ‚früher', ‚später' und ‚gleichzeitig' im Gegensatz zur Vertauschbarkeit räumlicher Teile)
– Fließen, vorgestellt als Fluß, im Gegensatz zur Unbewegtheit des Raumes (modalzeitliche Bestimmtheit nach Vergangenheit, Gegenwart und Zukunft im Gegensatz zur räumlichen Simultaneität).

---

13 I. Newton: *Optics*: or, *A treatise of the Reflections, Refractions, Inflections and Colours of Light*, in: ders.; *Opera quae extant omnia*, Faksimile-Neudruck der Ausgabe von S. Horsley, London 1779-1785 in 5 Bden., Stuttgart-Bad Cannstatt 1969, Bd. 4, S. 262.

Bezüglich der letzten beiden Punkte, in denen sich die Zeit vom Raum unterscheiden soll, ist festzustellen, daß sich in der Newtonischen Zeittheorie die sogenannten lagezeitlichen und modalzeitlichen Bestimmungen miteinander verbinden dergestalt, daß die Früher-Später-Gleichzeitig-Relation als konstantes Ordnungsschema in den absoluten Fluß von der Zukunft über die Gegenwart zur Vergangenheit eingebettet ist. Die lagezeitlichen Bestimmungen der Ereignisse, nämlich, daß das eine Ereignis früher ist als das andere, gelten sonach nicht nur relativ aufeinander, sondern, da sie im absoluten Zeitfluß fundiert sind, absolut. Die Ereignisse treten an einer ganz bestimmten Zeitstelle in der absoluten Zeit auf. Ob solche Aussagen unabhängig vom konstanten Raum und im Unterschied und Gegensatz zu ihm möglich sind, bleibt fraglich. Die Beziehung der Zeit zum Raum ist bei Newton nicht ausdiskutiert.

Betrachtet man die Newtonische Zeittheorie im Hinblick auf die vielfältigen zu Beginn genannten Aspekte, so fallen zwei Merkmalskomplexe besonders ins Auge, zum einen die lagezeitlichen Bestimmungen ‚früher', ‚später', ‚gleichzeitig' und die mit ihnen verbundenen Charakteristika der durchgängigen Homogenität, Kontinuität und Unendlichkeit, zum anderen der Realitätsanspruch der Zeit, demzufolge die rein relationalen Bestimmungen im realen absoluten Zeitfluß fundiert sind. Insbesondere die ersteren Merkmale, welche gleichförmig die Zeit überziehen und die Grundlage der Metrisierbarkeit und Quantifizierbarkeit der Zeit bilden, kennzeichnen diese Konzeption als eine physikalische, etwa im Unterschied zur psychologischen, bei der die subjektiven Zeiterlebnisse wie Zeitraffung und -dehnung, Zeitstillstand usw. eine Rolle spielen.

## 3. Das Reduktionsprogramm auf reine Lagezeit bei Kant

Kant hat die Newtonische Zeittheorie übernommen, allerdings nicht unkritisch und uneingeschränkt. Die Kritik und Einschränkung betrifft den Realitätsstatus der Zeit (ebenso den des Raumes), während die relationalen, lagezeitlichen Bestimmungen wie ‚früher', ‚später' und ‚gleichzeitig' sowie die damit zusammenhängenden Merkmale der Homogenität, Kontinuität, Unendlichkeit und Quantifizierbarkeit festgehalten werden. Auch die Kantische Zeittheorie erweist sich damit als eine physikalische, in der primär solche Eigenschaften eine Rolle spielen, die in der Physik relevant sind. Strittig zwischen Kant und Newton ist jedoch der Realitätsstatus von Zeit und Raum und die damit verbundene Frage, ob dieser Status notwendig oder nicht notwendig für die physikalische Zeittheorie ist.

Die Realitätsthese, wie sie Newton vertritt, führt nach Kants Auffassung zu einem Selbstwiderspruch, da sie inkompatibel ist mit dem behaupteten Bedingungscharakter von Zeit und Raum. Beide Annahmen, sowohl diejenige, daß Zeit und Raum Bedingungen aller realen Existenz seien, wie auch diejenige, daß sie als Bedingungen Realexistenz hätten, sind unvereinbar, so daß man sich entweder für die eine oder die andere Alternative entscheiden muß. Deutlich läßt sich dies im Falle des Raumes demonstrieren. Wird der Raum als ein Gefäß für alles Seiende gedacht wie nach Newtons Weltschachtel-Theorie, so muß, wenn von allem Seienden abstrahiert wird, er selbst mit abstrahiert werden, da er als Aufnahmegefäß selbst ein Seiendes ist. Was selbst reale Bedingung der Realität ist, kann nicht übrigbleiben, wenn alle Realität eliminiert wird. Der Bedingungs- und Aufnahmecharakter des Raumes läßt sich nur retten, wenn man ihn auf einer anderer Ebene ansiedelt; denn das, was Bedingung von allem ist, kann unmöglich denselben Seinsstatus haben wie das, wofür es Bedingung ist. Für den Raum bleibt daher nichts anderes übrig, als ihn zu einer *formalen* Bedingung des Subjekts zu erklären, zu einer subjektiven Erkenntnisbedingung, genauer einer subjektiven Anschauungsform.

Entsprechendes gilt für die Zeit. Widerspruchsfrei als Medium und Substrat für alles zeitlich Seiende kann sie nur fungieren, wenn sie formale Bedingung des Subjekts ist, nicht reales, existierendes Medium. Andernfalls würde sie im Gedankenexperiment zusammen mit dem real Seienden aufgehoben werden.

Im Falle der Zeit resultieren bei Wegfall der Realität noch besondere Probleme; denn mit dem Wegfall des realen absoluten Zeitflusses, der von der Zukunft über die Gegenwart in die Vergangenheit reicht und jedem Ereignis nicht nur relativ zu jedem anderen Ereignis sein Verhältnis bestimmt, sondern seine absolute Zeitstelle anweist, entfällt die modalzeitliche Auffassung. Übrig bleibt die rein lagezeitliche, die unabhängig von Zukunft, Gegenwart und Vergangenheit ist und in der das, was früher ist als ein anderes oder später als dieses, unabhängig vom Gegenwartsaugenblick gilt.

So wie die Kantische Zeittheorie in der „Transzendentalen Ästhetik" der *Kritik der reinen Vernunft* oder schon früher im § 14 der Dissertation eingeführt ist, nämlich als subjektive Zeitform, stellt sie ein Reduktionsprogramm dar, das die notwendige Konsequenz aus der Transferierung der Zeit aus der Realität in das Erkenntnissubjekt zieht. Aus dem Komplex von Zeitstrukturen, die Newtons Theorie kennzeichnen, behält Kant nur die relationalen, lagezeitlichen Bestimmungen bei zusammen mit einigen anderen nicht spezifisch temporalen Charakteristika, die die Zeit mit dem Raum teilt, wie Homogenität, Kontinuität und Unendlichkeit sowie die auf ihnen basierende Metrik. Die Modalzeit – Vergangenheit, Gegenwart und Zukunft – hingegen spielt für Kants Theorie keine oder kaum eine Rolle. Das hängt damit zusammen, daß Kant an einer apriorischen Grundlegung der Naturwissenschaft, sprich der Newtonischen Mechanik und ihrer Gesetze, gelegen war, naturwissenschaftliche Gesetze aber zeitinvariant sind, d.h. unabhängig, ob der Zeitpfeil von der Zukunft in die Vergangenheit oder von der Vergangenheit in die Zukunft zeigt. Nur ein einziges Mal im Kontext der kosmologischen Antinomien[14] taucht bei Kant eine modalzeitliche Terminologie auf. Gegenwart wird dort bestimmt als „gegebene Gegenwart" oder als „gegebener Augenblick" und in bezug

---

14 I. Kant: *Kritik der reinen Vernunft*, unveränderter Neudruck der von R. Schmid besorgten Ausgabe (nach der 2. durchgesehenen Auflage von 1930), Hamburg 1956, A 411 f B 438 ff.

darauf Vergangenheit als „verlaufene" oder „verflossene Zeit" sowie Zukunft als das, was aus der gegebenen Erscheinung und allen ihr vorausgehenden („antecedentia") folgt („consequentia"). Sachliche Bezüge auf modalzeitliche Vorstellungen lassen sich in Kants Theorie nur an drei Stellen konstatieren:

1. in der Theorie der Erfahrungskonstitution, in der die subjektiven Vermögen der Apprehension, Reproduktion und Rekognition eine Rolle spielen, die von Wahrnehmungen zu einem bestimmten Zeitpunkt ausgehen, um durch Verarbeitung derselben mittels synthetisierender Leistungen – der Synopsis der Anschauung, der Synthesis der Einbildungskraft und der Subsumption unter einen Begriff bzw. der Synthesis der Rekonstruktion im Begriff – Erfahrung zu gewinnen,

2. in der Wahrnehmungstheorie bei der Anwendung generalisierender Gesetze auf individuelle, zeit- und situationsabhängige Fälle und

3. in der Theorie der Ich-Erfahrung, in der sich ein empirisch-individuelles, an Zeit gebundenes Ich von einem überindividuellen, transzendentalen, zeitinvarianten Ich abhebt.

Gleichwohl bleiben diese Verweise unthematisch und marginal. Im ganzen gesehen beschränkt sich Kants Zeittheorie auf die Lagezeit, die als Anschauungsform des Subjekts zunächst nur die Funktion eines subjektiven Ordnungsschemas hat.

Welche Schwierigkeiten sich hieraus ergeben, zeigt sich im Kontext der Analogien der Erfahrung, denen die Aufgabe zufällt, das zunächst rein subjektive lagezeitliche Relations- und Ordnungsschema des Früher und Später – in Kants Terminologie: die subjektive Zeit – in objektive Zeitverhältnisse von Folge, Gleichzeitigkeit und Beharrlichkeit zu transformieren. Die rein subjektiven lagezeitlichen Verhältnisse des Früher und Später in der Apprehension geben zunächst keinerlei Aufschluß über die objektiven Zeitverhältnisse in der Realität. Ob es sich objektzeitlich um ein Nacheinander handelt wie bei den verschiedenen Positionen eines den Strom hinabgleitenden Schiffes oder bei den Zuständen zweier Kugeln, von denen die eine, bewegte, die andere, ruhende, anstößt, die sich daraufhin bewegt, oder um objektzeitlich gleichzeitige Verhältnisse wie bei den Teilen eines Hauses, die zwar objektiv zugleich sind, aber subjektiv nur sukzessiv im Nacheinander apprehendiert werden können, indem der Blick von rechts nach links, von oben nach unten und vice versa gleitet, die subjektive Apprehension erfolgt stets sukzessiv gemäß der Früher-Später-Relation. Aus der subjektiven Sukzession der Vorstellungen lassen sich aber keinerlei Rückschlüsse auf die objektive Zeitordnung von Folge, Gleichzeitigkeit und Beharrlichkeit ziehen. Die subjektive Erlebnisfolge und die objektive Ereignisfolge sind getrennt. Die Subjektivierung der Zeitform (ebenso der Raumform) und die damit verbundene Loslösung von der transzendenten Realität, deren Verbindung bei Newton noch bestand, führen zur Unabhängigkeit der Apprehension und Einbildungskraft, was der Grund dafür ist, beliebig apprehendieren und synthetisieren zu können, wenn nur die Bedingung der Früher-Später-Relation erfüllt ist. So wie es die Eigenart der Apprehension ist, gemäß der apriorischen subjektiven Zeitform des Nacheinander den Stoff zu registrieren, so ist es die Eigenart der Einbildungskraft, die Daten in dieser oder jener Weise, d.h. beliebig zu synthetisieren, gegebenenfalls die Perzeptionsfolge zu verändern, da subjektiv nicht zu entscheiden ist, ob etwas objektiv früher oder später auftritt. Die Aufgabe Kants mußte es daher sein, die subjektive Zeitordnung in eine objektive zu transformieren. Dies ist eine Aufgabe, die sich zwingend aus der Distanzierung von der Newtonischen Zeittheorie ergibt. Wie aber ist sie zu lösen?

Hypothetisch bieten sich drei Möglichkeiten an. Bei der ersten handelt es sich um eine Determination durch die Dinge an sich, bei der zweiten gibt die sinnliche Anschauungsform der Zeit selbst die objektive Zeitordnung von Folge, Gleichzeitigkeit und Beharrlichkeit vor, bei der dritten nimmt der Verstand die Transformation vor. Die erste Möglichkeit, die einer Prädetermination durch die Dinge an sich, bei der die Dinge selber eine bestimmte Zeitordnung nahelegen, ist ausgeschlossen, da sie dem Kantischen transzendentalphilosophischen Ansatz widerspricht und einen transzendenten Realismus unterstellen würde,[15] der von Kant gerade negiert wird. Ist also eine objektive Zeitbestimmung und -regelung von seiten der Dinge selbst nicht möglich, so bleibt nur die Vorstrukturierung durch das Subjekt im Rahmen der Konstitution der Erfahrungsobjekte und ihres Zusammenhangs.

Die Möglichkeit einer Strukturierung durch die sinnliche Anschauungsform, die subjektive Zeit selbst, scheidet aus zwei Gründen aus: Zum einen reicht die subjektive Zeitform des Früher – Später nicht hin, die objektiven Zeitverhältnisse der Folge, Gleichzeitigkeit und Beharrlichkeit zu begründen, da die subjektive Zeitform, die Früher-Später-Relation, unterschiedslos auf alle objektiven Zeitverhältnisse anwendbar ist, auf die objektive Zeitfolge wie im Schiffs- und Kugelbeispiel nicht weniger als auf die objektive Gleichzeitigkeit wie im Hausbeispiel. Aufgrund der Ordnungsindifferenz und Umkehrbarkeit der Verhältnisse enthält sie kein Kriterium zur Unterscheidung objektiver Zeitverhältnisse von subjektiven.

Zum anderen kann die reine, leere Zeit nicht angeschaut und in ihrem objektiven Verlauf wahrgenommen werden. Sie liefert für sich genommen kein Bild, in das die Erscheinungen eingeordnet und in dem sie hinsichtlich ihrer Stelle bestimmt werden könnten. Vielmehr setzt die Veranschaulichung des Zeitflusses die Projektion auf den Raum voraus – eine Erkenntnis, die Newton noch nicht besaß –; denn sofern und solange wir in der reinen Sukzession stehen, d.h. gleichgeschwindig mit dem Fluß schwimmen, ist uns eine Konstatierung desselben verwehrt. Die Vorstellung der Sukzession oder des Fließens wird erst möglich, wenn wir aus dem Fließen heraustreten und uns ans feste Ufer begeben und relativ zu diesem, d.h. zum Raum als konstantem Bezugssystem, das Fließen beobachten. Die Vorstellung des Zeitflusses ist ohne Raumvorstellung nicht möglich.

---

15 Vgl. I. Heidemann: *Der Begriff der Spontaneität in der Kritik der reinen Vernunft*, in: *Kant-Studien*, Bd. 47 (1955), S. 3-30, bes. S. 11-16; vgl. auch P. Sachta: *Die Theorie der Kausalität in Kants „Kritik der reinen Vernunft"*, Meisenheim a. Glan 1975.

Angesichts des Scheiterns des Versuchs, die sinnliche Anschauungsweise als Normierungsprinzip für die objektiven Zeitverhältnisse zu etablieren, bleibt nur der Verstand mit seiner Gesetzgebung übrig. Als a priori gegeben, erfüllen die Verstandesgesetze allein das Postulat der Notwendigkeit, Allgemeinheit und Objektivität, die die ungeregelte Abfolge der Erscheinungen und die willkürliche Reproduktion derselben in der Einbildungskraft der Beliebigkeit zu entziehen veögen. Die Gesetzgebung durch den Verstand ist qualifiziert, die Apprehension und Einbildung so zu regulieren, daß die Vorstellungen notwendig nach bestimmten Gesetzen verknüpft werden. So bestimmt die Anwendung des Kausalgesetzes die subjektive Vorstellungsfolge zugleich als *objektive Ereignisfolge*, indem die Erscheinungen dem Gesetz von Ursache und Wirkung unterworfen werden. Die Anwendung des Gesetzes der Wechselwirkung legt die Erscheinungen als *objektiv gleichzeitig* fest, indem dieselben nach dem Gesetz der wechselseitigen Kausalität interpretiert werden, und die Anwendung des Gesetzes von Substanz und Akzidens fixiert sie als *objektiv wechselnde oder gleichzeitig auftretende Akzidenzien an einer konstanten Substanz*. Der Verstand selbst gilt nach Kant als Urheber der Gesetze. Was wir aus der Natur an gesetzmäßigen Zusammenhängen herauszuheben glauben wie die Zeitordnung, legen wir selbst vorgängig mittels des Verstandes hinein.

Bei der Beurteilung der Effektivität des Verstandes hinsichtlich der Normierung der subjektiven Zeit zur objektiven ergeben sich allerdings eine Reihe von Fragen, die in der Kant-Literatur zumeist am Kausalgesetz diskutiert werden, jedoch auch auf die anderen Gesetze übertragbar sind. Es geht um die Frage, wie weit sich die apriorische Nomothetik des Verstandes ins Gebiet der Empirie hinein erstreckt. Zu entscheiden gilt es folgende Alternative:

– Führt die Applikation der Kausalkategorie in ihrer strengen Geregeltheit zu einem durchgängigen, detaillierten Determinismus, so daß mit der Festlegung einer Erscheinung als Wirkung auch die sie erzeugende Ursache eindeutig bestimmt ist und somit im Prinzip die Gesamtheit der vorausgehenden Ursachen und mit der Festlegung einer Erscheinung als Ursache auch die folgende Wirkung, ja alle folgenden Wirkungen? In diesem Falle bedeutete die Anwendung der Kausalkategorie nicht nur die generelle Kausalgesetzlichkeit, das Kausal*prinzip*, sondern die *speziellen Kausalgesetze*. Wir hätten es mit einem durchgängigen Determinismus zu tun. Jeder frühere Zustand in der empirischen Welt würde jeden späteren eindeutig determinieren und prognostizierbar machen, und jeder nachfolgende würde eindeutig und detailliert alle vorangehenden erschließen lassen.

– Oder beschränkt sich die Normierung durch die Kausalkategorie auf das *generelle* Ursache-Wirkungs-Verhältnis, ohne sich auf die *speziellen* Kausalverhältnisse einzulassen? Hiernach würde die Kausalkategorie nur die allgemeinste Regelung der Erscheinungen vornehmen, indem sie lediglich festlegte, daß einer als Wirkung interpretierten Erscheinung eine Ursache *überhaupt* in der Zeit vorausginge und einer als Ursache interpretierten Erscheinung eine Wirkung *überhaupt* folgte. Wir würden aber nicht a priori angeben können, um welche es sich im Einzelfall handelte. Das Kausalgesetz, das Ausdruck eines Schlusses von der

Form ‚wenn – dann' oder ‚weil – deswegen' ist, reduzierte sich damit auf ein rein zeitliches Folgen.[16]

Für beide Alternativen lassen sich Textstellen beibringen. Für die erste These spricht die Stelle B 234 aus der *Kritik der reinen Vernunft*:

„Damit dieses [das objektive Verhältnis] nun als bestimmt erkannt werde, muß das Verhältnis zwischen den beiden Zuständen so gedacht werden, daß dadurch als notwendig bestimmt wird, welcher derselben vorhergeht, welcher nachher und nicht umgekehrt müsse gesetzt werden."

Dem steht die Stelle A 198 f B 244 aus der *Kritik der reinen Vernunft* entgegen:

„Dadurch [durch die Kausalverknüpfung] geschieht es: daß eine Ordnung unter unseren Vorstellungen wird, in welcher das Gegenwärtige (sofern es geworden) auf irgendeinen vorhergehenden Zustand Anweisung gibt, als ein, obzwar noch unbestimmtes Korrelatum dieser Ereignis, die gegeben ist, welches sich aber auf diese, als seine Folge, bestimmend bezieht, und sie notwendig mit sich in der Zeitreihe verknüpft."

Lassen diese beiden gleichstarken Belege die Situation noch unentschieden, so dürften die folgenden beiden Argumente eindeutig für die zweite Alternative sprechen.

1. Im Kontext des Übergangs von Wahrnehmungs- zu Erfahrungsurteilen mittels der Anwendung der Kategorien tritt häufig die Frage auf, wie weit sich die Normierungskraft der Kategorien erstrecke. Bezieht sich, um das bekannte Beispiel aus den *Prolegomena* (§ 20) zu nehmen, bei der Transformation des Wahrnehmungsurteils „Wenn die Sonne den Stein bescheint, so wird er warm"[17] in das

---

16 Beide Alternativen haben ihre Vertreter gefunden. Für die erste These plädieren H. Scholz: *Eine Topologie der Zeit im Kantischen Sinne*, a.a.O., S. 75, 85, und Ch. Axelos: *Kausalverknüpfung und objektive zeitliche Sukzession bei Kant*, in: *Studia Philosophica*, Bd. 18 (1958), S. 15-26, bes. S. 24 f, für die zweite A. C. Ewing: *Kant's Treatment of Causality*, London 1924, 2. Aufl. USA 1969, S. 87 ff, und P. F. Strawson: *The Bounds of Sense*. An Essay on Kant's Critique of Pure Reason, London 1966, S. 137 f. Um den oft schlecht gewählten Beispielen Kants gerecht zu werden, die keine wahre Ursache-Folge-Beziehung ausdrücken, sondern eine bloße Aufeinanderfolge ohne Auseinanderfolge wie im Schiffsbeispiel, das lediglich die diversen Stationen des Schiffes flußauf- und flußabwärts benennt, beschränkt sich Strawsons Interpretation darauf, daß, wenn B auf A folgt, B nicht notwendig durch A determiniert sein müsse, sondern der Wechsel von A zu B nur durch *irgendwelche* nicht weiter spezifizierten Ursachen festgelegt sein müsse. Jedes Ereignis ist durch eine Reihe nicht näher angebbarer Korrelate kausal bestimmt. Ebenso heißt es bei Ewing, daß B auf A einschließlich der Summe anderer relevanter Bedingungen notwendig folgt (a.a.O., S. 88), die im einzelnen zu eruieren Aufgabe der Wissenschaft sei.

17 Die adäquate Formulierung des Wahrnehmungsurteils läßt sich aus dem vorliegenden Konditionalsatz über Stufen gewinnen. Dem Konditionalsatz *„Wenn die Sonne den Stein bescheint, so wird er warm"* liegt die wiederholte Beobachtung der zeitlichen Aufeinanderfolge beider Zustände zugrunde, die durch den Temporalausdruck ‚immer wann, dann' adäquat

Erfahrungsurteil „Die Sonne erwärmt den Stein" die Kausalkategorie auf die besondere, ja individuelle Situation oder auf die allgemeine? Wird mit der Festlegung der Steinerwärmung als Wirkung auch die Sonne qua Sonne als Ursache festgelegt oder nur eine Ursache überhaupt benannt, mag es sich um die Sonne oder um eine andere, natürliche oder künstliche Licht- und Wärmequelle handeln? Wie weit reicht die Notwendigkeit der Gesetzgebung: Erstreckt sie sich nur auf eine Verursachung *überhaupt* oder auf eine ganz *bestimmte*? Die Frage läßt sich noch erweitern: Kann überhaupt eine Erscheinung wie die Steinerwärmung mit Notwendigkeit als Wirkung und der Sonnenschein mit Notwendigkeit als Ursache angesprochen werden, oder läßt sich das Verhältnis auch umkehren und die Steinerwärmung als Ursache und der Sonnenschein als Wirkung bestimmen? Die Tatsache, daß Kant in diesen und ähnlichen Fällen zwischen Notwendigkeit und Zufälligkeit, Apriorität und Aposteriorität unterscheidet, indem er nur die allgemeine Gesetzgebung für notwendig und a priori erklärt, die spezielle Ausfüllung des Gesetzes für zufällig und empirisch, spricht für die zweite These. Hiernach wird a priori nur festgelegt, daß irgend etwas als Ursache und irgend etwas als Wirkung zu gelten hat, wobei offen bleibt, um welche es sich handelt.[18]

2. Für die Kantische Theorie scheint das Problem zu entstehen, welches spezielle Gesetz in welchem speziellen Fall anzuwenden sei, ob das Gesetz der Kausalität, das die objektive Zeitfolge regelt, oder das Gesetz der Wechselwirkung, das die objektive Gleichzeitigkeit bestimmt. Die Entscheidung hierüber setzte ein Selektionsprinzip voraus, welches, da es nicht in den Dingen an sich liegen kann, durch eine andere Instanz garantiert sein muß. Welche aber sollte dies sein? Diese Überlegung geht von der *partiellen* Anwendung der Gesetze des reinen Verstandes aus. Ihr steht jedoch die ausdrückliche Aussage Kants in der Reflexion 5932[19] entgegen, wonach *alle* Kategorien auf *alle* Erscheinungen *zugleich* applizierbar sind in einer Art Universalanwendung: „Warum aber muß ich jedes Objekt als bestimmt in Ansehung *nicht allein einer, sondern aller logischen Funktionen in Urteilen* vorstellen?" Hiernach muß das, was in einer Hinsicht, z.B. gemäß der Kausalkategorie, als Wirkung einer Ursache auftritt, in anderer nach dem Gesetz der Wechselwirkung als interde-

---

wiedergegeben wird: „*Immer wann* [oder *so oft*] die Sonne den Stein bescheint, *dann* wird er warm." Die wiederholte Beobachtung ihrerseits geht auf die einmalige Wahrnehmung zurück: „Ich sehe jetzt an diesem Ort die Sonne und an jenem Ort den Stein und fühle die Erwärmung des Steins."

18 gl. das Beispiel „Die Körper sind schwer" (*Kritik der reinen Vernunft*, B 142). Bezüglich dieses Beispiels sagt Kant: „Denn dieses [das Verhältniswörtchen ‚ist'] bezeichnet die Beziehung derselben [der gegebenen Vorstellungen] auf die ursprüngliche Apperzeption und die *notwendige Einheit* derselben, wenngleich das Urteil selbst empirisch, mithin zufällig ist [...]. Damit ich zwar nicht sagen will, diese Vorstellungen gehören in der empirischen Anschauung *notwendig zueinander*, sondern sie gehören *vermöge der notwendigen Einheit* der Apperzeption in der Synthesis der Anschauungen zueinander, d.i. nach Prinzipien der objektiven Bestimmung aller Vorstellungen [...]." (*Kritik der reinen Vernunft*, B 141 f)

19 In: *Kants gesammelte Schriften*, hrsg. von der Königlich Preußischen Akademie der Wissenschaften, Bd. 1 ff, Berlin 1902 ff, Bd. 18, S. 391.

pendenter Zusammenhang und Gemeinschaft mit anderen Substanzen nach dem aktio=passio-Verhältnis betrachtet werden und in wieder anderer Hinsicht, etwa nach den Axiomen der Anschauung, als bestimmte Größe und nach den Antizipationen der Wahrnehmung als Qualität usw. Und nicht allein nach allen generellen Kategorientiteln, der Quantität, Qualität, Relation und Modalität, ist die Erscheinung zu bestimmen, sondern auch nach allen unter den Titeln aufgeführten Einzelkategorien. Was so in einer Hinsicht als Vielheit erscheint, ist in anderer, bei vollständiger Synthesis des Mannigfaltigen, als Allheit anzusprechen und in wieder anderer als Ausgangspunkt einer neuen Zählung und damit als Einheit usw. Dies ist auch jederzeit möglich; denn wenn man z.B. an einen Menschen denkt, so tritt er in einer Hinsicht als Einheit gegenüber anderen Menschen auf, in anderer verkörpert er eine Vielheit von Teilen und in wieder anderer die Allheit möglicher Teile, die diesen einen Menschen ausmachen. Der vollständig bestimmte Erfahrungsgegenstand untersteht somit allen Kategorien und nicht einmal dieser, einmal jener. Auch diese Überlegung spricht für die zweite Alternative.

Aus diesen Gedankengängen ergeben sich Konsequenzen für die Zeitauffassung, die Kant zwar nie expressis verbis artikuliert hat, die ihm aber nicht verborgen geblieben sein können. Wenn das Kausalgesetz als Normierungsprinzip a priori nur in allgemeinstem Sinne gilt und nur die objektive Abfolge der Erscheinungen überhaupt bestimmt, nicht aber die spezielle, z.B. nicht, welche konkrete Erscheinung als Ursache und welche als Wirkung fungiert, so gestattet das Gesetz keinerlei Aufschluß über den wirklichen, realen Zeitverlauf und seine Richtung. Es erweist sich als ungeeignet, die reale Zeitrichtung und Irreversibilität, d.h. die Unvertauschbarkeit der Richtung, zu bestimmen, wie dies noch bei Newton aufgrund der Theorie vom absoluten realen Zeitfluß möglich war. Die Tatsache, daß das Kantische Kausalprinzip wie auch die anderen Verstandesprinzipien invariant sind gegenüber einer Zeittranslation, stellt dieselben auf eine Stufe mit den Gesetzen der sogenannten klassischen Physik. Es ist bekannt, daß die Gesetze der klassischen Mechanik unverändert gelten, ob für die Zeitvariable t +t oder -t eingesetzt wird. Die klassische Mechanik kennt keine irreversiblen Prozesse, nur reversible. Daß dieser Sachverhalt bei Newton durch die Annahme einer absoluten realen Zeit mit eindeutigem Zeitsinn verwischt wurde, gehört zu den Ungereimtheiten und Widersprüchen der Newtonischen Zeitkonzeption. Das beweist einmal mehr, daß die mathematische Fassung der physikalischen Gesetze von ihrer ontologischen Fundierung zu unterscheiden ist.

Wenn das Kausalprinzip kein zureichendes Kriterium für die Festlegung der tatsächlichen Geschehnisfolge, d.h. der Irreversibilität der Vorgänge ist, wozu dient es dann? Was bezweckt Kant mit diesem Gesetz, desgleichen mit den übrigen Relationskategorien wie den Kategorien überhaupt? Mit der Anwendung der Relationskategorien auf die Zeit intendiert Kant topologische Bestimmungen, d.h. ordnende Bestimmungen. So wie die Anwendung der Quantitätskategorien auf die Zeit zur Zeitreihe und zur Zeitmetrik (Zeitmessung) führt, so führt die Anwendung der Relationskategorien auf die Zeit zur Topologie, d.h. zur Aufstellung aller möglichen und erdenkbaren Zeitbeziehungen und -ordnungen. Solche geordneten Verhältnisse wie Folge, Gleichzeitigkeit und Beharrlichkeit sind noch nicht auf der Stufe der „Transzendentalen Ästhetik" in der *Kritik der reinen Vernunft* mit ihren rudimentären subjektiven lagezeitlichen Bestimmungen des Früher und Später möglich, sondern erst auf der Stufe des Schematismus- und Grundsatzkapitels. Sie verlangen den Einfluß der Verstandesbegriffe und der mit ihnen verbundenen eindeutigen und notwendigen Regulierung.[20] In moderner wissenschaftstheoretischer Sprechweise müßte man sagen, daß Kants objektive Zeitbestimmungen lediglich ein formales, empirisch noch uninterpretiertes Ordnungsgefüge darstellen, ein bloßes Strukturgeflecht, das die Realität des Zeitflusses nicht erreicht, geschweige denn ersetzt. Konkret könnte man den Sachverhalt auch so ausdrücken, daß Kants Apriorismus zwar die Rahmenbedingungen für den Erfahrungsbegriff mit seiner Zeitlichkeit und Räumlichkeit abgibt, aber nicht in concreto diesen Rahmen ausfüllt. Mittels der Kantischen Theorie läßt sich im Grunde auch nicht unterscheiden, ob die Welt, wie sie uns die Alltagserfahrung lehrt und wie sie in den empirischen Wissenschaften systematisch erforscht wird, eine Realwelt ist oder ein bloßer Traum, eine Vision und Phantasie. Ein verbindliches Differenzkriterium zwischen Tag- und Traumwelt gibt es nicht, so daß mögliche Unterscheidungen dem Zufall oder der Empirie überlassen bleiben. Dies ist eine notwendige Konsequenz der Absetzung Kants von Newton und der Abstraktion von dessen Realitätsstatus der Zeit.

---

20 Einen eigenwilligen, höchst interessanten Interpretationsvorschlag hat K. Düsing: *Objektive und subjektive Zeit.* Untersuchungen zu Kants Zeittheorie und zu ihrer modernen kritischen Rezeption, in: *Kant-Studien*, Bd. 71 (1980), S. 1-34, vorgelegt, indem er die Zeitbestimmungen: Beharrlichkeit, Folge, Gleichzeitigkeit in Zusammenhang bringt mit dem *formalen*, wenngleich nicht *ontologischen* Substanz-Akzidens-Modell (S. 5 ff) und durch *Beharrlichkeit* das *Wesen* der Zeit definiert (S. 4, 6 f). Er verweist dazu auf Stellen aus den Analogien der Erfahrung (*Kritik der reinen Vernunft*, A 176 B 219, A 182 f B 225 f, A 215 B 262), wo Sukzession und Gleichzeitigkeit als Zeit*modi* klassifiziert werden, denen Beharrlichkeit in der Funktion der Substanz zugrunde liegen muß. Diese *Wesens*bestimmung der Zeit kann nach Düsing allerdings erst im Grundsatzkapitel bei der Anwendung der Kategorien erfolgen, noch nicht in der „Transzendentalen Ästhetik" mit ihrer rudimentären Zeitform. Ohne Zweifel ist richtig, daß die Beharrlichkeit der Zeit dem Substanzsatz zugrunde liegt und die Folge und Gleichzeitigkeit dem Kausal- und Wechselwirkungssatz; das *Wesen* und den eigentlichen *Charakter* der Zeit aber deswegen als *Beharrlichkeit* zu bestimmen, erscheint problematisch. Denn damit ginge das Spezifikum der Zeit, das Nacheinandersein, gerade verloren. Besser sollten in bezug auf die Zeit Schichten unterschieden werden, wie die lagezeitliche in der „Transzendentalen Ästhetik" und die topologische in der „Transzendentalen Analytik".

# VIII.

# Das Verhältnis von Zeit, Raum und Bewegung bei Kant

## 1. Unterschied von Zeit und Raum

Kants Philosophie läßt sich als Programm beschreiben, eine Theorie der objektiven Erfahrungen aufzustellen, in der die Naturgesetze, welche die Erfahrung ausmachen, zur systematischen Einheit verbunden sind. Dieses Ziel erreicht Kant mit seiner Transzendentalphilosophie durch Anwendung des Systems der apriorischen Verstandesbegriffe auf die apriorischen Anschauungsformen, da nach seiner Überzeugung Verstand und sinnliche Anschauung zusammen erst den Erfahrungsbegriff ausmachen. Da die möglichen Anschauungsformen Zeit und Raum sind, die in Kants philosophischer Entwicklung allerdings eine unterschiedliche Gewichtung erfahren, ist damit das Problem ihres Verhältnisses zueinander angesprochen.

Aus der 1. Auflage der *Kritik der reinen Vernunft* und den vorangehenden Schriften könnte man den Eindruck gewinnen, als qualifiziere sich ausschließlich die Zeit als Grundlage für die Verstandesbegriffe. So zeichnet die „Transzendentale Ästhetik"[1] die Zeit vor dem Raum dadurch aus, daß sie sie für „die formale Bedingung a priori aller Erscheinungen überhaupt", innerer wie äußerer, erklärt, den Raum hingegen „als Bedingung a priori bloß auf äußere Erscheinungen" bezieht. In diesem Sinne hatte es schon in der Dissertation[2] geheißen, daß die Zeit „überhaupt alles durch ihre Beziehungen umfaßt, nämlich den Raum selbst und außerdem noch die Akzidenzien, welche in den Relationen des Raumes nicht befaßt sind, wie die Überlegungen des Geistes (complectendo omnia omnino suis respectibus, nempe spatium ipsum et praeterea accidentia, quae in relationibus spatii comprehensa non sunt, uti cogitationes animi)". Hierauf aufbauend, rückt das Schematismuskapitel ebenfalls die Zeit in den Vordergrund. Als formale Bedingung „der Verknüpfung *aller* Vorstellungen"[3] kann selbstverständlich nur die Zeit im Hinblick auf Allgemeinheit mit den Kategorien gleichartig sein und ein adäquates Substrat für die Anwendung derselben abgeben. Der Schematismus erweist sich so als ein ausgesprochener Zeitschematismus; eine Anwendung der Verstandesbegriffe auf den Raum ist nur vermittels der Zeit möglich. Das Grundsatzkapitel setzt diese Tendenz fort, indem es die fundamentale Rolle der Zeit bei der Konstitution der Naturgesetze im einzelnen herausstreicht. Aus all diesen Fakten ergibt sich ein Primat der Zeit gegenüber dem Raum, der darin besteht, daß die Zeit eine

---

1 *Kritik der reinen Vernunft* [abgekürzt *KdrV*], A 34 B 50.
2 Dissertation [abgekürzt Diss.], § 15 Cor.
3 *KdrV*, A 138 B 177, kursiv von Verf.

*universelle* Anschauungsform ist mit folglich *unendlicher* homogener, kontinuierlicher Struktur, der Raum dagegen – überspitzt formuliert – nur eine *begrenzte, endliche* mit nur *begrenzter, endlicher* homogener, kontinuierlicher Struktur.

Da Kant jedoch gleichzeitig das Theorem einer Abbildbarkeit der Zeit auf eine räumliche Gerade, und zwar einer notwendigen Abbildung, vertritt, mithin einer Darstellbarkeit aller zeitlichen Verhältnisse an räumlichen, was naturgemäß die Universalität des Raumes voraussetzt, besteht von Anfang an ein Widerspruch, den zu beseitigen das entscheidende Motiv der Revision und Weiterentwicklung der Zeit-Raum-Theorie ist.

Nachdem Kant während der Arbeit an den *Metaphysischen Anfangsgründen der Naturwissenschaft* (1786) die Bedeutung des Raumes – hier in Verbindung mit der Zeit im Bewegungsbegriff – bewußt geworden ist, korrigiert er in der 2. Auflage der *Kritik der reinen Vernunft* (1787) seine Theorie dahingehend, daß er an die Stelle der Prävalenz der Zeit eine Äquivalenz von Zeit und Raum setzt: beide Anschauungsformen gelten als gleichermaßen allgemein, homogen und kontinuierlich. Ihren Niederschlag findet diese Korrektur darin, daß Kant die „Transzendentale Ästhetik" mit einem Zusatz versieht, in dem er die fundamentale Bedeutung des Raumes bei der Erklärung des Anschauungscharakters, selbst desjenigen der Zeit, hervorhebt,[4] daß er das „System der Grundsätze" um eine „Allgemeine Anmerkung" erweitert, in der er den Zeitschematismus grundsätzlich durch einen Raumschematismus ergänzt wissen will,[5] und daß er die Widerlegung des Idealismus neu schreibt und dabei die Angewiesenheit der Zeit und der auf ihr basierenden inneren Erfahrung auf den Raum und die in ihm fundierte äußere Erfahrung nachweist.[6] In den folgenden Schriften, vor allem im *Opus postumum*, ist das Theorem der Gleichwertigkeit von Zeit und Raum fester Bestandteil des Systems.

Die Strukturgleichheit von Zeit und Raum, deren Ausdruck die homomorphe Projizierbarkeit beider aufeinander ist, hat ihren Grund nach Kant in einer Interdependenz – einer Dependenz nicht nur des Raumes von der Zeit, wie sie vor allem in der 1. Auflage der *Kritik der reinen Vernunft* sichtbar wird, sondern auch der Zeit vom Raum, wie sie sich insbesondere in der 2. Auflage zeigt. Worin diese besteht – das ausfindig zu machen und hiermit gleichzeitig die Grundlagen einer Bewegungsdeduktion aufzudecken, die nichts anderes als der Nachweis der Einheit von Zeit und Raum auf der Basis einer solchen Wechselimplikation ist, ist im folgenden unsere Aufgabe. Dabei soll so vorgegangen werden, daß zunächst eine These über die Gründe der Interdependenz formuliert wird, diese sodann erläutert und schließlich anhand des Kantischen Textes belegt wird.

Die These lautet, daß Zeit und Raum darin übereinstimmen, daß sie Formen der Anschauung sind, d.h. *Vorstellungsarten* einer *unendlichen, homogenen, kontinuierlichen Mannigfaltigkeit* (Extension), jedoch aufgrund ihrer spezifischen Natur als

---

4 Vgl. *KdrV*, B 66 ff; vgl. auch den Exkurs innerhalb der „Transzendentalen Deduktion" B 152 ff.

5 *KdrV*, B 288 ff.

6 *KdrV*, B 274 ff mit B XXXIX ff.

Formen des inneren oder des äußeren Sinnes unterschiedliche Prioritäten setzen bezüglich der beiden in obiger Wesensdefinition vereinigten Merkmale: dem der Vorstellungsart und dem der unendlichen, homogenen, kontinuierlichen Mannigfaltigkeit, dergestalt, daß die Zeit den Vorstellungscharakter betont, der Raum den Mannigfaltigkeitscharakter. Da die andere, jeweils weniger charakteristische Eigenschaft nichtsdestoweniger zu beider Wesen gehört, muß sie mit Hilfe des jeweiligen Pendants erklärt werden: der Anschauungscharakter bzw. die Mannigfaltigkeit der Zeit mit Hilfe des Raumes, der Vorstellungscharakter des Raumes mit Hilfe der Zeit. Welche Evidenz kann diese These für sich beanspruchen?

Zeit und Raum unterscheiden sich nach Kant darin, daß die Zeit die Form des inneren Sinnes ist, der Raum die Form des äußeren. Vermittels des inneren Sinnes stellen wir innere Gegenstände vor, sogenannte mentale, vermittels des äußeren äußere Gegenstände. Das wirft die Frage auf, was Innen und Außen bedeuten. Da es sich um Relationsbegriffe handelt, setzt die Lokalisierung der Gegenstände, von denen sie prädiziert werden, ein Koordinatensystem voraus, das naturgemäß das vorstellende Subjekt ist. Äußere Gegensände sind diejenigen, die sich relativ zu meinem eigenen leiblichen Subjekt außerhalb desselben befinden, d.h. an einem anderen Ort, als an dem ich mich aufhalte. Da freilich auch mein eigener Körper ein äußerer Gegenstand ist, folglich in die vollständige Bestimmung mit einbezogen werden muß, reicht der bisherige Schritt allein nicht aus; ein zweiter wird erfordert. Da nach Integration meines eigenen Körpers in das Koordinatensystem nur die Gegenstände untereinander bleiben, heißen äußere Gegenstände jetzt diejenigen, die sich außerhalb eines jeden anderen befinden oder, um den Rückbezug zum Ausgangspunkt wiederherzustellen, die sich aus meiner Sicht nebeneinander befinden.[7] Diesen beiden Schritten, die zur Vorstellungsbildung äußerer Gegenstände unerläßlich sind, entspricht exakt die Raumdefinition, die Kant in der 2. Auflage der *Kritik der reinen Vernunft* gibt: der Raum als Form äußerer Gegenstände ist die Form des Außer- und Nebeneinander.[8,9]

---

7 Zu den beiden Schritten vgl. Diss., § 15, *KdrV*, A 22 B 37, A 23 B 38.

8 Vgl. *KdrV* A 23 B 38, vgl. auch Opus postumum [abgekürzt Op. p.], Akad.-Ausg., Bd. XXII, S. 5, 2.

9 Eine andere erwähnenswerte Deutung des Außer- und Nebeneinander hat Prauss in einem Vortrag mit dem Titel *Schematismus und Raum im Kantischen Sinne* gegeben, den er im SS 1971 in Heidelberg hielt. Danach ist die Definition im Zusammenhang eines Entwicklungsprozesses zu sehen, der von der Bestimmung eines bloßen Außereinander in der Diss. (§ 15) und 1. Aufl. der *KdrV* (A 23) über die eines Außer- und Nebeneinander in der 2. Aufl. (B 38) zu der eines Nebeneinander im Op. p. (Akad.-Ausg., Bd. XXII, S. 5, 2) reicht. Grund dieser Entwicklung sei die Erkenntnis, daß das Außereinander kein Spezifikum des Raumes ist, sondern ebenso eine Eigentümlichkeit der Zeit, ihres Nacheinander, so daß die Abhebung des räumlichen Außereinander vom zeitlichen einer Ergänzung durch das Nebeneinander bedürfe. Allerdings handle es sich auch bei dieser Definition nicht um die endgültige, weil das Nebeneinander im Sinne reiner Nachbarschaft auch auf das Nacheinander zutreffe; endgültige Definition sei vielmehr das Zugleich.

Von einem Außer- und Nebeneinander kann sinnvoll nur die Rede sein, wenn etwas vorliegt, das außer- und nebeneinander ist: zumindest müssen dies zwei Elemente sein, im Prinzip können es unendlich viele sein; denn da Außer- und Nebeneinander eine relative Beziehung ist, folglich als unendlich kleine wie als unendlich große Distanz gedacht werden kann, muß eine solche zwischen potentiell unendlich vielen Entitäten möglich sein. Die Vorstellung des Außer- und Nebeneinander ist somit untrennbar mit der einer unendlichen, homogenen, kontinuierlichen Mannigfaltigkeit verbunden. Ist der Raum Prinzip des Außer- und Nebeneinander, so ist er auch Prinzip jener Mannigfaltigkeit.

Zwar darf insoweit als gesichert gelten, daß der Raum Exponent einer Mannigfaltigkeit ist, noch nicht aber, daß er deren eigentlicher und ursprünglicher Exponent ist, von dem alle anderen dependieren. Vergegenwärtigen nicht auch andere Gegebenheitsweisen, beispielsweise ein Farbkomplex, eine Tonsequenz, eine Zeitfolge, genauso ursprünglich Mannigfaltigkeit, so daß mitnichten dieser Charakter speziell den Raum auszeichnet und ihn von anderen Gegebenheitsweisen unterscheidet. Da die sinnlichen Qualitäten, Farb-, Ton-, Geruchs-, Geschmacks-, Tastempfindungen sich insgesamt über mehr oder weniger komplizierte Transformationen in die Raum- und Zeitform einordnen lassen, reduziert sich die Frage darauf, ob neben der Raumform auch die Zeitform ursprünglich Mannigfaltigkeit repräsentiere.

Hier gilt es auf eine Differenz in der Zeitvorstellung aufmerksam zu machen. Es besteht ein Unterschied zwischen der reinen Aufeinanderfolge der Augenblicke, welche sukzessiv ist, und der konstanten Form der Aufeinanderfolge der Augenblicke. Es ist etwas anderes, ob ich *im* Prozeß der irreversibel sich verdrängenden Momente stehe, mir nacheinander zwar jedes einzelnen von ihnen in der Reihenfolge ihrer Aktualität inne bin, des Jetzt und jetzt wieder Jetzt und so fort, aber keine Vorstellung von dem Prozeß selbst habe, auch nicht haben kann, weil mein

---

Hierzu ist zu bemerken: Da 1. das Nebeneinander nicht erst der 2. Aufl. der *KdrV* angehört, sondern bereits der 1. (vgl. *KdrV*, A 27 B 43, A 40 B 57), ja selbst in noch früheren Überlegungen eine Rolle spielt (vgl. Refl. 4673), zumal es Kant aus der Tradition geläufig war (z.B. definiert A. G. Baumgarten in seiner *Metaphysica* (I. Kant: Akad.-Ausg., Bd. XVII), § 239 „spatium" als „ordo simultaneorum extra se invicem positorum" und übersetzt „simultanea" in § 238 mit „nebeneinander seiende"), und da 2. Außer- und Nebeneinader, abgesehen von ihrer festen Verbindung in der Formel „Außer- und Nebeneinander", häufig synonym gebraucht werden, läßt sich eine eigentliche Entwicklung der Raumdefinition nicht konstatieren. Die Ergänzung des Außereinander durch das Nebeneinander in der 2. Aufl. der *KdrV* kann daher nur so erklärt werden, daß Kant hier sprachlich etwas ausdrücklich macht, was sachlich schon in der 1. Aufl. vorliegt, nämlich die beiden zur Bestimmung äußerer Gegenstände erforderlichen Schritte, heißt es doch nicht nur in A 22: „Vermittels des äußeren Sinnes [...] stellen wir uns [1.] Gegenstände als außer uns und [2.] diese insgesamt im Raume vor"; sondern auch in A 23: „Denn damit gewisse Empfindungen [1.] auf etwas außer mir bezogen werden (d.i. auf etwas in einem andern Orte des Raumes, als darin ich mich befinde), [2.] imgleichen damit ich sie [...] in verschiedenen Orten vorstellen könne, dazu muß die Vorstellung des Raumes schon zum Grunde liegen."

Vorstellen vom Strom der immer neu andrängenden Momente überrollt wird, oder ob ich *über* dem Prozeß stehe und eine Vorstellung von seinem Verlauf habe. Allein die letztere Vorstellung ist auch eine von der Vielheit der Momente. Diese synoptische Vorstellung impliziert mehr als nur das reine Nacheinander der Momente, die reine Zeit, nämlich darüber hinaus eine Vorstellung, die von sich aus Mannigfaltigkeit repräsentiert und dadurch imstande ist, auch die Vorstellung des Zeitmannigfaltigen zu ermöglichen. Dies ist der Raum.[10]

Damit steht fest, daß keine Vorstelllung von Mannigfaltigkeit ohne ein räumliches Substrat zustande kommt. Demnach haben wir nicht nur, sofern wir Raum sagen, Mannigfaltigkeit vor uns, sondern auch, sofern wir Mannigfaltigkeit sagen, Raum. Raum und (unendliche, homogene, kontinuierliche) Mannigfaltigkeit sind schlechthin identisch.

Während der Mannigfaltigkeitscharakter ein offenkundiges Indiz des Raumes ist, kann dies von seinem Vorstellungscharakter nicht behauptet werden. Auch der Newtonische Raum, obwohl nicht Vorstellung, sondern Ding an sich, erfüllt alle Bedingungen der Räumlichkeit, sogar der Mathematizität, wie Kant selbst konzediert;[11] die Kritik an dieser Konzeption richtet sich lediglich gegen ihre innere Widersprüchlichkeit, die sich aus der gleichzeitigen Annahme einer Bedingungsfunktion und einer Ding-an-sich-Natur des Raumes ergibt.

Wenn zur Vermeidung solcher Schwierigkeit nach Kant der Raum und die durch ihn repräsentiert unendliche, homogene, kontinuierliche Mannigfaltigkeit nicht im transzendenten Sinne außer uns sein kann, sondern in uns sein muß, damit weder Ding an sich wie Newtons absoluter Raum noch Eigenschaft von Dingen an sich wie Leibnizens Relationssystem, vielmehr Vorstellungsart von Dingen und als solche eine Bestimmung oder ein Zustand des Vorstellungsvermögens, so läßt sich das nur dadurch begründen, daß er in diejenige Form einbeschreibbar ist, die Ordnungsprinzip der Vorstellungszustände ist, in die Zeit nämlich. Nach seiner vollständigen Definition als *Vorstellungsart* einer unendlichen, homogenen, kontinuierlichen Mannigfaltigkeit gehört der Raum daher wie „alle Vorstellungen, sie mögen nun äußere Dinge zum Gegenstande haben oder nicht, [...] zum innern Zustande [...]; dieser innere Zustand aber unter die formale Bedingung[12] der innern Anschauung, mithin die Zeit[13]"[14].

Treten wir nun in eine Analyse der Zeit ein, so muß sie, da sie im Gegensatz zum Raum die Form des inneren Sinnes ist, der Anschauung unserer Seele – unseres Gemüts, wie Kant in herkömmlicher Terminologie sagt – und der Zustände derselben, aus dem Gegensatz zum Raum heraus bestimmt werden. Anders als die durch

---

10 Wir werden dieser Argumentation später im Zusammenhang der Notwendigkeit einer Abbildung der Zeit auf den Raum zur Erklärung ihres Mannigfaltigkeits = Anschauungscharakters wiederbegegnen.
11 Vgl. *KdrV*, A 40 B 57.
12 Verbessert aus: der formalen Bedingung.
13 Verbessert aus: der Zeit.
14 *KdrV*, A 34 B 50.

den Raum vorgestellten Gegenstände sind die durch die Zeit vorgestellten in, nicht *außer uns*, folglich können sie auch nicht wie jene außer- und nebeneinander und somit ausgedehnt sein, sondern müssen unausgedehnt, d.h. punktuell, momentan sein. Innerlichkeit ist gleichbedeutend mit Ausdehnungslosigkeit, Einfachheit: mit Augenblicklichkeit. Ist Zeit die Form innerer Gegenstände, so ist ihr Wesen Augenblicklichkeit. Allerdings ist ihr Wesen damit noch in keiner Weise erschöpft; denn die Frage ist nicht nur, wie *innere*, sondern wie innere *Gegenstände* vorgestellt werden können, d.h. eine Vielheit derselben. Dies ist nicht anders möglich als in Form eines Nacheinanderseins, nämlich so, daß der jeweils nächstfolgende den vorangehenden aus seiner Stelle verdrängt, um sogleich von dem folgenden wieder aus ihr verdrängt zu werden. Daher ist das Wesen der Zeit als Form innerer Gegenstände als solcher das Nacheinandersein.[15]

Wenn wir überlegen, von welcher Beschaffenheit dasjenige sein muß, das im strikten Nacheinander jeweils nur einen einzigen Augenblick einnimmt, so kann von solcher Art nur das Vorstellen sein; nur der Vorstellungszustand läßt sich als unräumlich, unausgedehnt und somit momentan denken. Daher qualifiziert sich die Zeit als reines Nacheinander zum Exponenten von Vorstellung. Dem verleiht Kant dadurch Ausdruck, daß er z.B. sagt, die Zeit beruhe auf einem „Gesetz des Geistes (lege mentis)"[16] oder man könne sie nur „in Gedanken haben"[17]. Dieser ihr Charakter zeigt sich auch darin, daß Vergangenheit und Zukunft ausschließlich in der Vorstellung existieren, jene im Modus der Erinnerung, diese im Modus der Erwartung. Der Vorstellungscharakter ist dasjenige Kriterium, welches die Zeit fundamental vom Raum unterscheidet. Während dieser von sich aus keinerlei Hinweis auf eine Vorstellungsnatur enthält, läßt sich die Zeit ursprünglich überhaupt nicht anders fassen denn als Vorstellungsart. An einer Stelle der Dissertation hat Kant diese unterschiedlichen Prioritäten von Zeit und Raum deutlich zum Ausdruck gebracht. Er sagt dort:

> „Von diesen Begriffen betrifft *der eine* eigentlich die *Anschauung*[18] des Objekts, der andere den *Zustand*, vornehmlich den *Vorstellungszustand* (Horum quidem conceptuum *alter* proprie intuitum *obiecti*, alter *statum* concernit, inprimis *repraesentativum*)."[19]

Allerdings ist die Zeit nicht der einzige Exponent von Vorstellung, ein anderer ist die Einheitsform des Verstandes. Von absolut einfacher, atomarer Struktur nimmt sie ebenfalls nur einen einzigen Augenblick ein. Hier wird ersichtlich, daß Kant, ob bewußt oder unbewußt, ein uraltes Erbe bewahrt, nämlich die größere Nähe der Zeit zum Verstand als zum Raum, während der Raum eher der Sinnenwelt und der Materie angehört. Nicht nur bei Platon in der These von der Zeit als Abbild des

---

15 Vgl. Diss., § 14, *KdrV*, A 30 B 46, A 40 B 57, Refl. 4509, vgl. Auch Op. p., Akad.-Ausg., Bd. XXII, 5, 1.
16 Diss., § 14.
17 Refl. 4518.
18 Kursiv von Verf.
19 Diss., § 15 Cor.

Ewigen, das in der Sinnenwelt die Beziehung zum Ewigen garantiert, und bei Aristoteles in der These von der Zeit als Zahl der Bewegung, die auf das Konto des Markierungen setzenden, zählenden Verstandes (Seele) geht, dokumentiert sich diese Nähe der Zeit zum Geist, auch bei Kant wird sie erkennbar.

Nun soll nach der Kantischen Theorie die Zeit nicht Einheits-, sondern Mannigfaltigkeitsform sein. Von sich aus kann sie dies nicht verständlich machen; denn als rein sukzessives, entstehendes, vergehendes, schlechthin flüchtiges Vorstellen, als das sie nur in und mit dem jeweils aktuellen Augenblick ist, bringt sie keine Vorstellung von der Sukzession selbst und damit von einem unendlichen, homogenen, kontinuierlichen Mannigfaltigen hervor. Hierzu bedarf es vielmehr einer Form, die von Natur aus ein unendliches, homogenes, kontinuierliches Mannigfaltiges zur Darstellung bringt, wie dies der Raum tut. Folglich setzt die Zeit nach ihrer vollständigen Wesensbestimmung als Vorstellung eines *unendlichen, homogenen, kontinuierlichen Mannigfaltigen* den Raum voraus.

## 2. Interdependenz von Zeit und Raum

Es gilt hier, die Interpretation gegen ein naheliegendes Mißverständnis abzuschirmen. Unsere Behauptung im Vorhergehenden war nicht, daß die Zeit ihrem Wesen nach durch die Struktur des Augenblicks, der Diskretheit, bereits erschöpfend charakterisiert sei und die Struktur des unendlichen, homogenen Kontinuums, die ihr ebensowohl zukommt, aus der Beziehung zum Raum erhalte, wie Krüger[20] eine solche These vertreten hat. Denn hier müßte zu Recht gefragt werden, wie die Umwandlung einer diskreten Struktur in eine unendliche, homogene, kontinuierliche zustande kommen soll. Unsere Behauptung war vielmehr, diese Schwierigkeit vermeidend, die, daß zwar das augenfälligste, keineswegs aber das ausschließliche Wesensmerkmal der Zeit das an den Augenblick gebundene sukzessive Vorstellen sei. Genauso wie der Raum als Exponent einer unendlichen, homogenen, kontinuierlichen Mannigfaltigkeit an sich noch indifferent ist gegenüber der Auslegung als Ding an sich bzw. Eigenschaft von Dingen an sich oder als Vorstellungsart, so ist auch die Zeit als Exponent von Vorstellung an sich noch indifferent gegenüber einer Auslegung als Einheitsvorstellung, d.h. Verstandesbegriff, oder als Mannigfaltigkeitsvorstellung, d.h. Anschauungsform. Erst mit der Projektion auf eine räumliche Gerade wird ihr vollständiges Wesen als Anschauungsform sichtbar.

Noch auf ein anderes mögliches Mißverständnis ist einzugehen. Es wird hervorgerufen durch die Bedeutungsambivalenz der Begriffe Veranschaulichung und Abbildung, die Kant im Zusammenhang der Darstellung zeitlicher Verhältnisse an räumlichen gebraucht.

---

20 G. Krüger: *Über Kants Lehre von der Zeit*, in: *Anteile*. M. Heidegger zum 60. Geburtstag, Frankfurt a. M., 1950, S. 178-211, bes. 191 ff.

Von Veranschaulichung oder Abbildung sprechen wir gewöhnlich, wenn wir eine Exemplifizierung oder Konkretisierung oder Verdeutlichung eines abstrakten, schwer zugänglichen Gehalts an einem konkreten, leicht verständlichen Modell meinen. In diesem Sinne würde Veranschaulichung der Zeit am Raum bedeuten, daß die angeblich abstrakte und daher unanschauliche Zeitform an der angeblich konkreteren und daher anschaulicheren Raumform verdeutlicht würde. Es gibt in der Tat Textstellen, die eine solche Interpretation nahelegen. So ist im Zusammenhang mit der Forderung einer Restriktion der Kategorien auf die Zeit auch von einer auf den Raum die Rede, weil auf diese Weise allein „Beispiele" herbeigeschafft und die Kategorien „verständlich", „faßlich", „anschaulich" gemacht werden könnten.[21] Wäre dies die einzige Auslegung und träfe sie Kants eigentliche Meinung, so könnte nur eine *mögliche*, nicht *notwendige* Abbildung der Zeit auf den Raum behauptet werden. Denn eine bloß der Erläuterung dienende Darstellung implizierte keine Notwendigkeit, sondern lediglich eine beliebige Möglichkeit, auf die sich prinzipiell verzichten ließe. Damit bliebe das eingangs erwähnte Theorem von dem größeren Umfang der Zeit gegenüber dem Raum, einem Umfang, der neben den räumlichen Verhältnissen auch rein zeitliche umfaßt, unwiderlegt. Denn auch von rein zeitlichen, an sich nicht raumbezogenen Verhältnissen könnte eine Darstellung an räumlichen in diesem Sinne gedacht werden, ohne daß damit ihr Charakter als rein zeitliche Verhältnisse aufgehoben würde. Das Theorem ist nur dann widerlegt, wenn Veranschaulichung heißt, daß alle zeitlichen Beziehungen auf räumliche nicht nur abgebildet werden *können*, sondern abgebildet werden *müssen*.

Veranschaulichung in dieser zweiten Bedeutung, der eigentlich Kantischen, heißt daher, daß etwas durch seine Projektion auf etwas anderes zwar nicht selbst erst Anschauung wird, wohl aber als Anschauung allererst verständlich wird. Die Abbildung der Zeit auf den Raum verfolgt daher den Zweck, den anschaulichen Charakter der Zeit begreiflich zu machen. Da dieser an ihr selbst nicht offenkundig ist und auch nicht sein kann, weil ein bildhaft-, gestalthaft-anschaulicher Charakter stets an eine Mannigfaltigkeit gebunden ist, muß hier der Raum zu Hilfe kommen. In diesem Sinne heißt es:

„Und eben weil diese innre Anschauung keine Gestalt gibt, suchen wir auch diesen Mangel durch Analogien zu ersetzen und stellen die Zeitfolge durch eine ins Unendliche fortgehende Linie vor, in welcher das Mannigfaltige eine Reihe ausmacht, die nur von einer Dimension ist, und schließen aus den Eigenschaften dieser Linie auf alle Eigenschaften der Zeit außer dem einigen, daß die Teile der erstern zugleich, die der letztern aber jederzeit nacheinander sind."[22]

Diese notwendige Raumbezogenheit der Zeit pflegen wir im Alltag wie in der Wissenschaft dadurch zum Ausdruck zu bringen, daß wir die Zeit durch Raumvokabeln beschreiben, indem wir von ‚Zeitraum', ‚Zeitgerade', ‚Zeitstrecke', ‚Zeitab-

---

21 *KdrV*, B 291 ff.
22 *KdrV*, A 33 B 50. Vgl. ferner Diss., §§ 14, 15 Cor., *KdrV*, B 154 ff.

schnitt' usw. sprechen, oder Zeiten durch Wege messen, z.B. durch den Gang der Planeten oder den Umlauf des Uhrzeigers.[23]

Unsere Untersuchung hat damit die wechselseitige Angewiesenheit von Zeit und Raum aufeinander aufgezeigt, die aus einer unterschiedlichen Akzentuierung der ihnen gemeinsamen Wesensmomente resultiert. Wenn der Raum als Exponent einer unendlichen, homogenen, kontinuierlichen Mannigfaltigkeit nicht Ding an sich oder Eigenschaft von Dingen an sich sein soll, sondern Vorstellungsart, so muß dies darin zum Ausdruck kommen, daß er sich in die Zeit einbeschreiben läßt, wenn anders die Zeit die Form der Vorstellungszustände ist; als Vorstellung einer *unendlichen, homogenen, kontinuierlichen Mannigfaltigkeit* aber läßt er sich nur in eine entsprechende zeitliche Vorstellung einbeschreiben. Da andererseits die Zeit Exponent zwar einer Vorstellung, nicht aber einer unendlichen, homogenen, kontinuierlichen Mannigfaltigkeit ist, muß dieser ihr Charakter aus der Abbildung auf den Raum erklärt werden. Als *Vorstellung* einer unendlichen, homogenen, kontinuierlichen Mannigfaltigkeit aber läßt sich die Zeit wiederum nur auf eine räumliche Vorstellung abbilden, und da dieser Charakter am Raum nicht ursprünglich offenkundig ist, sondern nur vermittels der Zeit verständlich werden kann, sind wir zu einem unendlichen Kreisgang gezwungen.

Blicken wir uns nach einem Beleg für den Argumentationsgang im Kantischen Text selbst um, so finden wir, abgesehen von verstreuten Äußerungen in der „Trans-

---

23 Das Ergebnis der Zeitanalyse zwingt uns, noch einmal auf den Raum selbst zurückzukommen. Da aufgrund der notwendigen Projektion der Zeit auf den Raum das ursprünglich nur am Raum in Erscheinung tretende Mannigfaltige auch an der Zeit zum Vorschein kommt, genügt es in Zukunft nicht mehr, den Raum durch eben dieses Prädikat bzw. das mit ihm identische des Außer- und Nebeneinander von der Zeit spezifisch zu unterscheiden. Es wird eine Neubestimmung erforderlich, die das räumliche Mannigfaltige bzw. Außer- und Nebeneinander vom zeitlichen eindeutig abhebt. Gemäß der Zielsetzung darf die Bestimmung nicht mehr wie zuvor absolut erfolgen, sondern relativ zur Zeit.

Nun läßt sich der Raum nur im sukzessiven Durchgang in die Zeit einordnen, wie dies die Apprehension eines Hauses zeigt, bei der man die Teile von rechts nach links, von oben nach unten oder umgekehrt mit den Augen abtastet, Vorder-, Rück- und Seitenfront sogar nur im Herumgehen aufnimmt. Selbstverständlich wird durch die sukzessive Apprehension des Raumes dieser nicht selbst sukzessiv; er bleibt vielmehr das, was er ist, ein Mannigfaltiges bzw. ein Außer- und Nebeneinander zu jedem beliebigen Zeitpunkt, d.h. zugleich. Gleichzeitigkeit stellt sich damit als Spezifikum des Raumes relativ zur Zeit heraus. Wie das Nacheinander (die konstante Form) das spezifische, freilich nur aus dem Rekurs auf den Raum zu gewinnende Zeitkriterium ist, so ist das Zugleich das spezifische, freilich nur aus dem Rekurs auf die Zeit zu gewinnende Raumkriterium. Wenn Kant daher Nacheinander, Zugleich und Beharrlichkeit, welche aus der Verbindung beider resultieren, als „Zeitmodi" klassifiziert: das Nacheinander als spezifische Existenzweise der Zeit, das Zugleich als Existenzweise des Raumes in der Zeit, die Beharrlichkeit als Zugleichsein mit dem Nacheinander (vgl. *KdrV*, B 67, A 177 B 219, ferner Diss., § 14 und Anm. 2), so ist dies, wie man jetzt sieht, nur eine einseitige Bestimmung, statt deren man ebensowohl von „Raummodi" sprechen könnte, da das Nacheinander nur eine besondere Auslegung des Mannigfaltigen bzw. des Außer- und Nebeneinander, das Zugleich die spezifische Bestimmung des Raumes und die Beharrlichkeit das Resultat der Verbindung beider ist.

zendentalen Ästhetik", der „Transzendentalen Logik" und der „Transzendentalen Dialektik" der *Kritik der reinen Vernunft*, eine zusammenhängende Darstellung im Rahmen der Widerlegung des materialen Idealismus.[24] Es ist bekannt, daß die Widerlegung in zwei Versionen vorliegt, von denen die eine im „4. Paralogismus" der „Dialektik" der 1. Auflage steht, die andere, welche notwendig wurde, da sich die erste als unzureichend erwies, im Postulatenkapitel der „Analytik" der 2. Auflage,[25] ferner in Reflexion 5653 f aus dem Jahre 1788 sowie in Aufsätzen und Notizen, die Kant anläßlich von Gesprächen mit Kiesewetter über schwierige Probleme seines Systems im Herbst 1790 niedergeschrieben hat.[26] Die beiden Fassungen entsprechen exakt den beiden Dependenzverhältnissen, welche das Verhältnis von Zeit und Raum zueinander ausmachen: die erste der Dependenz des Raumes von der Zeit, die zweite der Dependenz der Zeit vom Raum.

Der materiale Idealismus hatte sich in der philosophischen Tradition als unvermeidliche Konsequenz aus dem cartesianischen Dualismus zweier heterogener Daseinsbereiche, der *res cogitans* und der *res extensa*, ergeben. Nach dieser Lehre gilt allein die *res cogitans*: das ‚ich denke', ‚ich nehme wahr', ‚ich empfinde' usw., kurzum: ‚ich stelle vor' einschließlich ‚ich stelle äußere Gegenstände vor' für unmittelbar zugänglich und gewiß, weil mir selbst zugehörig, hingegen die *res extensa*, die Außenwelt, nur für mittelbar zugänglich, erschließbar nur aus den Vorstellungen von ihr und, da jeder Schluß von einer gegebenen Wirkung auf eine bestimmte Ursache unsicher ist, für grundsätzlich bezweifelbar. Gegen diesen Idealismus wendet sich Kant in der 1. Auflage in der Absicht, den unmittelbaren und unbezweifelbaren Zugang auch zur Außenwelt zu erweisen.

Sein Beweis[27] hat folgende Gestalt: Den Ausgang bildet die allgemein akzeptierte Prämisse, daß Wahrnehmung die Vorstellung einer Wirklichkeit sei; denn da sie auf Empfindung basiert, im Grunde nichts anderes als eine auf einen Gegenstand bezogene Empfindung ist, unbestimmt noch, welchen, muß sie eine Wirklichkeit indizieren. Wird nun speziell wie in einer äußeren Wahrnehmung die Empfindung auf einen äußeren Gegenstand bezogen, so darf zumindest das als sicher gelten, daß besagte Wahrnehmung die *Vorstellung* einer Wirklichkeit im Raume ist, allerdings noch nicht, daß sie eine wahre und nicht nur eingebildete Vorstellung ist. Entzieht man jedoch dem Idealisten seine Voraussetzung, wonach der Raum die Form von Dingen an sich ist, und nimmt statt dessen an, daß er die Form von Vorstellungen ist, so folgt, daß die Vorstellung einer Wirklichkeit im Raum eine wahre, nicht bloß eingebildete ist, weil alle Wirklichkeit im Raum eine vorgestellte ist und es außerhalb der vorgestellten für uns keine andere Wirklichkeit gibt.

---

24 Allerdings behandelt Kant hier die Anschauungsformen nicht in abstracto, sondern im Kontext von Erfahrung.
25 *KdrV*, B 274 ff mit B XXXIX ff.
26 Refl. 6311-6316.
27 Vgl. *KdrV*, A 373 ff.

Der Beweis basiert auf dem Argument, daß der Raum nicht die Form von Dingen an sich, sondern die Form von Vorstellungen ist, infolgedessen auch äußere Gegenstände nicht Dinge an sich, sondern Vorstellungen äußerer Gegenstände sind. Der Begriff ‚außer uns' impliziert eine nicht zu vermeidende Zweideutigkeit, indem er einmal die Dinge an sich außerhalb des Vorstellungsvermögens, das andere Mal die Vorstellungen äußerer Gegenstände im Vorstellungsvermögen meint.[28] Die Widerlegung des Idealismus ist die Wendung von der transzendenten zur phänomenalen Bedeutung.

Selbstverständlich kann die Verlagerung äußerer Gegenstände in den Vorstellungsbereich nicht ohne Konsequenz für das Verständnis des letzteren bleiben. Denn wenn alles Vorstellung ist, genügt es nicht mehr, die ursprünglichen Vorstellungen von den hinzugekommenen äußerer Gegenstände durch ihren bloßen Vorstellungscharakter zu unterscheiden; ausschlaggebend muß jetzt die Form der verschiedenen Vorstellungen sein. Wie der Raum zum subjektiven Hilfsmittel dient, die Vorstellungen äußerer Gegenstände von den Vorstellungen als solchen abzugrenzen, so dient die Zeit zum subjektiven Hilfsmittel, diese von jenen abzuheben. Damit ist unvermerkt an die Stelle des rationalistischen Prinzips des ‚ich denke', ‚ich nehme wahr' usw. das Prinzip eines zeitlich bedingten Vorstellens getreten. Für uns ist dies insofern bedeutsam, als sich hiermit entscheidende Einblicke in die Struktur des Verhältnisses der Vorstellungen untereinander eröffnen. Wenn äußere Gegenstände nicht Dinge an sich, sondern Vorstellungen sein sollen, dann müssen sie sich qua Vorstellungen in Zeitverhältnisse einordnen lassen, da die Zeit die Form solcher ist. Dann aber muß sich auch der ihnen zugrundeliegende Raum, sofern er nicht Form von Dingen an sich, sondern Form von Vorstellungen sein soll, qua *Vorstellung* in die Zeit einordnen lassen. Allein auf diese Weise kann sein Vorstellungscharakter für uns verständlich werden.

Ist dies nicht von der Beweisstrategie her das genaue Gegenteil dessen, was Kant hatte beweisen wollen? Seine Argumentation war in der Absicht unternommen worden, die erkenntnistheoretische Abhängigkeit äußerer Gegenstände von Vorstellungen, die sich in deren bloßer Erschlossenheit dokumentierte, zu widerlegen; tatsächliches Ergebnis ist gerade der Nachweis einer Abhängigkeit der Vorstellungen äußerer Gegenstände von den zeitlichen Vorstellungen von ihnen. Die idealistische Schwierigkeit ist also keineswegs behoben, sondern kehrt, wenngleich auf einer anderen Ebene, wieder, nicht mehr auf der der transzendenten Realität, sondern auf der der Phänomenalität. Jene problematische Beziehung der Vorstellungen äußerer Gegenstände auf die äußeren Gegenstände selbst wiederholt sich hier in der problematischen Beziehung zeitlicher Vorstellungen von äußeren Vorstellungen auf die äußeren Vorstellungen selbst. Ein Idealist könnte jetzt noch behaupten, unmittelbar zugänglich und gewiß seien uns aussschließlich die zeitlichen Vorstellungen inklusive derjenigen, die sich aus der sukzessiven Apprehension räumlicher Vorstellungen ergeben – um ein Beispiel zu nennen,[29] inklusive der sukzessiv wahrgenommen Tei-

---

28 Vgl. *KdrV*, A 373.
29 Vgl. *KdrV*, A 190 f B 235 f.

le eines Hauses – hingegen seien die relativ zu diesem inneren Vorstellungswechsel beharrenden äußeren Vorstellungen – die Hauserscheinung selbst – lediglich aus dem Wechsel erschlossen und wegen der Unzuverlässigkeit des Schlußverfahrens prinzipiell bezweifelbar. Es leuchtet ein, daß eine Widerlegung der idealistischen Position nur dann gelingt, wenn gezeigt werden kann, daß die zeitlichen Vorstellungen selbst von den räumlichen dependieren. An diese Aufgabe macht sich Kant in der 2. Auflage der *Kritik der reinen Vernunft* und an den übrigen genannten Stellen.[30]

Der neue Beweis vollzieht sich über folgende Schritte: Er geht aus von dem dem Idealisten unbezweifelbaren Faktum der inneren Erfahrung. Ich als geistiges, Vorstellungen habendes Wesen bin in der Zeit und bin mir dessen auch bewußt. Ich erkenne mich in einem ständigen inneren Wechsel begriffen, der meine Bewußtseinsgeschichte ausmacht. Alles Zeitbewußtsein, gleichgültig, ob das von Folge oder Gleichzeitigkeit, setzt etwas Beharrliches in der Wahrnehmung voraus. Diese Aussage, die hier als reine Behauptung erscheint, hat ihre Rechtfertigung im Beharrlichkeitsbeweis der Substanz in der „1. Analogie der Erfahrung", auf den daher zunächst eingegangen werden muß.

Er beruht auf der Prämisse, daß ausnahmslos alle Erscheinungen in die Zeit gehören, folglich in dieser auch ihre objektive, kategorial bestimmbare Ordnung haben, die entweder die der Sukzession oder die der Simultaneität ist. Die Zeit, in der alle Folge und alles Zugleichsein gedacht werden soll, muß dabei selbst als beharrliches Substrat zugrunde gelegt werden; denn wie jede Bestimmung und Einordnung in ein Koordinaten- oder allgemeiner in ein Bezugssystem, so ist auch die von Folge und Gleichzeitigkeit nur in ein konstantes möglich. Da die reine Zeit nicht wahrgenommen werden kann, bedarf es eines Beharrlichen in der Wahrnehmung, das die Zeit repräsentiert und als Referent fungiert.

---

30 Mit den verschiedenen Kantischen Idealismuskonstruktionen sowie den sachlichen und historischen Motiven der Umarbeitung hat sich Lüder Gäbe in seiner Dissertation *Die Paralogismen der reinen Vernunft in der ersten und in der zweiten Auflage von Kants Kritik*, Marburg 1954, § 7, S. 111 ff, eingehend beschäftigt. Ihm ist die klare Herausarbeitung der Differenz beider Fassungen zu verdanken, die zwar schon lange bemerkt, doch immer nur unzureichend gekennzeichnet worden war. U.a. erklärt die von ihm herausgearbeitete unterschiedliche Fassung des idealistischen Grundprinzips: als rationales in der 1. Aufl., als innere Erfahrung in der 2., die systematische Umplazierung des Idealismus aus der Dialektik der 1. Aufl. in die Analytik der 2. (vgl. S. 120). Besonderes Interesse verdient Gäbes Hinweis (S. 122 ff), daß die Umarbeitung historisch auf eine erneute Hume-Lektüre Kants zwischen der 1. und 2. Aufl. der *KdrV* zurückgeht, die veranlaßt worden war durch die berühmte Rezension der Ulrichschen *Institutiones logicae et metaphysicae* in der *Allgemeinen Literatur-Zeitung* vom 13.12.1785, in welcher Kant vorgeworfen worden war, Humes Skeptizismus nicht wirklich widerlegt zu haben. Bei der erneuten Hume-Lektüre stieß Kant im *Enquiry Concerning Human Understanding*, Sect. XII, Part 1, auf das Beispiel eines Tisches, der relativ zu den wechselnden Vorstellungen von ihm, z.B. den kleiner werdenden Bildern beim Zurückweichen des Betrachters, beharrt und nur aus diesen als dem unmittelbar Gegebenen erschlossen ist, – was ihm die neue Konstruktion von beharrenden äußeren Vorstellungen gegenüber wechselnden inneren vorzeichnete.

Sehen wir vom letzten Argument einmal ab, zumal es nicht nur für die reine Zeit, sondern auch für den reinen Raum gilt, also gar nicht spezifisch für die Zeitargumentation ist, und konzentrieren unsere Aufmerksamkeit ausschließlich auf die Zeitauffassung, mit der dieser Beweist operiert!

Kant beschreibt die Zeit, in Beziehung auf die der Wechsel und das Zugleichsein bestimmt werden sollen, als „beharrliche Form der inneren Anschauung"[31] oder als „das beständige Korrelatum alles Daseins der Erscheinungen, alles Wechsels und aller Begleitung"[32]. Während die Erscheinungen in ihr wechseln, bleibt sie selbst unverändert. „Der Wechsel trifft die Zeit selbst nicht, sondern nur die Erscheinungen in der Zeit."[33] „Die Zeit verläuft sich nicht, sondern in ihr verläuft sich das Dasein des Wandelbaren. Die Zeit also [...] [ist] selbst unwandelbar und bleibend."[34] Die hier verwendete Zeitvorstellung impliziert mehr als das bloße, schlechthin flüchtige, haltlose Nacheinander der Momente, das, obzwar in der beharrlichen Form des Nacheinander stattfindend, selbst gerade nicht beharrlich ist. Was hier als Zeitvorstellung verwendet wird, ist aber gerade die stets sich gleichbleibende Form des Nacheinander und damit das allumfassende, unendliche, homogene, kontinuierliche Substrat, das eine Synopsis des Ganzen des Nacheinander gestattet. Solchergestalt ist die Zeit nicht mehr einfacher, sondern komplexer Natur, d.h. sie setzt den Raum und das mit ihm gegebene unendliche, homogene, kontinuierliche Mannigfaltige voraus, weil nur mit Hilfe eines ruhigen, statischen Mannigfaltigen auch die Vorstellung eines sukzessiven möglich ist. Zwar spricht Kant diesen Raumbezug der Zeit nirgends in der „1. Analogie" direkt aus, doch ohne ihn bliebe nicht nur der Beweis unverständlich, sondern auch und vor allem die Folgerung, die er in der „Widerlegung des Idealismus" aus ihm zieht, nämlich die, daß das wahrnehmbare Beharrliche, das der Zeit zur Repräsentation dient, nicht aus dem inneren Sinne kommen kann, sondern ausschließlich aus dem äußeren. Denn der innere Sinn für sich enthält nur Sukzessives. „In dem, was wir Seele nennen, ist alles im kontinuierlichen Flusse und nichts Bleibendes"; dagegen weist „die Erscheinung vor dem äußeren Sinne" durchaus „etwas Stehendes oder Bleibendes" auf.[35] Damit darf als bewiesen gelten, daß innere Erfahrung von äußerer Erfahrung dependiert, weil die Zeit selbst als umfassendes, unendliches, homogenes, kontinuierliches Substrat, als das sie aller kategorialen Bestimmung einschließlich der des Vorstellungswechsels in mir zugrunde liegt, vom Raum dependent. Dies ist der eigentliche nervus probandi in der „Widerlegung des Idealismus".

---

[31] KdrV, B 224.
[32] KdrV, A 183 B 226.
[33] A.a.O.
[34] KdrV, A 143 B 183. Vgl. ferner KdrV, A 41 B 58, B 224 f, Refl. 5289, 6311.
[35] KdrV, A 381. Vgl. ferner KdrV, B 291, Anthropologie in pragmatischer Hinsicht, § 4.

## 3. Riehls These einer Dependenz des Raumes von der Zeit

Im Vorhergehenden wurde die These vertreten, daß der Raum von der Zeit dependiert, was die Erklärung seiner Vorstellungsnatur betrifft, und die Zeit vom Raum dependiert, was die Erklärung ihrer unendlichen, homogenen, kontinuierlichen Extension anlangt. Diese These ist für die Kant-Interpretation so ungewöhnlich, daß sie geradezu zum Widerspruch herausfordert. Anstoß erregen dürfte vor allem ihr zweiter Teil. Verhält sich in Wahrheit die Abhängigkeit nicht genau umgekehrt, nämlich so, daß die Unendlichkeit, Homogenität und Kontinuität des Raumes von der der Zeit dependiert? Finden sich nicht bei Kant selbst Hinweise auf eine solche Interpretation? Bis hin zur 1. Auflage der *Kritik der reinen Vernunft* und sogar noch in dieser gilt ausschließlich die Zeit für universal, zeitliche *wie* räumliche Verhältnisse umfassend. Wenn Kant im Zuge einer Revision seiner Theorie zu der Einsicht gelangt, daß der Raum für gleichuniversal zu gelten habe, liegt es dann nicht nahe, diese Universalität aus der Zeit herzuleiten? Gravierender noch ist eine Beobachtung, welche die Kontinuität betrifft. In der Schlußbetrachtung zu den mathematischen Grundsätzen am Ende der „Antizipationen" bezeichnet Kant die *quanta continua*, und zwar sowohl die zeitlichen wie räumlichen als „*fließende*" Größen mit der Begründung, daß „die Synthesis [...] in ihrer Erzeugung ein Fortgang in der Zeit ist, deren Kontinuität man besonders durch den Ausdruck des Fließens (Verfließens) zu bezeichnen pflegt"[36]. Ganz offenkundig wird hier die Ausweitung eines Begriffes, der ursprünglich dem zeitlichen Bereich angehört, auf den räumlichen durch eine sachliche Abhängigkeit gerechtfertigt.

Die These einer Dependenz des Raumes vor der Zeit in dem gekennzeichneten Sinne hat Alois Riehl im Rahmen seiner Kant-Auseinandersetzung im 2. Band des *Philosophischen Kritizismus* vertreten.[37] Wenngleich wir seiner These die Zustimmung versagen müssen, ist sie willkommener Anlaß, unsere eigene Position nochmals überprüfen. Im folgenden sei Riehls Begründung kurz skizziert:

1. Die Unendlichkeit des Raumes hat ihren Grund in der Unendlichkeit der Zeit. Jene bedeutet die Möglichkeit, die Koexistenz unbegrenzt zu erweitern, derart, daß zu jedem schon erreichten Raumteil noch ein weiterer hinzugefügt werden kann. Unbegrenzte Erweiterung im Sinne des Zuzählens von Teilen aber ist ein Vorgang, der nur zeitlich in Reihenform gedacht werden kann. Wäre daher die Zeit

---

36 *KdrV*, A 170 B 211 f.
37 S. 145 f und 189 ff. Allerdings begegnet die These bei Riehl nicht in Reinform als eine These über Anschauungsformen, sondern in Verbindung mit dem Verstand als eine über formale Anschauungen. Das hängt damit zusammen, daß nach Riehl Unendlichkeit, Homogenität und Kontinuität, die von der Zeit auf den Raum deduziert werden sollen, nicht ursprünglich der Zeit innewohnen, sondern ihrerseits aus dem Bewußtsein (Vorstellung) stammen. Für die Beziehung von Raum und Zeit untereinander ist dieser Sachverhalt jedoch irrelevant, da ein externes Prinzip wie das Bewußtsein keinen Einfluß auf das interne Abhängigkeitsverhältnis von Zeit und Raum haben kann, vielmehr dessen Regelung für sein Einwirken schon voraussetzt.

nicht unendlich, so könnte der Raum es auch nicht sein. Also ist die Unendlichkeit des Raumes eine Folge der Unendlichkeit der Zeit.

2. Was die Homogenität des Raumes betrifft, so ist auch sie nicht ohne die Homogenität der Zeit denkbar. Denn als Gleichartigkeit des Raumes mit sich selbst an allen Orten und nach allen Richtungen läßt sie sich nur im Fortgang oder Rückgang von Raumteil zu Raumteil erfassen. Fortgang und Rückgang aber sind Prozesse in der Zeit. Wäre daher die Zeit nicht homogen, so könnte diese Eigenschaft auch dem Raum nicht zukommen.

3. Desgleichen setzt die Kontinuität des Raumes, die wir aus der beliebigen Teilung eines bestimmten Raumstückes bzw. aus der Zusammenfassung der beliebig klein ausgesonderten Raumteile kennen, die Kontinuität der Zeit voraus. Denn Teilung bzw. Zusammenfassung sind zeitliche Vorgänge. Ließen sich nicht in Gedanken zwischen zwei Zeitpunkte beliebig viele andere einschalten, die immer noch näher zueinander lägen als die zuletzt gedachten, so wäre dies auch beim Raum nicht möglich. Folglich ist die Kontinuität des Raumes das Ergebnis der Kontinuität der Zeit.

Man wird leicht gewahr werden, daß sich alle drei Beweise im Grunde desselben Arguments bedienen, nämlich daß die Raumvorstellung nur *sukzessiv* erworben werden kann: die Unendlichkeitsvorstellung nur vermittels einer unbegrenzten Addition von Raumteilen, die Homogenitätsvorstellung nur vermittels eines Fort- oder Rückgangs von Raumteil zu Raumteil, die Kontinuitätsvorstellung nur vermittels einer in infinitum möglichen Teilung des Raumes bzw. einer ebensolchen Zusammensetzung der infinitesimalen Teile. Läßt sich der Raum ausschließlich in der Zeit apprehendieren, so muß er von ihr dependieren. Diese Folgerung vermag Riehl durch eine Reihe von Textstellen im Kantischen Werk zu belegen, in denen es heißt, daß wir uns keine Linie denken können, ohne sie in Gedanken zu ziehen, d.h. von einem Punkte aus alle Teile nach und nach zu erzeugen.[38]

Doch es gilt zu unterscheiden zwischen der Behauptung, daß der Raum von der Zeit bei seiner sukzessiven Apprehension dependiert, und der, daß er von ihren Strukturen dependiert. Die letztere, weitergehende Behauptung setzt voraus – und dies dürfte das mindeste sein –, daß die Zeitstrukturen für sich ohne Zuhilfenahme des Raumes vorstellbar sind. Ist das möglich? Wir haben oben dargelegt,[39] daß eine unendliche, homogene, kontinuierliche Sukzession stattfinden kann, ohne daß es zur Ausbildung einer Vorstellung von ihr kommt, dann nämlich, wenn das Vorstellen im Prozeß selbst steht. In diesem Fall wird das Vorstellen von der Sukzession gleichsam wie von einer Strömung fortgerissen. Die Vorstellung von einer unendlichen, homogenen, kontinuierlichen Sukzession erfordert daher immer einen Halt außerhalb der Sukzession genauso wie die Vorstellung von einer Strömung ein Strombett oder das Ufer. Dieser feste Halt aber kann kein anderer sein als der Raum wegen der beharrlichen Koexistenz seiner Elemente. Mithin ist die Vorstellung von einer unendlichen, homogenen, kontinuierlichen Sukzession nur vermittels des

---

38 Vgl. *KdrV*, B 154.
39 S. 5.

Raumes möglich. An einer Stelle der *Kritik der reinen Vernunft* hat Kant dies unmißverständlich ausgesprochen. Es heißt dort:

> „Die Synthesis des Mannigfaltigen im Raume, wenn wir von diesem abstrahieren und bloß auf die Handlung achthaben, dadurch wir den *inneren Sinn* seiner Form gemäß bestimmen, bringt sogar den Begriff der Sukzession zuerst hervor."[40]

Aus diesem Grunde setzt die Vorstellung der unendlichen Reihenform der Addition, die Riehl zur Erfassung der räumlichen Unendlichkeit fordert, oder die Vorstellung der beliebigen Einschaltung von Zeitpunkten zwischen zwei herausgehobene Momente bei der Teilung, die er zur Erfassung der räumlichen Kontinuität verlangt, usw. selbst schon den Raum voraus. Zwar hängt der Raum mitsamt seinen Strukturen von der Zeit ab, was seine *Apprehension* betrifft, nicht aber von ihren *Strukturen*, weil diese selbst nur vermittels des Raumes faßbar sind.

## 4. Die Eine Erfahrung

Als notwendige Konsequenz dieser Wechselbeziehung von Zeit und Raum ergibt sich ein einziger, durchgängig in sich verbundener Zeit-Raum sowie, darauf basierend, eine einzige, durchgängig zeit-raum-orientierte Erfahrung. Beschreiben wir diese Erfahrung näher, so ist sie hinsichtlich ihrer sinnlich-formalen Bedingungen durch das gleichzeitige, korrelative Auftreten von Zeit- und Raumform bestimmt, hinsichtlich ihrer sinnlich-materialen Bedingungen durch das gleichzeitige, korrelative Vorliegen von zeit- und raumerfüllendem Realen (Seele und Materie) und hinsichtlich ihrer begrifflichen Bedingungen durch die Anwendung der Verstandeseinheit mit Einschluß des Kategoriensystems. Auf dem höchsten Stand der Reflexion, wie er sich in der 2. Auflage *der Kritik der reinen Vernunft* präsentiert, hat Kant tatsächlich diese aus seinem Ansatz zwingend sich ergebende Schlußfolgerung gezogen und seine anfangs nur relativ locker verbunden Theorien über Zeit und Raum, Seele und Materie, innere und äußere Erfahrung durch eine zusammenfassende Theorie von der Einen Erfahrung ersetzt. So spricht er in B XLI Anm. ausdrücklich von „nur einer *einzigen* Erfahrung" (kursiv von Verf.), welche „nicht einmal innerlich stattfinden würde, wenn sie nicht [...] zugleich äußerlich wäre." In ihr sei das „Bewußtsein meines Daseins in der Zeit [...] mit dem Bewußtsein eines Verhältnisses zu etwas außer mir *identisch* verbunden"[41] oder, wie es an anderer

---

[40] B 155. Entsprechend der Tatsache, daß dieses Zitat in der „Transzendentalen Logik" steht, ist von „Begriff der Sukzession", nicht mehr nur von „anschaulicher Vorstellung der Sukzession" die Rede.

[41] *KdrV*, B XL Anm., kursiv von Verf.

Stelle heißt, „notwendig"[42], „unzertrennlich"[43] verbunden. Zudem dürfte es kein Zufall sein, daß Kant in B 29 den Plural „Bedingungen" aus A 15, der sich auf die beiden Einzelformen Raum und Zeit bezieht, in einen Singular ändert, um auf diese Weise ihre Zusammengehörigkeit stärker zum Ausdruck zu bringen.

Angesichts einer solchen Totalerfahrung stellen Zeit und Raum, Seele und Materie, innere und äußere Erfahrung für sich allein nichts weiter als Aspekte dar, deren einseitige Behandlung in jedem Fall inadäquat und vorläufig bleibt und daher notwendig der Ergänzung durch das jeweils andere Korrelat bedarf. Da man sich dieser Erfahrung immer nur von einer Seite nähern kann, hat jede von ihnen sowohl eine unmittelbare wie mittelbare Funktion. So ist die Zeit als Form des inneren Sinnes die unmittelbare Bedingung innerer Erscheinungen, die mittelbare äußerer,[44] während umgekehrt der Raum als Form des äußeren Sinnes die unmittelbare Bedingnung äußerer Erscheinungen ist, die mittelbare innerer. Als gleichermaßen unmittelbar wie mittelbar haben Zeit und Raum denselben Erkenntnisstatus. Ähnliches läßt sich bei der inneren und äußeren Erfahrung beobachten. Während der materiale Idealist allein die innere Erfahrung für unmittelbar zugänglich hält, die äußere dagegen für mittelbar, weil sie nur aus der inneren erschließbar ist, entgegnet Kant polemisch, daß eigentlich unmittelbar allein die äußere Erfahrung sei, die innere hingegen mittelbar, weil sie nur vermittels der äußeren möglich sei.[45] Wo die Polemik entfällt, die sich lediglich auf die einseitige Zuordnung der Unmittelbarkeit zur inneren Erfahrung richtet, heißt es im Sinne einer Gleichrangigkeit, daß beide „identisch" verknüpft seien.[46] Das unmittelbare „Bewußtsein meines eigenen Daseins ist zugleich ein unmittelbares Bewußtsein des Daseins anderer Dinge außer mir"[47] und umgekehrt.

Der Sache nach hat die strenge Gleichunmittelbarkeit bzw. Gleichursprünglichkeit eine Verzeitlichung des Äußeren auf der einen Seite, eine Verräumlichung des Inneren auf der anderen zur Folge und damit letztlich nicht nur eine Korrelation, sondern Identifikation von zeitlichem und räumlichem Dasein.

Wenn Zeit und Raum stets zusammen auftreten, muß das, was vor dem äußeren Sinn erscheint und Materie genannt wird, ebenso ursprünglich vor dem inneren Sinn erscheinen und durch die Zeit bestimmt sein. Was dies konkret bedeutet, mag ein Vergleich mit der mittelbaren Zeitbestimmung zeigen. Bei dieser wird die Materie lediglich in Beziehung auf ein zeitliches Bezugssystem definiert als eine, die gegenüber der Zeitfolge gleichzeitig ist. Trotz zeitlicher Beschreibungsweise könnte die Materie an sich zeitlos sein, d.h. unverändert in sich ruhen. Anders bei einer unmittelbaren Zeitbestimmung! Hier wird sie nicht bloß respektive auf die Zeit, sondern in der Zeit selbst vorgestellt. Die Frage allerdings, wie Materie zugleich

---

42 *KdrV*, B 276.
43 *KdrV*, B XL Anm.
44 Vgl. *KdrV*, A 34 B 50.
45 Vgl. *KdrV*, B 276 f.
46 *KdrV*, B XL Anm.
47 *KdrV*, B 276.

räumlich und zeitlich gedacht werden kann, bedingt durch das Außer- und Nebeneinander des Raumes wie durch das Nacheinander der Zeit, muß zurückgestellt werden.

Analoges gilt für das Innere. Bei strenger Gleichursprünglichkeit von Zeit und Raum muß auch das, was vor dem inneren Sinn erscheint und Seele genannt wird, gleichursprünglich durch den Raum bestimmt sein. Es genügt nicht, die innere Sequenz nur mit Hilfe einer Demonstration am Raum vorzustellen; denn auf diese Weise könnte sie an sich nichtsdestoweniger unräumlich sein; bei unmittelbarer Rauminterpretation ist vielmehr die innere Sequenz selbst als räumlich zu denken. Wie freilich die Seele zugleich in Zeit und Raum existieren kann, bleibt auch hier unaufgeklärt.

Während man die Zeitlichkeit äußerer Erscheinungen für selbstverständlich hält, nimmt man an der Räumlichkeit innerer gewöhnlich Anstoß. Sofern man sich nur hinreichend klar machte, was es mit der letzteren auf sich habe, dürfte die Anstößigkeit schwinden. Zu einem nicht geringen Teil hat Kant diese selbst verschuldet; denn seine Äußerungen über das, was den Inhalt des inneren Sinnes ausmacht, sind dunkel, dazu zu verschiedenen Zeiten unterschiedlich.

Im „2. Paralogismus" der 1. Auflage der *Kritik der reinen Vernunft*[48] entwirft er ein Modell, nach welchem der transzendentale Gegenstand der Erscheinungen vor dem äußeren Sinn als „Ausdehnung, [...] Undurchdringlichkeit, Zusammenhang und Bewegung" und vor dem inneren als „Gedanken, Gefühl, Neigung oder Entschließung" erscheint. Hiernach also wären Gedanken, Gefühle, Neigungen, Entschließungen der Inhalt des inneren Sinnes. Es steht jedoch zu bezweifeln, daß dies wörtlich gemeint sei. Denn Gedanken und Entschließungen, die bei einer Klassifikation der Vorstellungsarten unter das Prinzip des Verstandes bzw. des Willens fielen, verkörpern Einheits-, nicht Mannigfaltigkeitsprinzipien. Was von ihnen allenfalls vor dem inneren Sinn erscheint, sind „Zeichen" derselben, wie Kant metaphorisch sagt, mit ihrer Existenz notwendig verbundene Empfindungen. Gefühle und Neigungen aber, die unter die Gefühle von Lust und Unlust zu subsumieren wären, stellen Wirkungen von Empfindungen dar und setzen als solche Empfindungen schon voraus, so daß nach dieser Analyse als Inhalt des inneren Sinnes Empfindungen übrigbleiben. Da Empfindungen oder, was dasselbe ist, empirische Vorstellungen stets solche von etwas sind, bleibt zu fragen, wovon. Das vorliegende Modell beantwortet dies durch die Korrelation von innerem und äußerem Sinn: Empfindungen bzw. Vorstellungen sind Empfindungen bzw. Vorstellungen von Ausdehnung, Undurchdringlichkeit, Zusammenhang usw.

Was in der 1. Auflage der *Kritik der reinen Vernunft* nur einen modellhaft-hypothetischen Charakter hat, nimmt in der 2. Gewißheit an. Daß wir von den Dingen außer uns „den *ganzen* Stoff zu Erkenntnissen selbst für unsern inneren Sinn her haben"[49], wird dann zur Gewißheit, wenn, wie dies in der 2. Auflage geschieht, die Universalität des Raumes vorausgesetzt wird; denn eine Materie, die einen unendli-

---

48 A 358 ff.
49 *KdrV*, B XXXIX Anm., kursiv von Verf.

chen Raum erfüllt, läßt sich nur in einer unendlichen Zeit apprehendieren. Wenn die „Vorstellungen *äußerer Sinne* den eigentlichen Stoff ausmachen, womit wir unser Gemüt besetzen"[50], dann fallen sie mit denen des inneren Sinnes zusammen. Es sind dieselben Vorstellungen, die vor dem inneren Sinn gemäß dessen Form zeitlich als Vorstellungsfolge (Seele) und vor dem äußeren Sinn gemäß dessen Form räumlich als Äußeres (Materie) auftreten. Anders gesagt: die Vorstellungen der Außenwelt sind qua Vorstellungen Gegenstände des inneren Sinnes und qua Außenwelt Gegenstände des äußeren Sinnes. Daher ist nicht nur alles Äußere ein in der Zeit Vorgestelltes, sondern auch alles in der Zeit Vorgestellte eine Vorstellung von Äußerem.[51]

Unbeantwortet geblieben ist bisher noch die Frage, wie man sich die Gleichursprünglichkeit von Zeit und Raum vorzustellen habe. Eine solche Vorstellung muß 1. die Bedingung erfüllen, daß sie Zeit- und Raumform gleichursprünglich in sich vereinigt, 2. die, daß sie die Anwendung der transzendentalen Einheit der Apperzeption inklusive des Kategoriensystems gestattet. Diese Vorstellung ist nun keine andere als Bewegung. Bei konsequentem Durchdenken des Kantischen Ansatzes erweist sich die Kantische Theorie der Erfahrung als eine Theorie der Bewegung.[52]

---

50 *KdrV*, B 67.
51 Allerdings hält Kant in den *Metaphysischen Anfangsgründen der Naturwissenschaft* und in Teilen der *KdrV* an einem Unterschied zwischen Seele und Materie fest, was historisch-genetisch zu erklären ist.
52 Dies hat F. Kaulbach in seinen Schriften betont, z.B. *Das Prinzip der Bewegung in der Philosophie Kants*, in: *Kant-Studien* Bd. 54 (1963), S. 3-16; ders.: *Der philosophische Begriff der Bewegung*. Studien zu Aristoteles, Leibniz und Kant, Köln, Graz 1965.

# IX.

## Husserls Zeittheorie

### 1. Tradition und Innovation

Husserl hat sich zeitlebens mit Zeittheorie befaßt, zumindest in drei Lebensabschnitten: Die erste Beschäftigung fand ihren Niederschlag in den Göttinger Vorlesungen vom Wintersemester 1904/05, die den Titel tragen *Hauptstücke aus der Phänomenologie und Theorie der Erkenntnis*, deren vierter und letzter Teil Analysen der Struktur des inneren Zeitbewußtseins enthält. Diese wurden 1928 von Heidegger in einer von Edith Stein redigierten Fassung im *Jahrbuch für Phänomenologie und phänomenologische Forschung* (Bd. IX) publiziert zusammen mit weiteren Arbeiten Husserls zur Zeittheorie aus den Jahren 1907-1911. Unter dem Titel *Vorlesungen zur Phänomenologie des inneren Zeitbewusstseins* hat Rudolf Boehm diesen Vorlesungsteil im X. Band der *Husserliana* ediert und weitere Texte aus dem Zeitraum von 1893 bis 1919 angefügt, die die Problementwicklung der Zeittheorie dokumentieren.[1]

Bei der zweiten Epoche handelt es sich um die sogenannte Bernauer Zeit. In zwei zwei aufeinanderfolgenden Semesterferien im Herbst 1917 und im Frühjahr 1918, die Husserl in Bernau verbrachte, widmete er sich der konzentrierten Aufarbeitung einiger früher liegen gelassener oder weniger beachteter Zeitfragen: so der Analyse des absoluten Bewußtseins in seiner Unzeitlichkeit, der detaillierteren Aufrollung des originären Zeitfeldes in seinem Verhältnis zu Wiedererinnerung und Phantasie, der Behandlung der Spontaneität der Urgenesis des transzendentalen Bewußtseins, dem Problem der zeitlichen Individuation.[2] Die Texte finden sich im Husserl-Archiv in Leuven unter der Signatur L, deren Hauptteil 2001 von Bernet und Lohmar im Band XXXIII der *Husserliana* ediert wurde.[3]

Die letzte Phase umfaßt die Jahre 1927-1933, in denen sich Husserl erneut dem Zeitproblem zuwandte, insbesondere dem Problem des individuellen Zeitbewußt-

---

1 Der zweite Teil dieser Analysen (B) wurde 1985 von Rudolf Bernet gesondert unter dem Titel *Texte zur Phänomenologie des inneren Zeitbewusstseins (1893 – 1917)*, Text nach Husserliana, Band X, publiziert. Gemäß neueren Erkenntnissen in der chronologischen Abfolge wurde die Problementwicklung von ihm etwas modifiziert.

2 Vgl. Genaueres hierzu *Edmund Husserl. Texte zur Phänomenologie des inneren Zeitbewusstseins (1893 – 1917)*, hrsg. und eingeleitet von R. Bernet, Hamburg 1985, S. LVII; vgl. auch R. Becker: *Sinn und Zeitlichkeit*. Vergleichende Studien zum Problem der Konstituion von Sinn durch Zeit bei Husserl, Heidegger und Bloch, Würzburg 2002, S. 58.

3 Vgl. auch *Husserliana*, Bd. XVII-XXIX.

seins und seiner Integration in eine intersubjektive Geschichte sowie in den allgemeinen Lebenszusammenhang. Hier deutet sich ein Übergang von einer Phänomenologie der Zeit zu einer Phänomenologie der Geschichte an. Aufgegriffen und ausgebaut wurde in dieser Zeit auch das schon in der zweiten Epoche anklingende Thema des Urgeschehens der ständig strömenden Gegenwart. Selbst feststehend, entläßt die Gegenwart ständig zeitliches Sein. Die unter der Signatur C im Husserl-Archiv in Leuven aufbewahrten Manuskripte sind erst zum Teil publiziert; Ausschnitte finden sich im dritten Teil der Forschungstexte *Zur Phänomenologie der Intersubjektivität (1929-1935)* in *Husserliana*, Band XV.[4] Die Publikation seiner Forschungsarbeiten zur Zeittheorie wurde von Husserl selbst zugunsten der Veröffentlichung der *Krisis*-Schrift zurückgestellt.

Da die *Vorlesungen zur Phänomenologie des inneren Zeitbewusstseins* nicht nur einen für das Publikum gedachten zusammenhängenden Text bilden, sondern auch die Grundlage für die weiteren Studien abgeben, die ergänzt und vertieft, nicht aber grundlegend revidiert wurden, sollen sie die Basis unserer Untersuchung bilden.

Als Phänomenloge war es Husserls Anliegen, eine Methode zu finden und zu praktizieren, die einen adäquaten Zugang zu den Dingen einschließlich der Zeit verschafft, die das Wesen der Dinge mitsamt der Zeit unverstellt und adäquat wiedergibt und von allen Konstruktionen, Vormeinungen und Verstellungen, von jedem Setzungscharakter abstrahiert. Entsprechend Rousseaus Motto „retour à la nature" war Husserls Devise „zurück zu den Phänomenen", da man nach dem Zusammenbruch der großen idealistischen Systemkonstruktionen im 19. Jahrhundert der ständig neuen Systementwürfe und -konzepte müde war. Husserl ist diesem seinem Programm in mehreren Entwicklungsschritten nachgekommen, zunächst in Form der deskriptiven Phänomenologie, die die Phänomene möglichst naturgetreu und sachgerecht beschreibt, wie sie sich dem Beobachter unverstellt darbieten, dann in Form der transzendentalen Phänomenlogie, die sich bewußt wird, daß die Dinge nur vermeinte, d.h. in Bewußtseinsakten intendierte sind und daher in einer Einstellungsänderung von der natürlichen zur quasi widernatürlichen Einstellung mittels Epoché und Reduktion auf Bewußtseinsleistungen zu reduziert werden müssen. Phänomene sind nicht nur Erscheinungen *von* Dingen, sondern auch Erscheinungen *für* ein Subjekt und stehen daher stets in einer doppelten Relation: zu den Dingen an sich und zum Subjekt. Da auch das Subjekt und sein Erleben Phänomen ist für ein betrachtendes, objektivierendes Subjekt, ist auch dieses zu reduzieren auf eine Ursprungsdimension hin. In dieser Iteration der Anwendung der Reduktionsmethode auf das Subjekt (Bewußtsein) selbst ist eine Radikalisierung des Kantischen transzendental-philosophischen Ansatzes zu sehen, der die Erfahrungsgegenstände auf die Bedingungen der Möglichkeit der Erfahrung des Subjekts reduziert. Hier wird das Subjekt als Gegenstand der Erfahrung selbst noch reduziert. Im letzten Schritt, der genetischen oder konstitutiven Phänomenologie,

---

4 Die abgedruckten Manuskripte finden sich dort auf den Seiten 99-100, 148-170, 174-185, 331-361, 574-579, 666-670.

kehrt Husserl den regressiven Prozeß der Reduktion um und verfolgt den umgekehrten, progressiven Weg der Konstitution der Dinge aus den Bewußtseinsleistungen heraus. Dieser schematischen Darstellung fügt sich auch Husserls Zeittheorie.

Während die natürliche, alltägliche, vorwissenschaftliche Einstellung eine objektive, reale Zeit unterstellt, die sogenannte Welt- oder Vulgärzeit (Heidegger), die sich an äußeren Gegenständen, ihrer Dauer und ihrer Veränderung konstatieren läßt und als ein Medium gedacht wird, das alle Gegenstände aufnimmt, ihnen ihre Zeitstelle und ihr Verhältnis untereinander bestimmt, führt die phänomenologische Reduktion in einer radikalen Einstellungsänderung auf das diese Zeit und die Dinge in ihr vorstellende Bewußtsein, das selbst ein zeitliches ist, ein Bewußtseinsstrom. Da der Bewußtseinsstrom mitsamt seiner Zeit selbst wieder Objekt einer thematisierenden Betrachtung (phänomenologischen Reflexion) werden kann, bedarf es einer weiteren Reduktion auf eine Ursprungsdimension, die zeitkonstituierend, selbst jedoch nicht mehr zeitlich ist. Wir gelangen somit zu drei Stufen der Zeitauffassung:
– in natürlicher Einstellung zur objektiven, realen Zeit (Weltzeit),
– in widernatürlicher phänomenologischer Einstellung zur subjektiven, immanenten Zeit, von Husserl auch präempirische, phänomenologische oder phansische Zeit genannt,[5] die das immanente Zeitbewußtsein ausmacht,
– in weiterer Reduktion zur nicht-zeitlichen Dimension, dem absoluten, zeitkonstituierenden Bewußtsein.

Die Reduktion verkompliziert sich noch insofern, als auf der zweiten Stufe aufgrund der Struktur des Erlebnisses bzw. des intentionalen Aktes, der sich in Erleben und Erlebtes auffächert, dieser noetisch-noematischen Beziehung Beachtung geschenkt werden muß. Die Intentionalitätsstruktur des Aktes erfordert eine differenzierte Betrachtung nach Erleben und Inhalt, die bezüglich der Zeit als Zeiterleben und erlebte Zeit auftritt.

Je weiter und tiefer Husserl in das Wesen der Zeit eindringt, je mehr entpuppt sie sich ihm als Rätsel. Nicht nur jede der drei Stufen ist voll von Paradoxien, sondern auch ihr Verhältnis zueinander. Dieser Rätselhaftigkeit hat Husserl wiederholt Ausdruck verliehen, etwa indem er die Zeitanalyse „das Schwierigste aller phänomenologischen Probleme"[6] nennt oder von ihr sagt, daß sie in die dunkelsten Abgründe führe.[7] Dies hat nicht zuletzt seine Ursache im Ansatz Husserls, der unausweichlich in Paradoxien und Inkonnizitäten mündet.

Überschaut man Husserls Zeittheorie, ebenso ihre Einordnung in die Geschichte, so zeigt sie sich gleicherweise traditionsverhaftet wie innovativ. Dies gilt mindestens für drei Gebiete:

---
5 Vgl. *Husserliana*, Bd. X, S. 73, 124, 336 f; Bd. XIX, 2. Teil, S. 850; Bd. XIII, S. 19.
6 *Husserliana*, Bd. X, S. 276.
7 Vgl. *Husserliana*, Bd. XVI, S. 64.

- Zum einen setzt Husserl die traditionelle Subjektivierung – die Lokalisierung der Zeit im Subjekt anstelle ihres Ansich-Seins – fort, allerdings mit der Neuerung, daß er den Augenblick, das Jetzt, nicht als Punkt, sondern als Zeitfeld auslegt.
- Damit zusammen hängt die Kritik an der traditionellen Verräumlichung der Zeit, die dem Raum Priorität einräumt und die Zeit als dependent von ihm betrachtet. Demgegenüber insistiert Husserl auf der Eigenständigkeit und Spezifität der Zeit gegenüber dem Raum, worin er mit anderen zeitgenössischen Philosophen wie William James, Henri Bergson, Martin Heidegger, Maurice Merleau-Ponty übereinstimmt.
- Zum dritten hält er an der sogenannten Metaphysik der Anwesenheit fest, obwohl die Unfähigkeit der phänomenologischen Methode, den Augenblick, das unmittelbare Jetzt, zu erfassen, ihn zur Aufgabe dieser Methode hätte veranlassen müssen. Auch wenn Husserl diesen letzten Schritt nicht gegangen ist, ist er zum Wegbereiter der postmodernen Differenzphilosophien geworden.

Das Angedeutete ist kurz zu erläutern.

1. Nicht zufällig verweist Husserl gleich zu Beginn der *Phänomenologie des inneren Zeitbewusstseins* auf Augustin und seinen berühmten Ausspruch in den *Confessiones* (XI,14):

> „Si nemo a me quaeret, scio, si quaerenti explicare velim, nescio." („Wenn niemand mich fragt, was die Zeit sei, so weiß ich es, will ich es einem Fragenden erklären, so weiß ich es nicht.")

Augustin hat nach Husserl als erster „die gewaltigen Schwierigkeiten" der Analyse des Zeitbewußtseins empfunden und sich dabei bis zur Verzweiflung abgemüht,[8] worin ihm Husserl nicht unähnlich ist. Nicht nur diese Stelle, auch das in Leuven aufbewahrte Handexpemlar von Augustins *Confessiones* zeigt, daß Husserl sich intensiv mit Augustin beschäftigt hat. Die Einflußnahme Augustins auf Husserl betrifft vor allem die Psychologisierung der Zeit, die Verlagerung der Zeit aus der Natur in die Subjektivität. Dieser Traditionszusammenhang reicht sogar noch über Augustin hinaus bis zu Platon und Aristoteles; denn schon immer stand die Weltzeit, die kosmologische Zeit, in engem Zusammenhang mit der Seele, insbesondere der zählenden, so daß Aristoteles die Zeit geradezu als Zahl (Maß) der Bewegung bezeichnte, die durch Punktualisierung und Zahlgebung bezüglich der an sich seienden Bewegung zustande kommt und sowohl Maß wie Gemessenes ist. Einen Schritt weiter geht Augustin, indem er die nach Vergangenheit, Gegenwart und Zukunft aufgefächerte Zeit in die Seele verlagert und zur Vorstellung der Seele macht: die Vergangenheit zur Erinnerung an Vergangenes, d.h. zur Vergegenwärtigung des Vergangenen, die Gegenwart zur Anschauung des Gegenwärtigen, d.h. zur Gewärtigung des Gegenwärtigen, die Zukunft zur Erwartung des Zukünftigen,

---

8 *Husserliana*, Bd. X, S. 3.

d.h. zur Vergegenwärtigung des Zukünftigen. – Hier tritt jedoch ein Problem auf, das mit Augustins Definition der Seele als *distentio animi* gegeben ist, nämlich ob die unendlich ausgedehnte Zeit als Ausdehnung der Seele selbst oder als momentane, punktuelle Vorstellung von der unendlichen Ausdehnung in der Seele auftritt. Als Theologe konnte Augustin diese Frage nicht im ersteren Sinne beantworten; denn die Zeit als Ganzes in ihrer unendlichen Ausdehnung ist nur dem allmächtigen Gott allgegenwärtig, während der Mensch als endliches Wesen sich allenfalls im Moment die Zeit zu vergegenwärtigen vermag, sofern er diese in einer Vorstellung, gleichsam in einem Bild, vor sich hinstellt. In diesem Punkt wird Husserl über die augustinische Tradition hinausgehen und an die Stelle des diskreten Augenblicks, der unausgedehnten Gegenwart, die ausgedehnte Gegenwart des originären Zeitfeldes setzen, mit der er sich an L.William Stern[9] und William James[10] anlehnt.

2. Was die Prioritätsfrage des Raumes vor der Zeit oder der Zeit vor dem Raum und in eins damit die Abhängigkeitsfrage betrifft, so hatte die Tradition durchgängig die These von der Notwendigkeit einer Veranschaulichung der Zeit am Raum vertreten. Bei Kant in der *Kritik der reinen Vernunft* heißt es:

„Und, eben weil diese innere Anschauung [Zeit] keine Gestalt gibt, suchen wir auch diesen Mangel durch Analogien zu ersetzen, und stellen die Zeitfolge durch eine ins Unendliche fortgehende Linie vor, in welcher das Mannigfaltige eine Reihe ausmacht, die nur von einer Dimension ist, und schließen aus den Eigenschaften dieser Linie auf alle Eigenschaften der Zeit, außer dem einigen, daß die Teile der ersteren zugleich, die der letzteren aber jederzeit nacheinander sind. Hieraus erhellt auch, daß die Vorstellung der Zeit selbst Anschauung sei, weil alle ihre Verhältnisse sich an einer äußeren Anschauung ausdrücken lassen."[11]

Durch die Projizierbarkeit der Zeit auf den Raum bzw. eine seiner Gestalten, die Linie, lassen sich die Eigenschaften des Raumes, Homogenität, Kontinuität und Unendlichkeit, auch an der Zeit nachweisen. Das spezifische Nacheinander der Zeit aber, die Sukzessivität, wird erst beim Durchlaufen, beim Ziehen der Linie verständlich. Die Insistenz auf dem Akt des Ziehens, der, sich selbst gleichbleibend, eines nach dem anderen setzt, führt zu einer anderen als räumlichen Zeitauffassung. Obwohl Husserl in der natürlichen Einstellung an der objektiven, verräumlichten Zeit (Weltzeit) festhält, begnügt er sich nicht mit dieser, sondern insistiert in der phänomenologischen Einstellung auf der reinen Zeit als einem Sachverhalt sui generis und eröffnet damit das moderne Zeitverständnis, wie es auch bei Bergson, Heidegger, Merleau-Ponty u.a. begegnet.

---

9   L. W. Stern: *Psychologische Präsenzzeit*, in: *Zeitschrift für Psychologie und Physiologie der Sinnesorgane*, Bd. 13 (1897), S. 325-349; vgl. *Husserliana*; Bd. X, S. 20.
10  W. James: *The Principles of Psychology*, 2 Bde., New York, London 1890, Bd. 1.
11  A33 B50.

3. Ein Schwanken zwischen dem Festhalten an der traditionellen Metaphysik der Anwesenheit (Präsenz) und ihrer Suspendierung wegen der Undurchführbarkeit einer vollständigen phänomenologischen Reduktion des Augenblicks und der in ihm präsenten Anwesenheit, ist bei Husserl nicht zu übersehen. Von einer völligen Suspendierung und Substitution durch eine Philosophie der Differenz, die der Nachträglichkeit der Erfassung, also der zeitlichen Differenz zum Ursprung Rechnung trägt und die erst die Postmodernisten, allen voran Derrida, vollzogen haben, hat Husserl Abstand genommen. Der Grund ist in Folgendem zu sehen: Erkenntnistheoretisch existiert für Husserl das Sein nur als gegebenes Sein, und zwar gegeben in der Wahrnehmung für ein Erkenntnissubjekt. Sinn und Geltung dieses Seins bestimmen sich aus der Jetzt-Struktur der Gegenwart. Die gegenwärtige, momentane Wahrnehmung allein bezieht sich unmittelbar auf das Gegebensein eines Gegenstandes in seiner vollen Konkretheit und nicht nur auf Abschattungen und Modifikationen desselben wie die Erinnerung oder Erwartung. Vom Gegenstand heißt es, daß er in dieser unmittelbaren Position in leibhaftiger Selbstgegenwart präsent sei. Ausgezeichnetheit der Anschauung, Unmittelbarkeit, Originalität, Selbstgegebenheit, Voll-konkretheit u.ä. sind Husserls Beschreibungsweisen dieses Sachverhalts. An diesem Ideal hält er mit Nachdruck fest, obgleich seine phänomenologische Analyse zeigt, daß die originäre Präsenz niemals einholbar ist, da die Thematisierung und Objektivation, auf denen die phänomenologische Reflexion basiert, stets nachgewahrend, also nachträglich sind und die ursprüngliche Gegenwart nie zu erreichen vermögen. Wir haben es immer nur mit der Spur zu tun, mit dem Überbleibsel einer nicht mehr vorhandenen Existenz. Zwar deutet die Spur auf die Sache, erreicht aber nie deren Originalität. Diese Differenz zum Ursprung, diese zeitliche Verschiebung, zu der Husserls Analysen nötigen, machen ihn zum Wegbereiter einer Philosophie der Differenz, die die These von der „Unmöglichkeit einer vollständigen Reduktion"[12] zur These von der vollständigen Unmöglichkeit der Reduktion (Derrida) hypostasiert.

Husserls Schwierigkeiten resultieren, wie sich noch zeigen wird, ausnahmslos aus der Unmöglichkeit, ein extensionales und speziell dynamisches Phänomen wie die Zeit mittels einer exakten, präzisen Begrifflichkeit einzuholen, die mit trennscharfen Begriffen wie Jetzt, Moment, Datum, Urimpression u.ä. operiert. Insbesondere die Anwendung des mathematisch-geometrischen Formalismus auf die Zeit in den Zeitdiagrammen, die Husserl in unermüdlicher Anstrengung entwarf und variierte, dokumentieren dieses Scheitern, da sich Zeitspannen niemals in exakte Punkte bzw. Momente auflösen lassen. Die Inkompatibilität von Extensionalität und Punktualität, von Dynamik und Statik, Anschaulichkeit und begrifflicher Schärfe, wie sie unserer Sprache, der europäischen, eigentümlich ist, decouvrieren Husserls Analysen und ihre Schwierigkeiten letztlich als ein kulturspezifisches Problem. Diesen Schwierigkeiten soll anhand einer Explikation der einzelnen Theoreme nachgegangen werden.

---

12 M. Merleau-Ponty: *Phénoménologie de la perception*, Paris 1945, S. VIII (Übersetzung von Verf.).

## 2. Das originäre Zeitfeld und seine Schwierigkeiten

Eines der Grundtheoreme Husserls und zugleich ein Novum der philosophischen Zeittheorie ist Husserls Interpretation der Gegenwart (des Jetzt) durch ein extensionales originäres Zeitfeld, das er an die Stelle der punktualistischen Auffassung der Gegenwart als Diskretum setzt, wie es die Klassik, vor allem die aristotelisch-augustinische Tradition und später die Mengentheorie angenommen hatte.[13] Dieses Zeitfeld präsentiert sich als horizontale Dreifaltigkeit der Zeitmodi Vergangenheit, Gegenwart und Zukunft, die sich nur abstraktiv voneinander sondern lassen, da sie eine kontinuierliche Einheit und Ganzheit bilden. Das Zeitfeld besteht aus drei Momenten: 1. der Urimpression, 2. der Retention und 3. der Protention, welche letzteren in Retention der Retention, Retention der Retention der Retention usw. – entsprechend bei der Protention – übergehen und damit einen Schweif von Retentionen und Protentionen bilden, den Husserl mit einem Kometenschweif vergleicht.[14] Husserl spricht auch von einem Hof oder Horizont. Unter Urimpression versteht er den ersten, unmittelbaren Eindruck, unter Retention die erste Abschattung desselben, das soeben Gewesene, unter Retention der Retention die weitere sukzessive Abschattung usw. und entsprechend unter Protention den ersten Vorgriff auf das unmittelbar Bevorstehende, unter Protention der Protention und dem weiteren Schweif die zunehmende Modifikation des Bevorstehenden in die Zukunft hinein. Retention und Protention sowie deren Schweife gelten ihm als „frische Erinnerung" („primäre Erinnerung")[15] und unmittelbare Erwartung, die sich von der Wiedererinnerung als „sekundärer Erinnerung"[16] und fernerer Erwartung unterscheiden, welche der Heraufholung eines länger Zurückliegenden oder in fernerer Zukunft zu Erwartenden dienen;[17] sie bilden den Nahhof bzw. Nahhorizont. Während in der Wiedererinnerung z.B. einer Melodie Ton für Ton, Takt für Takt rekapituliert wird, so wie sie sich einmal abgespielt haben, allerdings mit der Freiheit, nach Belieben zu dehnen oder zu kürzen oder auch auszulassen, hält die Retention das gerade Gewesene, die unmittelbar vergangene Urimpression,

---

13 Als Vorläufer dieser Theorie kann William James gelten. Schon er hatte darauf hingewiesen, daß die Gegenwart nicht nur als Schneide wie bei einem Messer verstanden werden darf, sondern als Zeitsattel von gewisser Ausdehnung, auf dem wir sitzen und von dem aus wir nach zwei Richtungen schauen: „a saddle-back, with a certain breadth of its own on which we sit perched and from which we look in two directions into time" (W. James: *The Principles of Psychology*, a.a.O., Bd. 1, S. 609).
14 Vgl. *Husserliana*, Bd. X, S. 30 (§ 11), S. 35 (§ 14), S. 377 f (Nr. 54).
15 *Husserliana*, Bd. X, S. 30, 31, 32 u.ö.
16 *Husserliana*, Bd. X, S. 38.
17 Wegen der analogen Verhältnisse bezeichnet Husserl die Protention auch als umgestülpte Retention. Allerdings hat sie noch andere Charaktere gegenüber der Retention, als die Formel von der Umstülpung vermuten läßt. Da sie jedoch bei der Zeitkonstitution für Husserl offensichtlich eine geringere Rolle spielt als die Retention, wird sie weniger ausführlich behandelt.

noch im Griffe, bindet sie ohne Vermittlung an die neu auftretende Urimpression. Sie ist ein Noch-im-Griffe-Haben, ein Noch-gegenwärtig-Halten des soeben Gewesenen, das dieses in der gegenwärtigen Wahrnehmung an die neue Urimpression bindet, so daß sich ein retentionales Kontinuum ergibt. Entsprechendes gilt für die Protention, die als ein Schon-im-Griffe-Haben des Bevorstehenden bezeichnet werden kann und das Kontinuum in die Zukunft ausdehnt. Diese horizontale Dreifaltigkeit der Zeitmodi schafft das extensionale Zeitfeld, die Gegenwärtigung des Vergangenen, des Gegenwärtigen und des Zukünftigen, welche nicht mit der Vergegenwärtigung zu verwechseln ist. Während in der Wiedererinnerung durch die Markierung des Anfangs und Endes der Melodie eine Abgrenzung der Zeitgestalt als Individuum vom Umfeld erfolgt, ist dies beim Zeitfeld noch nicht der Fall.

Da mit jeder neuen Urimpression eine neue Retention und eine neue Protention auftritt und die vorhergehende in eine Retention der Retention überführt – Analoges gilt für die Protention –, modifiziert sich mit jeder neuen Urimpression der gesamte Schweif der Abschattungen sowohl nach rückwärts wie nach vorwärts. Damit resultiert ein kontinuierlicher Fluß, dessen künstlich herausgehobene Stationen sich als ein ‚Soeben noch‘, ‚Nicht mehr ganz‘, ‚Nicht mehr‘, ein ‚schwächer werdendes Nicht mehr‘ bzw. ein ‚Noch nicht ganz‘, ‚Noch nicht‘, ein ‚schwächer werdendes, vorausliegendes Noch nicht‘ charakterisieren lassen. Es ist nach Husserl dieser retentionale und protentionale Schweif des ‚noch und schon Gegenwärtigseins‘, der die Kontinuität und zeitliche Extensionalität des originären Zeitfeldes konstituiert und zu einer „Vergangenheitsanschauung"[18], einer Gegebenheit des Vergangenen im aktuellen Bewußtsein, führt sowie zu einer Gegenwart des Zukünftigen.

Mit dieser Theorie setzt sich Husserl von früheren psychologischen Erklärungsweisen ab. Schon Kant konstatiert in der *Kritik der reinen Vernunft*[19], daß die Wahrnehmung einer zeitlichen Einheit, eines Sinngebildes wie der Melodie, des Verses oder des Satzes, nicht dadurch zustande kommt, daß die einzelnen, diskreten Töne oder Wörter apprehendiert werden, wie wenn sie auf verschiedene apprehendierende Subjekte verteilt wären, und dann synthetisiert werden, vielmehr dadurch, daß bei Erklingen eines neuen Tones oder Wortes der vorgehende reproduziert und mit dem neuen synthetisiert wird, was ein einziges Subjekt verlangt. Die kollektive Einheit fordert die Einheit eines wahrnehmenden Subjekts. Die Lehre Franz Brentanos geht über diese Annahme noch hinaus mit der These einer „ursprünglichen Assoziation"[20]. Sie nimmt an, daß die frühere Empfindung sich nicht unverändert im Bewußtsein erhält, sondern in eigentümlicher Weise modifiziert wird, und zwar durch zeitliche Verschiebung. Sie produziert eine inhaltlich gleiche (oder nahezu gleiche) Vorstellung wie die eben vergangene Empfindung; diese Vorstellung erzeugt wieder eine inhaltlich gleiche usw., die unmittelbar an die neue Empfindung

---

18 *Husserliana*, Bd. X, S. 32.
19 A 352 f.
20 Vgl. *Husserliana*, Bd. X, S. 13.

anschließt. In der Konsequenz dieses Ansatzes liegt – so Husserl – jedoch ein Boykott, die Leugnung der Wahrnehmung von Sukzession und Veränderung; man habe es am Ende nur mit einer gleichzeitigen Summe von Tönen oder einem Zugleicherklingen aller Tönen zu tun, nicht aber mit einer Sukzession von Tönen in der Vorstellung. Dieses Problem glaubt Husserl dadurch lösen zu können, daß er nicht nur eine Verschiebung der Zeitstelle der Empfindung annimmt, sondern eine ständige inhaltliche Modifikation in Form einer zunehmenden Abschattung hinsichtlich Intensität, Klarheit und Deutlichkeit. Das Gesetz der Retention lautet daher: zum einen Festhalten des soeben Vergangenen in einem Gegenwartsbewußtsein und Anbindung an die Urimpression, zum anderen Entgleitenlassen, Ent-lassen des soeben Vergangenen, zunehmende Abschwächung.

Diese Konzeption ist allerdings nicht frei von Schwierigkeiten.

1. Angesichts der Tatsache, daß sich der Schweif von Retentionen und Protentionen in ständiger Modifikation ins Unendliche zieht und mit zunehmendem Abstand vom gegenwärtigen Jetzt schwächer und schwächer wird, niemals aber definitiv absinkt, läßt sich mittels dieses Modells weder Vergessen, also Erinnerungsverlust, noch Unkenntnis der Zukunft, die aus der Offenheit und prinzipiellen Unbestimmtheit derselben resultiert, erklären.[21] Das hat zur Folge, daß ein unendlich extendiertes Zeitfeld, wenngleich mit absinkenden Rändern, das aber doch die ganze Fülle des einmal Geschehenen und noch Kommenden enthält, einer göttlichen Allpräsenz nahekäme, nicht aber der Gegenwartsvorstellung eines endlichen menschlichen Bewußtseins. Gegenwärtig wäre nicht nur das momentan Gegenwärtige, sondern auch, wenngleich in gradueller Abstufung, das Vergangene und das Zukünftige.

Wie aus Husserls Ausführungen zur Tonwahrnehmung hervorgeht, hat Husserl nur ein begrenztes Zeitfeld angenommen, dessen Momentan- bzw. Gegenwartsphase den Ton auf seinem Höhepunkt, dem Maximum seiner Intensität, wiedergibt und dessen retentionale Phase denselben zunehmend verblassen läßt, bis er schließlich im Dunkel verschwindet, so daß sich an eine inhaltlich gefüllte Phase eine Leerphase anschließt (dies auch nach Seiten der Zukunft).[22] Diese Annahme ist jedoch empirisch motiviert. Auch wenn sie psychologisch unterstützt werden mag durch die Messung der konkreten Momentanphase mit einer Viertel- bis einer Sekunde oder durch die kinematographische Darstellung von 24 Bildern pro Sekunde, bevor Bewegung und Veränderung konstatiert werden, widerspricht Hus-

---

[21] Mit derselben Schwierigkeit hat Merleau-Ponty zu kämpfen, wenn er die Zeitextension durch eine ständig rollende und sich erweiternde Lawine beschreibt.

[22] Vgl. *Husserliana*, Bd. X, S. 30 f: „Dabei findet fortgesetzt eine Zurückschiebung in die Vergangenheit statt, die gleiche kontinuierliche Komplexion erfährt fortgesetzt eine Modifikation, bis zum Verschinden; denn mit der Modifikation geht eine Schwächung Hand in Hand, die schließlich in Unmerklichkeit endet. Das originäre Zeitfeld ist offenbar begrenzt, genau wie bei der Wahrnehmung. Ja, im großen und ganzen wird man wohl die Behauptung wagen dürfen, daß das Zeitfeld immer dieselbe Extension hat. Es verschiebt sich gleichsam über die wahrgenommene und frisch erinnerte Bewegung und ihre objektive Zeit, ähnlich wie das Gesichtsfeld über den objektiven Raum."

serls strukturelle Konzeption dieser empirischen Erfahrung, da sie von sich aus Begrenzung nicht zu erklären vermag. Husserls Interpretation krankt an der Inkompatibilität von praktischer Erfahrung und struktureller Interpretation.

2. Das originäre Zeitfeld bildet die Internstruktur der Wahrnehmung, die als Gegenwartsvorstellung auf einen gegenwärtigen Inhalt bezogen ist. Da die Gegenwart zeitlich extendiert zu denken ist, gilt dies nach noetisch-noematischer Korrelation nicht allein für die Vorstellung, sondern auch für den Inhalt. Im Vokabular der Aktstruktur ausgedrückt, heißt dies, daß der zeitlich extendierte Akt einen zeitlich extendierten Inhalt intendiert. Als gegenwärtig Wahrgenommenes bezeichnet Husserl nun aber recht Verschiedenes. Sowohl eine ganze Melodie nennt er wahrgenommen[23] wie einen Ausschnitt aus dieser, wie auch einen einzelnen Ton, der anhebt, kurze Zeit dauert und dann endet. Die Bezeichnung ist relativ. Jede dieser Wahrnehmungen, so groß oder klein sie auch sein mag, untersteht dem Modell der Dreifaltigkeit von Urimpression, Retention und Protention sowie ihrem Schweif.

Innerhalb jeder Gegenwartswahrnehmung (Impression) hebt Husserl noch einen Kern als Urimpression hervor, als offensichtlich noch gegenwartsnäher, noch unmittelbarer und ursprünglicher als die sowieso schon momentane Impression, was zu einer Unterscheidung einer breiteren und einer schmaleren Gegenwartswahrnehmung führt. Innerhalb der breiteren Gegenwartswahrnehmung wiederholt sich in deren Zentrum, d.h. in der schmaleren, das, was die breitere zum Ausdruck bringt. Dieser Prozeß läßt sich fortsetzen, indem innerhalb der eingegrenzten Momentanphase, die durch ein Kontinuum von Urimpression, Retention und Protention charakterisiert ist, eine noch eingegrenztere Momentanphase aus Urimpression, retentionalen und protentionalen Modifikationen anzusetzen ist und so in infinitum. Die zunehmende Einschränkung bzw. Schrumpfung hat ihren Grund in der unendlichen Teilbarkeit des Kontinuums in immer kleinere Kontinua, so daß Husserl in der Urimpression nichts wirklich Punktuelles erblicken kann, sondern nur den Limes eines unendlichen Approximationsprozesses, eine „ideale Grenze"[24], ein „Abstraktum"[25]. Punktuelle Gegenwart ist nichts als ein Grenzbegriff.[26] Das aber hat zur Konsequenz, daß im Endeffekt Gegenwart, Vergangenheit

---

23 Vgl. *Husserliana*, Bd. X, S. 38.
24 *Husserliana*, Bd. X, S. 40.
25 E. Husserl: *Texte zur Phänomenologie des inneren Zeitbewusstseins (1893-1917)*, hrsg. und eingeleitet von R. Bernet, a.a.O., S.93 (Nr. 29).
26 Mit dieser Schwierigkeit hatte schon James zu kämpfen, dessen extensionale Gegenwart das Vorbild für Husserls originäres Zeitfeld abgab. Nach James ist die tatsächliche Gegenwart nur ein Abstraktum, welches allenfalls der philosophischen Spekulation zugänglich ist, dessen man aber nicht wirklich im Bewußtsein habhaft werden kann.
  Zur These der Urimpression als Grenzbegriff vgl. K. Held: *„Lebendige Gegenwart"*. Die Frage nach der Seinsweise des transzendentalen Ich bei Edmund Husserl, entwickelt am Leitfanden der Zeitproblematik, Diss. Düsseldorf 1963, publiziert Den Haag 1966, S. 19; M. Steinhoff: *Zeitbewußtsein und Selbsterfahrung*. Studien zum Verhältnis von Subjektivität und Zeitlichkeit im vorkantischen Empirismus und in den Transzendentalphilosophien Kants und Husserls, Würzburg 1983, Bd. 2, S. 624.

und Zukunft zusammenfallen. Denn was eben noch in der breiteren Wahrnehmung Gegenwart war, an die sich ‚nach außen' die Retention des Gewesenen und die Protention des Zukünftigen anschlossen, zerfällt in der engeren Phase in retentional Vergangenes und protentional Zukünftiges und in der noch engeren ebenso, so daß letzlich Gegenwart, Vergangenheit und Zukunft koinzidieren. Dies entspricht einer Allgegenwart, zu deren Annahme Husserl aus strukturellen Gründen gezwungen war.[27]

3. Versteht man die Urimpression nicht als limitenhaften Kern eines umgebenden Kontinuums, als Maximum der Intensität eines sich abschattenden Umgebungskontinuums, sondern, wie die meisten Interpreten und wie auch Husserl es suggeriert, als absoluten Anfang und Quellpunkt eines retentionalen Modifikationskontinuums und somit als Spontaneität (Urspontaneität, Uroriginalität), dann resultieren zwei andere Probleme, nämlich das der Unfaßbarkeit des absoluten Anfangs (Ursprungsproblematik) und das des Überflüssigwerdens der Protentionalität und damit der Suspendierung der Zeitfeldstruktur.

a) Die Annahme eines absoluten und d.h. punktuellen Anfangs (Ursprungs) mit seinem kontinuierlichen retentionalen Schweif an Modifikationen wiederholt ein schon von Aristoteles her bekanntes Paradox, das dieser in der *Physik* anhand des Anfangs einer kontinuierlichen Bewegung diskutiert, das sich auch auf den Anfang einer gezogenen Linie übertragen läßt. Faktisch beginnt die Bewegung einmal, ebenso die Linie, strukturell aber läßt sich der Anfang von der erfolgten kontinuierlichen Bewegung bzw. der gezogenen Linie aus nicht mehr rekonstruieren; denn zur Erreichung des eigentlichen Anfangs muß zuvor ein anderer Punkt erreicht werden, der zwischen dem Konstruktionsausgang und dem Anfang des Kontinuums in der Mitte liegt, und, bevor dieser erreicht werden kann, muß ein weiterer erreicht werden, der zwischen dem letzten Ausgangspunkt und dem Anfang liegt und so in infinitum, so daß zwar eine Approximation an den Anfang stattfindet, nie aber das Erreichen desselben. Wie sich bei Aristoteles die Paradoxie durch das Zusammentreffen zweier Betrachtungsweisen ergibt, der phänomenologisch-kontinuierlichen und der mathematisch-punktuellen, so bei Husserl durch das Zusammentreffen von punktuellem Anfang (Ursprung) und retentionalem Zeitkontinuum.[28]

b) Protentionen haben ihren Sinn im Kontext konkreter, inhaltsbezogener Wahrnehmungen, z.B. der Wahrnehmung einer Melodie wie ‚Hänschen klein' oder eines Verses oder Satzes. Solche zeitlichen Gebilde sind nicht verständlich durch bloße, sukzessive Apprehension diskreter Elemente wie Ton und Wort, sondern nur als organisierte organische Zusammenhänge, bei denen das gerade Gehörte noch in lebhafter Erinnerung ist und gegenwärtig gehalten wird und das unmittelbar Bevorstehende vorgreifend schon in die Gegenwart eingeholt wird. Dieser Sachverhalt wird deutlich bei abruptem Abbruch der Melodie oder des Satzes,

---

27 Vgl. Nr. (1.) (S. 175 dieser Arbeit).
28 Dasselbe läßt sich auch für das protentionale Kontinuum und seine definitive Erfüllung durchführen.

wenn z.B. der Sprecher den Faden verliert. Wir sind dann imstande, den Satzsinn oder die Melodie selbständig zu komplettieren.

Protentionen sind an inhaltliche Erfüllung gebunden; sie sind nicht vollumfänglich und hinreichend charakterisiert, wenn sie nur strukturell als umgestülpte Retentionen und damit als Abschattungen beschrieben werden. Zur Protention gehört wesentlich die Erfüllung des Erwarteten, die selbst dann gegeben ist, wenn das Erwartete ausbleibt und Unerwartetes eintritt oder vollständige Absenz vorliegt, wie im Falle von Pausen oder Stille, da auch diese konkret erlebt und erfahren werden und keine absoluten Leerprotentionen sind, d.h. Intentionen von Nichtsein, sondern allenfalls von Anderssein.[29] Absolute Leerintentionen wären nach der noetisch-noematischen Interpretation nicht nur inhaltlich nichts, sondern selbst auch nichtig. Protentionen sind also stets auf Erfüllung des Zukünftigen angelegt, auch wenn dessen Bestimmung offenbleibt. Mit dem Ansatz eines *absoluten* Anfangs bzw. Ursprungs und dessen retentionaler Modifikation wird das Schema von Protentionen hinfällig, damit auch die Konstruktion eines originären Zeitfeldes, das immer auch Protentionen impliziert. Ein *absoluter* Anfang macht jede Vorwegnahme, jeden Vorgriff und damit auch dessen Erfüllung überflüssig. Wie sich die Schwierigkeit der Erfassung der Urimpression aus der Inkompatibilität von punktuellem Ursprung und strukturellem Feld ergab, so ergibt sich die jetzige Schwierigkeit aus der Inkompatibilität von punktuellem Ursprung und protentionalem Kontinuum.

## 3. Die zeitermöglichende, selbst unzeitliche Ursprungsdimension

Eines der Hauptthemen der *Phänomenologie des inneren Zeitbewußtsein* und zugleich eines ihrer Hauptprobleme ist das Verhältnis der beiden untersten Stufen der Zeitanalyse: die Beziehung des immanenten Zeitbewußtseins zum zeitermöglichenden Bewußtsein. Die phänomenologische Reflexion, die von der Grundabsicht getragen ist, das Zustandekommen jeglicher Objektivität für das Bewußtsein im Bewußtsein und aus dem Bewußtsein zu erklären, was hier für die Zeit gilt, führt zwangsläufig dazu, auch diejenigen Bewußtseinsleistungen, auf die die objektive Zeit der natürlichen Einstellung in der quasi widernatürlichen Einstellung reduziert wurde und die den Erlebnisstrom ausmachen und sich als zeitlich präsentieren, zu reduzieren auf eine sie konstituierende Ebene. Denn auch das immanente Zeitbewußtsein ist Erscheinung und als solches für ein Bewußtsein und damit weiter zu reduzieren, so daß das Problem resultiert, wie weit diese Reduktion geht. Bezüglich der Zeitreduktion bzw., aus umgekehrter Perspektive, der Zeitkonstituti-

---

29 Mutatis mutandis begegnet hier das platonische Problem der Interpretation von μὴ ὄν (Nichts), das nicht eo ipso als absolutes Nichtsein ausgelegt werden muß, sondern auch als Anderssein verstanden werden kann.

on ergeben sich hier mehrere Möglichkeiten, von denen Husserl eine mit Entschiedenheit zurückweist, mit den anderen aber spielt.

1. Vehement weist Husserl den unendlichen Regreß zurück, der dann eintritt, wenn man den immanenten Zeitfluß als konstituiertes Objekt eines objektkonstituierenden Bewußtseins betrachtet, das, selbst in der Zeit seiend und einen Zeitfluß ausmachend, seinerseits wieder konstituiert werden muß durch ein tieferliegendes, konstituierendes Bewußtsein, für das dasselbe gilt, nämlich als zeitlich konstituiert selbst ein zeitkonstituierendes Bewußtsein vorauszusetzen und so in infinitum.

Mit den Mitteln der Reflexionstheorie ausgedrückt, führt diese Gedankenfigur auf eine Reflexionsaufstockung oder -implikation, die sich aus der iterativen Anwendung des Schemas von Reflektiertem und Reflektierendem, also Bewußtem, Thematisiertem, Objektiviertem und selbst unbewußtem, unthematisiertem Subjekt nach der Subjekt-Objekt-Relation ergibt, wobei das thematisierende Subjekt selbst wieder thematisiert werden muß und damit ein neues Bewußtsein oder Subjekt voraussetzt, für das dasselbe gilt.

Husserl expliziert diesen Sachverhalt auch mit Hilfe der Intentionalitätsstruktur des Aktes. Da das innere Zeitbewußtsein ein Erlebnisstrom und damit ein Strom aus Akten ist und diese, wenn sie akttheoretisch interpretiert werden, auf tiefer liegende intentionale Akte verweisen und diese ihrerseits usf., resultiert ein unendlicher Regreß. Der Zeitstrom des inneren Bewußtseins, in dem die wahrgenommenen Zeitobjekte in der einheitlichen phänomenologischen Zeit konstituiert sind, ist selbst immanentes Objekt eines Bewußtseins, das zeitlich extendiert seinerseits wieder durch ein zeitkonstituierendes Bewußtsein wahrgenommen werden muß und so in infinitum.

Dieser Schwierigkeit erlag nach Husserl Brentano und andere seiner Vorgänger. Welche Möglichkeiten der Vermeidung gibt es? An dieser Stelle ist man geradezu versucht, auf das von Hans Albert in seinem Buch *Traktat über kritische Vernunft* aufgezeigte Münchhausen-Trilemma hinzuweisen,[30] das prinzipiell drei Möglichkeiten der Behandlung des Problems anbietet: 1. den infiniten Regreß, der durch die Notwendigkeit gegeben erscheint, die Suche nach Gründen immer weiter fortzusetzen, ohne zu einem Abschluß zu kommen, 2. den logischen Zirkel, der aus der Selbstapplikation entsteht, dadurch daß man in der Begründung auf Aussagen rekurriert, die ihrerseits begründungswürdig sind, und 3. den willkürlichen Abbruch des Verfahrens an einem bestimmten Punkt, was einer bewußten Suspendierung des Prinzips der zureichenden Begründung gleichkommt, da der Grund unerklärt bleibt.

Nach der definitiven Zurückweisung der ersten Möglichkeit diskutiert Husserl die zweite Lösungsmöglichkeit, die Selbstanwendung des konstituierenden bzw. reflektierenden Bewußtseins.

---

30 H. Albert: *Traktat über kritische Vernunft*, 2., unveränderte Aufl. Tübingen 1968, S. 13.

2. In der *Phänomenologie des inneren Zeitbewusstseins*, § 39 heißt es:

„Diese präphänomenale, präimmanente Zeitlichkeit konstituiert sich intentional als Form des zeitkonstituierenden Bewußtseins und in ihm selbst. Der Fluß des immanenten zeitkonstituierenden Bewußtseins *ist* nicht nur, sondern so merkwürdig und doch verständlich geartet ist er, daß in ihm notwendig eine Selbsterscheinung des Flusses bestehen und daher der Fluß selbst notwendig im Fließen erfaßbar sein muß. Die Selbsterscheinung des Flusses fordert nicht einen zweiten Fluß, sondern als Phänomen konstituiert er sich in sich selbst."[31]

Die aus dem Selbstreflexionstheorem bekannte Figur der Selbstapplikation wird hier auf den zeitlichen Bewußtseinsfluß angewendet und von einer Selbsterscheinung des Flusses gesprochen. Doch was bedeutet Fluß? Ist der Gebrauch des Terminus beidemal einheitlich oder verschieden?

a) Eine Reihe von Interpreten, u.a. Hans-Joachim Pieper, Ralf Becker, Rudolf Bernet[32] interpretieren den Fluß in zweifachem Sinne: zum einen als *Fluß*, als stehendes Bild eines Stromes, bei dem sich eine horizontale Phase an die andere reiht, zum anderen als *Fließen*, als Hervorquellen eines Datums nach dem anderen und irreversible Verdrängung eines durch das andere, ohne daß es zur beharrlichen Flußvorstellung kommt. Unterschieden wird zwischen der Vorstellung vom Fluß als einer beharrlichen Vorstellung und dem Fließen als reiner Sukzession. Wird die Interpretation in diesem Sinne vorgenommen, dann gilt der konstituierte Fluß, also die Flußerscheinung, als vorgestellter Fluß und der konstituierende als Fließen, auf welches nur nachträglich und metaphorisch, d.h. im Rückgriff vom Erzeugten auf die Erzeugung die Flußmetapher angewendet werden kann, da die Erzeugung selbst als Fluß nicht faßbar ist. Die Interpreten berufen sich hierzu auf Husserls Aussage, daß der zeitkonstituierende Fluß selbst kein Vorgang, sondern unzeitlich sei.

„*Der Fluß der Bewußtseinsmodi ist kein Vorgang, das Jetzt-Bewußtsein ist nicht selbst jetzt.* Das mit dem Jetzt-Bewußtsein ‚zusammen' Seiende der Retention ist nicht ‚jetzt', ist *nicht gleichzeitig* mit dem Jetzt, was vielmehr keinen Sinn gibt."[33]

„[...] und sofern in jedem Vorgang ‚etwas' vorgeht, handelt sich hier um keinen Vorgang. Es ist nichts da, das sich verändert, und darum kann auch von etwas, das dauert, sinnvoll keine Rede sein."[34]

---

31 *Husserliana*, Bd. X, 83.
32 H.-J. Pieper: *Zeitbewußtsein und Zeitlichkeit*. Vergleichende Analysen zu Edmund Husserls „Vorlesungen zur Phänomenologie des inneren Zeitbewußtseins" (1905) und Maurice Merleau-Pontys „Phänomenologie der Wahrnehmung" (1945), Frankfurt a. M. 1993, S. 88 f; R. Becker: *Sinn und Zeitlichkeit*, a.a.O., S. 69 f; R. Bernet: *Die ungegenwärtige Gegenwart*. Anwesenheit und Abwesenheit in Husserls Analyse des Zeitbewußtseins, in: Phänomenologische Forschungen, Bd. 14 (1983), S. 16-59, bes. 40 f und 49.
33 *Husserliana*, Bd. X, 333.
34 *Husserliana*, Bd. X, S. 74.

„Dieser Fluß ist etwas, das wir *nach dem Konstituierten* so nennen, aber es ist nichts zeitlich ‚Objektives'."[35]

Die Schwierigkeit bei dieser Interpretation ist allerdings noch eine tiefer liegende; denn da objektivierend nichts, absolut nichts über das konstituierende Bewußtsein ausgemacht werden kann, wird auch die Anwendung der Fluß-Metaphorik suspekt, da diese zumindest gewisse Anhaltspunkte für die Übertragung benötigt.[36] Darüber hinaus verliert bei dieser Interpretation die These von einer *Selbsterscheinung* des Flusses jeden Sinn. Denn kann über die konstituierende Dimension nichts ausgesagt werden – es „fehlen uns die Namen", wie Husserl betont[37] –, so ist das Modell einer Selbstapplikation grundsätzlich irritierend.

b) Nimmt man die Selbsterscheinung des Bewußtseins-(Zeit-)flusses ernst, dann kann diese nichts anderes bedeuten als *Selbstthematisierung*, *Bewußtmachung* und *Aufklärung* eines immer schon *Vorliegenden*, dessen Strukturen und Charaktere nur herauszuheben sind. Selbsterscheinung in diesem Sinne heißt dann *Selbstexplikation* und nicht totale Neukonstitution von bisher noch nicht Gewesenem. In diesem Falle wird der reale Zeitfluß bereits vorausgesetzt. Zur differenzierenden Kennzeichnung von Selbsterscheinung im Sinne von *Selbstexplikation* und *Selbstkonstitution* wäre der von Aron Gurwitsch in seinem Aufsatz *Phänomenologie der Thematik und des reinen Ich. Studien über Beziehungen von Gestalttheorie und Phänomenologie*[38] eingeführte Begriff der ‚thematischen Modifikation' heranzuziehen, der im Kontext von Vexierspielen verdeutlicht werden kann, wie wir sie aus unserer Kindheit kennen. Konzentrieren wir unseren Blick bei diesen auf eine bestimmte Stelle, so springt plötzlich aus einem indifferenten, diffusen Feld eine bestimmte Figur heraus, sei es die Gestalt eines Hasen oder eines Gesichtes, und verschwindet bei Aufmerksamkeitsverlagerung ebenso plötzlich wieder im diffusen Untergrund. Wir haben es hier mit einem Figur-Grund-Verhältnis zu tun, indem stets neue Gestalten aus dem unstrukturierten, unbekannten Feld hervortreten. Während der Begriff der thematischen Modifikation an die Erzeugung von Neuem gebunden ist, also im eigentlichen Sinne konstitutiv ist, ist die Explikation auf Vorgegebenes angewiesen. Ebenso müßte bei einer Anwendung der thematischen Modifikation auf das Zeitproblem von einer Erzeugung des objektiven, immanenten Zeitflusses aus einer unbekannten, jedenfalls selbst nicht zeitlichen Dimension gesprochen werden, während die Selbsterscheinung des Flusses die Vorstellung einer Selbstaufklärung im Sinne der Explikation eines selbst schon zeitlichen Bewußtseins nahelegt, damit aber reale Zeit schon vorauszusetzt.

3. Angeschlossen an das obige Zitat von der Selbsterscheinung des Flusses findet sich bei Husserl die Bemerkung:

---

35 *Husserliana*, Bd. X, S. 75.
36 Vgl. dazu auch das Folgende unter b).
37 *Husserliana*, Bd. X, S. 75.
38 In: *Psychologische Forschung*, Bd. 12 (1929), S. 279-381, bes. 320 ff.

"Das Konstituierende und das Konstituierte decken sich, und doch können sie sich natürlich nicht in jeder Hinsicht decken. Die Phasen des Bewußtseinsflusses, in denen Phasen desselben Bewußtseinsflusses sich phänomenal konstituieren, können nicht mit diesen konstituierten Phasen identisch sein, und sind es auch nicht. Was im Momentan-Aktuellen des Bewußtseinsflusses zur Erscheinung gebracht wird, das sind in der Reihe der retentionalen Momente desselben vergangene Phasen des Bewußtseinsflusses."[39]

Konstituierendes und Konstituiertes decken sich nicht völlig; der zeitkonstituierende Fluß ist seiner Selbsterscheinung immer schon voraus. Die These von der Deckungsungleichheit oder von der Phasenverschobenheit hat ihren Grund in der Aktstruktur, der *Intentionalität*, welche die Grundverfassung der Reflexion ausmacht und sich immer nur *nachgewahrend* auf einen Sachverhalt bezieht, d.h. diesen zur objektiven Bewußtheit nur bringen kann, wenn er bereits vorliegt. Hier resultiert das Problem, den Anfang des Zeitflusses, den Ursprung der Daten, das Urdatum, da es nicht schon per se thematischer Gegenstand ist, nur nachträglich zum Bewußtsein bringen zu können. – Neben der *Selbsterscheinung eines Datums in der intentionalen Beobachtung und Reflexion* läßt Husserl die *Selbstgegebenheit eines Datums in der Wahrnehmung* zu. Wie aber ist die Selbstgegebenheit zu fassen, wenn sie nicht der intentionalen Bewußtheit entspricht? Husserl sieht sich hier genötigt, unbewußte Vorstellungen am Anfang der Zeitreihe annehmen zu müssen, was das Problem nach sich zieht, wie etwas absolut Unbewußtes nachträglich in der Reflexion zur Bewußtheit gebracht werden kann. Die Problematik der Unbewußtheit von Vorstellungen, die in ihrer Noch-nicht- Thematisierung liegt, entspricht dem dritten Albertschen Paradox vom Abbruch der Aufklärung. Husserl ist diese Kalamität nicht unbemerkt geblieben. Er hat sich aus der Schlinge zu ziehen versucht durch den Ansatz eines nicht mehr intentionalen Urbewußtseins, wie es später von Jean-Paul Sartre fortgeführt wurde im präreflexiven Bewußtsein. Konsistent ist freilich auch diese Lösung nicht, da sie zur Aufgabe der Aktstruktur zwingt. Es ergibt sich hier das Dilemma, entweder an dem Theorem des Aktes festzuhalten, dann aber wegen der Intentionalität eine Deckungsungleichheit von Erleben und Erlebtem zugeben zu müssen oder aber das Akttheorem aufzugeben und eine unbewußte oder vorbewußte Deckungsgleichheit von Urerlebnis und Erlebtem zuzulassen.

4. Die von Husserl anvisierte Lösung des Konstitutionsverhältnisses zwischen konstituiertem Zeitfluß und zeitkonstituierendem Bewußtsein ist die, das zeitkonstituierende absolute Bewußtsein als selbst nicht zeitlich anzusehen, heißt es doch, daß es nicht in der Zeit sei und keine Zeitstelle habe, weder eine Gegenwart noch ein Vorher oder Nachher. „*Der Fluß der Bewußtseinsmodi ist kein Vorgang, das Jetzt-Bewußtsein ist nicht selbst jetzt.*"[40] „Also *Empfindung*, wenn damit das *Bewußtsein* verstanden wird [...], ebenso *Retention, Wiedererinnerung, Wahrnehmung etc. ist un-*

---

39 Husserliana, Bd. X, S. 83.
40 *Husserliana*, Bd. X, S. 333, vgl §§ 36, 38, 39.

*zeitlich*, nämlich *nichts in der immanenten Zeit.*"[41] Diese reine Negativbestimmung der Ursprungsdimension darf nach Husserls Theorie allerdings nicht jeglichen Zeitbezug ausschließen; denn schließlich soll diese Sphäre positiv zeitkonstituierend sein. Ausschließen darf sie nur die Struktur der immanenten Zeitlichkeit.

Hier aber beginnt die Kalamität; denn ein Übergang von Nicht-Zeitlichem zu Zeitlichem, der nach dem Modell der thematischen Modifikation gedacht werden müßte, nicht nach dem der Implikation-Explikation, bliebe unverständlich.[42] Warum sollte aus dem Ursprung gerade Zeit in dieser Verfassung, nämlich als lineare Temporalität, hervorgehen? Nötigt die Ursprungsdimension, die lebendige Gegenwart, dazu, sukzessiv nacheinander Daten hervorquellen zu lassen, die sich zum Strom formieren? Eine rein irreversible Verdrängung läßt diesen Schluß nicht zwingend zu. Warum könnte nicht gleichzeitig instantan, auf einmal, eine unendliche Pluralität von Daten hervorgehen? Die Feststellung eines immanenten Zeitstromes aus der Spontaneität ist lediglich ein kontingentes Faktum, keine Erklärung. Will man die Kontingenz ausschalten, dann bleibt nur die These, eine schon vorgegebene, reale fließende Zeit anzunehmen, deren Daten nachdrängen und die Vorstellung eines sukzessiven Hervorquellens und -strömens nahelegen, damit Peter Bieris Argumentation bestätigen, daß Husserl auf den Ansatz einer realen Zeit im Sinne eines Nacheinander, eines Früher und Später nicht verzichten kann.[43] Und hält man mit Ralf Becker Husserl zugute, daß es ihm in der methodischen Reduktion und Konstitution nicht um eine Rekonstruktion oder gar Konstruktion der Realität (der Welt) geht, sondern um eine Freilegung des Sinns der Welt – was Becker gegen Bieri zum Zwecke der Rettung Husserls behauptet,[44] dann weist dies eigentlich noch mehr in die kritisierte Richtung einer Voraussetzung der realen Zeit. Husserls Theorie des absoluten, zeitkonstituierenden Bewußtseins bleibt in sich paradox.

## 4. Die Tragweite der phänomenologischen Methode

Eine dritte Schwierigkeit betrifft die Tragweite der phänomenologischen Methode. Ist sie überhaupt imstande, im Rahmen der Husserlschen Zeitanalyse die Ursprungsdimension zu erreichen und freizulegen? Aufgrund der vorangehenden Erörterungen könnte diese Frage schon jetzt negiert werden. Seriöserweise aber gilt

---

41 *Husserliana*, Bd. X, S. 333 f.
42 Die prinzipielle Anonymität der lebendigen Gegenwart macht ebenfalls zum Thema K. Held: „*Lebendige Gegenwart*", a.a.O., S. 94-122.
43 P. Bieri: *Zeit und Zeiterfahrung*. Exposition eines Problembereichs, Frankfurt a. M. 1972, S. 188-200.
44 Vgl. R. Becker: *Sinn und Zeitlichkeit*, a.a.O., S. 75.

es, die Ablehnung detaillierter zu begründen und das Versagen der Anwendung der phänomenologischen Methode auf die basale Dimension genauer darzulegen.

Die Zeitanalyse erfolgt bei Husserl im Rahmen einer Bewußtseinsanalyse – des zeitlich extendierten Bewußtseins – mittels reflektierender Akte. Husserl geht nicht von der Zeit als einem Naturphänomen aus, das wir aus der Bewegung und Veränderung von Körpern, etwa der Bewegung der Erde um die Sonne, des Mondes um die Erde oder irgendwelcher anderer Bewegungskonstellationen kennen, sondern vom psychischen Ablauf unserer Erlebnisse: unserer Wünsche, Pläne, Neigungen, Gedanken, Empfindungen usw., kurzum dem, was wir unsere mentale Geschichte nennen. Das Mittel dieser Betrachtung kann ebenfalls nur unser Bewußtsein sein, da wir keinen archimedischen Standpunkt außerhalb desselben beziehen können. Da sich das Bewußtsein nach Husserl aus Akten konstituiert und einen zeitlichen Strom ausmacht, müssen die Akte ebenfalls zeitlich extendiert sein.

Wie aber sind Akte aufgebaut? Ihr Wesen ist, wie bereits ausgeführt wurde, durch Intentionalität, d.h. durch Bezogenheit auf Objekte, charakterisiert, die in ihnen nicht reell präsent sein müssen, sondern nur gemeinte sein können. Intentionalität ist Objektvermeinung. Was die Qualität der Akte betrifft, die Art und Weise der gegenständlichen Beziehung, so handelt es sich um Wahrnehmungen, Wünsche, Behauptungen, Erinnerungen, Negationen und anderes mehr. Hinzu kommt die hyletische Materie, unter der die reellen Empfindungen und Empfindungskomplexionen zu verstehen sind, die das unmittelbare reale Vorliegen eines Inhalts anzeigen, wie er durch die Sinnlichkeit konstatiert wird. Sie bedeuten die Erfüllung des Aktes, dessen Auffassung (Intention) durch die Erlebniskomplexion auf den vorliegenden Gegenstand geht und dadurch allererst das *„Dasein des Gegenstandes für mich"*[45] anzeigt und den vorliegenden Empfindungserlebnissen eine bestimmte sinnverleihende Interpretation gibt. Zwischen dem erlebten, reellen Empfindungsinhalt und der objektvermeinenden Intention besteht eine Beziehung dergestalt, daß Empfindung und Empfindungskomplexion stets erlebt sind, während die Intention durch die Empfindungen hindurch auf die Einheit und Ganzheit des Objekts zielt. Festzuhalten ist, daß zwischen der Selbstgegebenheit des Inhalts (Daten) von Empfindungen und der Objektivität der Intentionalität unterschieden wird.

Eine zweite aktbezügliche Prämisse betrifft den Umstand, daß die Objekte – auch die zeitlich extendierten wie eine Melodie oder ein andauernder Ton –, welche Einheiten und Ganzheiten sind, nicht nur frische Erinnerung (Retention) einschließlich Urimpression und Protention voraussetzen, sondern auch Wiedererinnerung, da nur bei Abgeschlossenheit, d.h. bei Vergangenheit des Objekts die Abgrenzung desselben aus dem Umfeld und von anderen Objekten möglich ist. Nur bei Wiedererinnerung, also bei nochmaligem Durchgang einer Melodie von Ton zu Ton oder eines andauernden Tones von Abschnitt zu Abschnitt, von Anfang bis zum Ende, besteht die Möglichkeit, das Objekt zu identifizieren und zu indivi-

---

45 Vgl. E. Husserl: *Logische Untersuchungen*, Bd. 2, 1. Teil, 5. Aufl. Tübingen 1968, S. 383.

duieren, nicht während der Phase der Objektkonstitution. Von der reinen Objektkonstitution, die noch nicht Bewußtsein vom Objekt ist, ist das Objektbewußtsein zu unterscheiden.

Was für das Einzelobjekt gilt, gilt auch für den Bewußtseinsstrom im ganzen. Seine Objektivation, die ihn in seiner Einheit und Ganzheit zeigt, nennt Husserl ‚Längsintentionalität', während er den Terminus ‚Querintentionalität' für die einzelnen im Strom konstituierten Objekte reserviert. Aufgrund der Unterscheidung der Vollzugsphase der Objektkonstitution von dem Bewußtsein des konstituierten Objekts ergibt sich in Bezug auf den Bewußtseinsstrom im ganzen die schon angedeutete Phasenverschobenheit, die auf der Nachträglichkeit der reflektierenden Objektivation gegenüber der Urimpression im Jetzt beruht. Jedes Jetzt ist ein absolut neues Jetzt, eine neue Urimpression, die unmittelbar in retentionale Modifikation übergeht, aber nur auf der Basis wiedererinnernder Akte vergegenwärtigt werden kann, dann jedoch nicht mehr als Urimpression, sondern in retentionaler Abschattung.

Es ist diese Konzeption der Differenz zum Ursprung, die in der Husserl-Nachfolge bei den Phänomenologen (Merleau-Ponty, Levinas, Ricœur) und den französischen Postmodernisten (Derrida) eine so große Faszination ausgelöst und zu immer neuen Variationen des Themas als ‚ungegenwärtige Gegenwart' oder als ‚Gegenwart, die nie gewesen ist', geführt hat. Nicht nur Blochs Topos von der ‚Dunkelheit des gelebten Augenblicks' oder die Aussage, daß das, was uns in die Welt hineingeführt hat, uns nicht wieder aus ihr herausführt, zeigen die Nähe zu Husserl, das tut auch Kafkas *Schloß*-Roman, dessen labyrinthische Gänge nicht wieder an den Anfang zurückführen, sondern den Wanderer gefangenhalten, ganz zu schweigen von Derridas radikaler These, die die Selbständigkeit und Autonomie der Gegenwart bestreitet und den Fundierungszusammenhang zwischen dem unmittelbaren Jetzt und der retentionalen Modifikation geradezu umkehren und den Ursprung ausschließlich von der Spur her lesen möchte.

> „Die lebendige Gegenwart entspringt aus ihrer Nichtidentität mit sich selbst und aus der Möglichkeit der retentionalen Spur. Sie ist immer schon eine Spur. [...] Man muß das Originär-Sein von der Spur her denken und nicht umgekehrt."[46]

Weil es keine rein unmittelbare, vollkonkrete und anschauliche Selbstgegenwart gibt, gibt es auch kein unmittelbares, rein anschauliches Denken und keine sprachlichen Ausdrücke, die diesem Denken angemessen wären.

> „Ist das Refugium der Gegenwart als absolute Selbstzugehörigkeit einmal gesprengt, so ist die Eroberung der Philosophie durch die unendlich verschiedenen Figuren der Differenz nicht mehr aufzuhalten."[47]

---

46 J. Derrida: *La voix et le phénomène*. Introduction au problème du signe dans la phénoménologie de Husserl, Paris 1967, S. 95 [94 f] (Übersetzung von Verfass.).
47 R. Bernet: *Edmund Husserl. Texte zur Phänomenologie des inneren Zeitbewusstseins (1893-1917)*, a.a.O., S. LXVI.

Zu dieser Konsequenz, die für die nachhusserlsche Philosophie charakteristisch ist, hat sich Husserl selbst nie verstehen können. Zu sehr war er im Glauben an die Präsenz des Augenblicks befangen, als daß er diesen gänzlich hätte abstreifen können. Husserl hat die Spannung zwischen der These von der Selbstpräsenz des Augenblicks und der Unmöglichkeit seiner reflexiven Erfassung bis zum Exzeß ausgelebt, so daß er allenfalls als Vollender dieser Metaphysik, nicht aber als ihr Überwinder gelten kann. Für die phänomenologische Methode, die auf Reflexion basiert, bedeutet dies, daß sie bezüglich der Auffassung der Ursprungsdimension zum Scheitern verurteilt ist.

# X.

# Heideggers Zeittheorie

## 1. Historische Situierung von Heideggers Zeittheorie

Heidegger hat sein Hauptwerk unter den Titel *Sein und Zeit* (1927) gestellt, was die Erwartung weckt, daß hier das Sein und die diversen Seinsarten: (menschliches) Dasein, Zuhandenheit und Vorhandenheit, eigentliches und uneigentliches Sein usw. abgehandelt werden und analog dazu oder zumindest in engem Zusammenhang damit die Zeit und die diversen Zeitarten. Diese Erwartung wird zwar nicht enttäuscht; während aber die ontologischen oder, besser, fundamentalontologischen Untersuchungen breiten Raum einnehmen, werden die Zeitanalysen in den Hintergrund gedrängt und kommen hauptsächlich erst in den späten Paragraphen (78 ff) zur Sprache. Zudem ist das Werk unvollständig geblieben, da nur der erste Teil, *Sein und Zeit*, publiziert wurde und nicht der angedeutete zweite, *Zeit und Sein*[1], der die philosophische Tradition von Aristoteles über Descartes bis hin zu Kant behandeln sollte. Über die Gründe der Nichtpublikation ist viel spekuliert worden. Man hat sie in Zusammenhang gebracht mit dem Scheitern von Heideggers fundamentalontologischem Ansatz in *Sein und Zeit*, der das Dasein und die in ihm begründete Zeitart zum Ausgang auch für die anderen Zeitformen macht, und der sogenannten Kehre zu Heideggers Spätphilosophie, die von einer geschichtsphilosophisch begründeten Theorie ausgeht, in der sowohl fundamentalontologische wie auch nicht-fundamentalontologische Konzepte ihren Platz haben, welche sich damit als geschichtlich situiert und zeitbedingt erweisen.[2] Die Argumentation läuft darauf hinaus, daß Heidegger selbstkritisch die Unzulänglichkeit seines frühen Ansatzes eingesehen habe, nämlich aus einer Daseinsanalyse, die stets vom Individuellen, Einmaligen, von der Jemeinigkeit ausgeht, eine schlechthin generelle und umfassende Seins- und Zeittheorie entwickeln zu wollen, die alle historischen Positionen und Alltagsverständnisse aufzunehmen imstande ist und deren Grundlage bildet. Auch wenn die Daseinsanalyse mit dem Anspruch auftritt, allgemeine, im Dasein fundierte Strukturen freizulegen, und zwar mittels Existentialien, die zwar nicht wie Kategorien generelle Seinsbestimmungen sind, wohl aber

---

1 Dazu vgl. den gleichnamigen Vortrag Heideggers aus der Spätzeit von 1962.
2 Vgl. G. Figal: *Martin Heidegger*. Phänomenologie der Freiheit, Frankfurt a. M. 1991, S. 273 ff; ders.: *Martin Heidegger zur Einführung*, Hamburg 1992. 3., verb. Aufl. Hamburg 1999, S. 93; O. Pöggeler: *Heidegger und die hermeneutische Theologie*, in: *Verifikationen*. Festschrift für G. Ebeling zum 70. Geburtstag, hrsg. von E. Jüngel, J. Wallmann und W. Werbeck, Tübingen 1982, S. 475-498, bes. S. 479 f.

generelle Bestimmungen der Jeweiligkeit (des Individuellen), verbleiben sie im Rahmen des Daseins und gelangen nicht darüber hinaus zur Einordnung desselben in einen allgemeinen Geschichtsrahmen, in dem diese Position selbst als einmalige, faktisch kontigente erscheint. Im radikal geschichtlichen Denken der Spätzeit treten die Geschichte und das aus ihr abgeleitete Geschick (ausgesagt von der Geschichte eines Volkes) sowie das Schicksal (ausgesagt vom Einzelmenschen) als Ermöglichungsgrund verschiedener Seinsverständnisse und Zeitvorstellungen auf, nicht nur des daseinsbegründeten, sondern auch des in der Vorhandenheit begründeten, zumal seit der Antike und in der gesamten Tradition immer wieder nicht-fundamentalontologische Konzeptionen in den Vordergrund drängten. Daß das in *Sein und Zeit* vorgelegte Konzept selbst ein historisches Produkt ist, eine im Ausgang von einer bestimmten historischen Situation erarbeitete und durch sie bedingte ausdrückliche Aneignung des Selbst- und Weltverständnisses – das zu zeigen vermag nur eine umfassende Geschichtskonzeption. Diese Einsicht mußte Heidegger zu einer Umkehrung seines ursprünglichen Ansatzes bewegen: von einer daseinsfundierten Zeitauffassung zu einer geschichts- und zeitfundierten Auffassung des Daseins,[3] und es dürfte diese selbstkritische Einsicht in die Undurchschautheit seiner eigenen Voraussetzungen gewesen sein, die Heidegger bewußt geworden war und zu einer Umwendung von einer Begründung aller Zeitversionen in der Zeitlichkeit des Daseins zu einer Einordnung und Begründung des Daseins in eine allgemeine geschichtliche Zeittheorie zwang.

Erschwerend für das Verständnis von Heideggers Zeittheorie kommt die dunkle, hermetische Sprache und die Langatmigkeit der Analysen hinzu, die wenig zur luziden rationalen Aufklärung beitragen. Sie enthalten mythische, dichterische Anklänge. Heideggers Philosophie ist oft mehr Dichtung als rationale Argumentation. Abgesehen von einigen aufschlußreichen Wendungen und Rekursen auf die ursprüngliche Semantik, den sogenannten Mutterboden der Sprache, wie z.B. beim Begriff ‚Zuhandenheit', sind die ungewöhnlichen, verschnörkelten Formulierungen und die ständigen Wiederholungen eine Suggerierung, den Gedanken undistanziert zu folgen, statt sie in rationaler Kühle und distanzierter Betrachtung kritisch zu beurteilen.

Die folgende Untersuchung soll sich ausschließlich im Rahmen der in *Sein und Zeit* entfalteten Zeittheorie halten sowie der in ihren Umkreis gehörigen Frühschriften: *Der Zeitbegriff in der Geschichtswissenschaft* (1916) in: *Frühe Schriften (1912-1916)*, hrsg. von F.-W. von Herrmann (*Gesamtausgabe*, Bd. 1, Frankfurt a. M. 1978), der Vortrag *Der Begriff der Zeit. Vortrag vor der Marburger Theologischen Gesellschaft Juli 1924*, hrsg. von H. Tietjen, 2. Aufl. Tübingen 1995,[4] *Prolegomena*

---

[3] Man hat auch von einem Schritt von einer „Philosophie der Zeit zur Zeit der Philosophie" gesprochen. Vgl. G. Figal: *Martin Heidegger. Phänomenologie der Freiheit*, a.a.O., S. 274.

[4] Die Zusammenfassung des Vortrags in: O. Becker: *Mathematische Existenz. Untersuchungen zur Logik und Ontologie mathematischer Phänomene*, in: *Jahrbuch für Philosophie und phänomenologische Forschung*, Bd. 8 (1927), S. 661-674, 2., unveränderte Aufl. Tübingen 1973, S. 220-234.

*zur Geschichte des Zeitbegriffs, Marburger Vorlesung SS 1925,* hrsg. von P. Jaeger (*Gesamtausgabe,* Bd. 20, Frankfurt a. M. 1979), *Die Grundprobleme der Phänomenologie. Marburger Vorlesung SS 1927,* hrsg. von F.-W. von Herrmann (*Gesamtausgabe,* Bd. 24, Frankfurt a. M. 1975).

## 2. Die hermeneutisch-phänomenologische Methode

Heidegger versteht seine Darlegungen in *Sein und Zeit* als Radikalkritik an der philosophischen Tradition seit der Antike nicht nur hinsichtlich der Seinsfrage, bezüglich deren er der Tradition Seinsvergessenheit vorwirft, sondern auch hinsichtlich der Zeitfrage, indem er auch hier die traditionelle common-sense-Auffassung der Zeit als Jetzt-Reihe zurückweist und sie in einen anderen Begründungskontext stellt. Auf der anderen Seite ist nicht zu leugnen, daß Heidegger eine Vielzahl von Strukturen aus der Tradition übernimmt und modifizierend in seine Theorie einarbeitet. Allerdings bedarf dies der Ausdrücklichmachung, da es nicht immer auf den ersten Blick erkennbar ist.

Methodisch vollzieht sich die Destruktion der Tradition und der mit ihr einhergehende Neuaufbau in Form einer hermeneutischen Philosophie. ‚Hermeneutisch‘ bedeutet Auslegung, sei es von Texten, Kunstwerken, der Seele, der Geschichte, kurzum von Vorgegebenem bzw. Vorfindlichem. Dies geschieht nach dem Modell des hermeneutischen Zirkels derart, daß das Betreffende im Hinblick auf einen umfassenden Sinn interpretiert wird, von dem her es zu verstehen ist. Auslegung heißt, ein Vorverstandenes explizit auf das hin zu entwerfen, worauf es im ursprünglichen Verstehen schon entworfen ist, um es aus diesem als dem Grund seines Verständnisses ausdrücklich zu begreifen. Von hier gesehen ist Auslegung prinzipiell redundant, indem sie 1. Entwurf auf einen zugrundeliegenden Sinn ist, anders ausgedrückt: Rückgang auf den Grund und Freilegung desselben, und 2. Reinterpretation des Freigelegten aus dem Grund, um so das Betreffende in seiner Richtigkeit zu bestätigen. Daß die Überprüfung nur das bestätigt, was sie zuvor hineingelegt hat, versteht sich von selbst. Modern würde man hier von einer Theorieimprägniertheit der Daten sprechen. Die Daten werden nie rein für sich als solche erfaßt, sondern sind immer schon im Rahmen einer bestimmten Theorie interpretiert.

‚Phänomenologisch‘ ist die Methode insofern, als sie die Auftritts- und Offenbarungsweisen des Seins zeigt. ‚Phänomen‘, abgeleitet von dem griechischen φαίνεσθαι = ‚sich zeigen‘, ‚sich offenbaren‘, ‚ans Licht treten‘, meint die Enthüllung des Seins, die Aufdeckung der diversen Seinsweisen, die Angabe der Bestimmungen des Sich-Zeigens von etwas. Entsprechend geht es um den Aufweis der Bedingungen der Möglichkeit eines immer schon Verstandenen bzw. Vorverstandenen. Dies kann eine Hierarchie von Stufen einschließen, da der Rückgang auf die Bedingungen von etwas schrittweise erfolgt und zu vorläufigen Gründen gelangen kann, die ihrerseits tiefer zu fundieren sind. Heidegger scheint sogar die Möglichkeit eines unendlichen Regresses anvisiert zu haben, wenn er in Bezug auf die Einheit und Ganzheit der Strukturmannigfaltigkeit des Daseins nach einem noch ursprünglicheren Phänomen forscht, das das Strukturgefüge trägt.[5] In Bezug auf die zeitliche Fassung der Daseins- bzw. Sorgestruktur würde dies bedeuten, daß er nicht nur nach dieser Zeitverfassung als ursprünglicher fragt, sondern auch noch nach dem Ursprung und Anfang dieser Verfassung, was den Anfang eines unendlichen Regresses impliziert, da der Ursprung immer weiter zurückverfolgt werden kann.

Die beschriebene Methode des Rückgangs auf die Bedingungen von etwas hält sich grundsätzlich im Rahmen und in der Nachfolge der Kantischen Transzendentalphilosophie, die im Ausgang von den Gegenständen der Erfahrung, nämlich der objektiven Welt, auf deren Ermöglichungsgründe im Subjekt rekurriert. Die Methode, die zunächst von Fichte, dann von Husserl radikalisiert wurde, hat bei Husserl die Gestalt, daß sie von dem in natürlicher Einstellung Gegebenen ausgeht und in einer quasi widernatürlichen Einstellung über Epoché und Reduktion zu den Konstitutionsbedingungen im Subjekt, nämlich im Bewußtsein gelangt. Da dieselben dort in objektivierender Einstellung als Bewußtseinsfluß und Innerzeitiges auftreten,[6] mithin als zeitliche Phänomene (Erscheinungen), müssen sie selbst noch weiter zurückgeführt werden auf eine Ursprungsdimension, die zwar zeitermöglichend, selbst aber nicht mehr zeitlich im gängigen Sinne ist. Prinzipiell in derselben Weise, nämlich nach einem dreifach gegliederten hierarchischen Modell, geht Heidegger vor. Die Ausfüllung des formalen Schemas allerdings ist eine gänzlich andere als bei Husserl.

1. Während Husserl wie schon Kant und die gesamte Tradition an einem reinen, nicht-empirischen, transzendentalen Subjekt, einem puren Subjekt, und an allgemeinen und notwendigen Konstitutionsbedingungen interessiert war unter Ausschluß alles Empirisch-Individuellen, Faktisch-Kontingenten, verhält es sich bei Heidegger genau umgekehrt, indem er in ausdrücklicher Kritik an der Tradition das empirische, individuelle Subjekt in seiner Jeweiligkeit[7] zugrunde legt. Um jeden Anklang an eine substanz- und subjekttheoretische Interpretation des Ich zu vermeiden und außerdem den reinen Geschehenscharakter des Existierens zu betonen, spricht er von Dasein, welches die Seinsart des Menschen ist, vergleichbar dem Fichteschen *esse in mero actu*, das ebenfalls das reine ‚daß' der Existenz, nicht die Essenz, das Wassein, ausdrückt. An die Stelle des „ich denke, also bin ich" setzt Heidegger „ich bin, also denke ich". Sein Ansatz läßt sich dahingehend charakteri-

---

5 Vgl. M. Heidegger: *Sein und Zeit*, 18. Aufl., Tübingen 2001, S. 196. Dazu G. Figal: *Martin Heidegger. Phänomenologie der Freiheit*, a.a.O., S. 276; M. Fleischer: *Die Zeitanalysen in Heideggers „Sein und Zeit". Aporien, Probleme und ein Ausblick*, Würzburg 1991, S. 13 f.
6 Vgl. E. Husserl: *Phänomenologie des inneren Zeitbewusstseins*.
7 Vgl. Th. Kisiel: *Der Zeitbegriff beim frühen Heidegger (um 1925)*, in: E. W. Orth (Hrsg.): *Zeit und Zeitlichkeit bei Husserl und Heidegger*, Freiburg, München 1983, S. 192-211, bes. S. 196 ff.

sieren, daß er nicht wie die Tradition die Ontologie, d.h. die allgemeine Seinslehre, als Grunddisziplin ansetzt, sondern fundamentologisch die Daseinsanalyse und aus ihr die Ontologie ableitet.

2. Die zweite Innovation, die Heidegger einführt und die ihn von der Tradition unterscheidet, ist die Umkehrung des Verhältnisses von Theorie und Praxis. Galt in der Tradition zumeist die Theorie als vorrangig und praxisvorgängig, so kehrt Heidegger dieses Verhältnis um, indem er ein handlungsorientiertes Konzept zugrunde legt, aus dem erst durch Verfall ein theoretisches Konzept hervorgeht. Da jede Handlung auf einem Plan bzw. einem Entwurf basiert, einen Anfang und ein Ende hat und zielgerichtet ist, gilt dies auch für die handlungsfundierte Zeit, die als ekstatisch-horizontale, zukunftsgerichtete, endliche Dauer gesehen wird. Es handelt sich um eine Konzeption, die sich aus der praktischen Ausrichtung des Menschen auf den Tod ergibt. Darüber hinaus verrät sie Anklänge an die jüdisch-christliche eschatologische Zeit- und Geschichtsauffassung, die auf einem soteriologischen Plan Gottes mit dem Volk Israel basiert und ebenfalls zwischen Anfang und Ende eingespannt ist und eine explizit futuristische Ausrichtung hat.

3. Auf das ursprüngliche Dasein und seine ebenso ursprüngliche Zeitlichkeit gründen sich die anderen Seinsverständnisse und Zeitarten: das sogenannte besorgende Sein mit der sogenannten besorgten Zeit, nämlich der Weltzeit, die die Innerzeitigkeit des Zu- und Vorhandenen ausdrückt, das gänzlich seinsvergessene, uneigentliche Sein, das sich ausschließlich vom Man her versteht, und die ihm zugehörige Vulgärzeit, die die uns vertraute quantifizierbare, meßbare Uhrzeit meint. Verrät die Weltzeit bzw. Innerzeitigkeit mit ihrer Um-zu-Struktur immerhin noch Anklänge an ihren praktischen Ursprung, wenngleich sich in ihr schon Andersartiges ankündigt, so hebt die Uhrzeit jeden Anfang und jedes Ende, Geburt und Tod auf und operiert nur noch mit einer unendlich offenen, homogenen, kontinuierlichen Vorstellung.

4. Das Verhältnis dieser Seins- und Zeitarten zueinander, ihren Übergang ineinander versteht Heidegger als genetisches Fundierungsverhältnis oder aus umgekehrter Perspektive als Rückgang auf den Grund und Freilegung von dessen Strukturen. Entsprechend Heideggers Auffassung vom „Entspringen" im ontologischen Kontext als „Degeneration"[8] ist die Ableitung als zunehmende Verhüllung, Verstellung, Verbergung zu verstehen, belastet mit einem defizitären Modus, den es durch Freilegung und Offenlegung der ursprünglichen Strukturen rückgängig zu machen und aufzuklären gilt. Das Problem, wie eine endliche, zwischen Geburt und Tod eingeschlossene Lebenszeit in eine unendliche, homogene, kontinuierliche, quantifizierbare mathematische Zeit überführt werden könne, wird von Heidegger nicht strukturalistisch angegangen, auch nicht durch eine thematische Modifikation à la

---

8 M. Heidegger: *Sein und Zeit*, a.a.O.; S. 334; vgl. G. Figal: *Martin Heidegger. Phänomenologie der Freiheit*, a.a.O., S. 276.

Gurwitsch,[9] sondern über epistemische Begriffe wie Verhüllung und ihr Gegenteil Aufhellung, Lichtung zu lösen versucht.

Die Schichtentheorie mit den drei Stufen:
- der ekstatisch-horizontalen Zeitlichkeit des Daseins,
- der Weltzeit als Zuhandenem,
- der Vulgär- oder Uhrzeit als Vorhandenem

soll als Leitfaden der Untersuchung dienen.

## 3. Die ursprüngliche Zeitlichkeit des Daseins

Gemäß Heideggers fundamentalontologischem Ansatz bildet das Dasein, die konkrete zwischen Geburt und Tod eingespannte Existenz, etwa im Gegensatz zu Husserls abstraktem, reinem Bewußtsein, die Grundlage aller weiteren Ableitungen, jene basale Schicht, die es im Ausgang von unserem gewöhnlichen, alltäglichen Erleben und seinem Welt- und Selbstverständnis durch sukzessive Freilegung der verdeckten Strukturen allererst wiederzugewinnen gilt. Daß dieser Rückgang auf den Grund permanent gegen Vormeinungen und Vorurteile ankämpfen muß und daher nicht selten gewaltsam wirkt, hat Heidegger selbst wiederholt betont. „Gewaltsamkeiten sind in diesem Untersuchungsfelde nicht Willkür, sondern sachgegründete Notwendigkeit."[10] Wir werden daher damit zu rechnen haben, daß dieser Vorgang via negationis, durch ständige Ausgrenzung und Ausschluß allbekannter, liebgewonnener und tief eingeschliffener Vorstellungen erfolgen muß. Und das gilt nicht nur für die Seinskonzeption, sondern auch für die Zeitvorstellung, die, sofern sie der Ursprungsdimension angehört und das zwischen Geburt und Tod eingespannte Dasein kennzeichnet, selbst nicht zeitlich ist in dem Sinne, daß sie in der Linearzeit zu lokalisieren wäre als Erlebnisweise, die mit der Geburt beginnt und mit dem Tod endet. Vielmehr ist sie zeitermöglichend, indem sie aus einer Struktur, die unzeitlich im gewöhnlichen Sinne ist oder, in Heideggers Begriffen, ursprungszeitlich, Zeit im Sinne der Jetzt-Folge (Zeitreihe) allererst hervorgehen läßt.

Das Dasein, von dem Heidegger ausgeht, wird von ihm als Sorge charakterisiert. Damit ist nicht, wie es auf den ersten Blick scheinen mag, Lebenssorge, Betrübnis, Mühsal, Leid, Niedergeschlagenheit u.ä. gemeint, sondern Sorge im Sinne von besorgen, beschaffen, herstellen, erzeugen, sich kümmern um u.ä., kurzum, gemeint ist die ganze Skala der Aufzählung, die Heidegger angibt: „zutunhaben mit etwas, herstellen von etwas, bestellen und pflegen von etwas, verwenden von etwas, aufge-

---

9 Vgl. A. Gurwitsch: *Phänomenologie der Thematik und des reinen Ich*. Studien über Beziehungen von Gestalttheorie und Phänomenologie, in: *Psychologische Forschung*, Bd. 12 (1929), S. 279-381.

10 M. Heidegger: *Sein und Zeit*, a.a.O., S. 327.

ben und in Verlust geraten lassen von etwas, unternehmen, durchsetzen, erkunden, befragen, betrachten, besprechen, bestimmen...“[11] Es handelt sich also um einen Handlungsbegriff mit Planungs-, Entwurfs- und Entschlußstruktur, wie er dem grundsätzlichen Ausgang Heideggers von der Praxis entspricht. Auch insofern ist er dem Husserlschen und traditionellen Bewußtseins- und Zeitbegriff opponiert. Charakterisiert wird die Sorge- bzw. Besorgen-Struktur durch die zugegebenermaßen ungewöhnlichen, aber markanten Merkmale des ‚Sich-vorweg-Seins‘, des ‚Immer-schon-Seins‘ (in der Welt) und des ‚Seins-bei‘ (innerweltlich begegnendem Seiendem) in ihrer unaufhebbaren Einheit, wobei sich diese Merkmale aus der endlichen Existenz des Menschen erklären: Das ‚Sich-vorweg-Sein‘ ist ein Bewußtsein des kommenden definitiven Endes des Menschen, des Todes – von Heidegger als „Vorlaufen zum Tod" bezeichnet –, nicht im Sinne eines Suizids oder vorgezogenen Endes oder ständigen Todesbewußtseins (*memento mortis*) sondern im Sinne eines Bewußtseins der Endlichkeit und Begrenztheit des menschlichen Lebens; das ‚Immer-schon-Sein-in‘ bezeichnet die vorfindliche Existenz des Menschen, seine Faktizität, das Bewußtsein, daß er durch seine Geburt, den Anfang seines Lebens, sich hineingeworfen findet in eine vorgegebene Welt, Kultur, Sprache, in ein bestimmtes Volk mit einer bestimmten Ausrichtung, Erziehung, Bildung usw.; und das ‚Sein-bei‘ meint das normale, alltägliche, unreflektierte, unbewußte Hingegebensein an die Dinge und Aufgegangensein in ihnen, die Beschäftigung mit ihnen, die keine Zeit läßt für Reflexion und Besinnung. Die Strukturmomente des Daseins (der Sorge): 1. das Vorlaufen in den Tod (Entwurf), 2. das Verstehen des eigenen Schuldigseins (Geworfenheit), 3. das Sich-in-die-Situation-des-Handelns-Bringen (Existenz) bestimmen auch die Zeitmomente des Daseins, die Modi der Zukunft, Vergangenheit und Gegenwart, die Heidegger, wiederum gegen den Mainstream anschwimmend, als Zukunft, Gewesenheit und Gegenwart bezeichnet. Während von ihm der Ausdruck ‚Vergangenheit‘ gebraucht wird für den Vergangenheitsmodus des Vorhandenen, bleibt der Ausdruck ‚Gewesenheit‘ ausschließlich für den Kontext des Daseins reserviert und bezeichnet im Zusammenhang mit dessen Geworfenheit und der Übernahme dieser Geworfenheit[12] den eingetretenen perfektivischen Zustand, den vollendeten und als solchen weiterbestehenden Abschluß, was sprachlich durch ‚ge‘ und ‚-wesen‘ ausgedrückt wird.[13] Schon daraus wird ersichtlich, daß Gewesenheit, Zukunft und Gegenwart hier nicht die vulgären Zeitvorstellungen des Nicht-mehr und des Noch-nicht und des Jetzt bzw. des Früher, Später, Vorher, Nachher usw. meinen,[14] die stets auf ein Seiendes *in* der Zeit verweisen, sondern die überhaupt erst zeiterstreckes Sein konstituierenden Daseinsbestimmungen. In Anbetracht der Tatsache, daß die Zeitmodi Zukunft, Gegen-

---

11 A.a.O., S. 56 f.
12 Vgl. a.a.O., S. 325.
13 Anzumerken ist, daß etliche Völker nicht zwischen Vergangenheit und Gegenwart unterscheiden, sondern diese zusammenziehen zum Faktum eines facere. Was geschehen ist und weiter existiert, ist eben Faktum.
14 Vgl. M. Heidegger: *Sein und Zeit*, a.a.O., S. 327.

wart, Gewesenheit der Ursprungsdimension angehören und demnach keine vollendeten Zustandsweisen sind, sondern Eröffnungsweisen, Ermöglichungsgründe, tut Heidegger ein übriges, dies zum Ausdruck zu bringen, indem er bezüglich ihrer von Ekstasen spricht.

‚Ekstasen', abgeleitet von griechisch ἔκστασις, meint ‚Ausstand' im Sinne von ‚aus sich herausgehen und stehen'. Dies kann in zweifachem Sinne interpretiert werden, entweder rein horizontal oder vertikal-horizontal. Die Auslegung im ersteren Sinne wird von Günter Figal[15] favorisiert. Unter Berufung auf die Aristotelische *Physik* (222 b 16), die Heidegger möglicherweise zum Vorbild gedient hat und in der das Wort ἐκστατικόν im Rahmen der Metabolé, der Wandlung und des Umschlags von einem Zustand in den anderen gebraucht wird und somit auf rein vertikaler Ebene, wäre der unvermittelte Umschlag der je spezifischen, doch zusammenhängenden Ekstasen ineinander darunter zu verstehen. Sie selbst in ihrer Einheit und Zusammengehörigkeit entwürfen sich aufeinander. Insofern bei der Zeit kein zusammenhaltendes Substrat anzusetzen ist, ließe sich der ekstatische Charakter der Zeitlichkeit nur begreifen, wenn man die horizontale Zusammengehörigkeit der Ekstasen berücksichtigte.

Die Tatsache, daß Heidegger fast immer und bezeichnenderweise von einem ekstatisch-horizontalen Vorgang spricht und Zukunft, Gegenwart und Gewesenheit als ekstatisch-horizontal bezeichnet, läßt auf einen – bildlich gesprochen – vertikalen Vorgang horizontaler Entfaltung schließen, so wie man sich das Entspringen einer Quelle zum Fluß oder das Öffnen einer Blütenknospe vorstellt. Allerdings ist auch hier jeder substanz- und subjekttheoretische Gedanke fernzuhalten. Nicht ist ein Seiendes vorhanden, das aus sich heraussteht oder etwas aus sich herausstellt, sondern es ist der Vorgang oder, besser, das Ereignis des Heraustretens selbst. Den von Heidegger anvisierten Sachverhalt dürfte am genauesten Derrida mit seinem Kunstbegriff der *différance* getroffen haben.[16] Wie auch andere französische Verben mit a, etwa *mouvance* und *résonance*, die den Medialvorgang des Sich-Bewegens bezeichnen, weder das aktive Bewegen noch das passive Bewegtwerden, sondern das Sich-Bewegen, so würde auch *différance* das Sich-Differenzieren, das Sich-Auseinanderlegen in die temporale und spatiale Vielfalt bedeuten, die nur vom Ergebnis her verstanden werden kann, während der Vorgang des Entspringens selbst, der Ursprung, im Dunkel bleibt.

Die Zeitekstasen sind also Eröffnungsweisen von Zeit und Zeithorizonten; sie sind Geschehen des Sich-Öffnens, der Lichtung, indem sie sich gleichsam aus der Einheit in die Vielheit aufspreizen und daher im Resultat eine Gestrecktheit, Gespanntheit haben, die sich nicht auf einen Jetztpunkt beschränkt, sondern extensional ist.[17] Die Zeitlichkeit der Ekstasen ist eine horizontale, „erstreckte Stän-

---

15 G. Figal: *Martin Heidegger. Phänomenologie der Freiheit*, a.a.O., S. 290.
16 Vgl. K. Gloy: *Differenz*, in: *Philosophisches Jahrbuch*, 107. Jg. (2000), S. 206-218.
17 Vgl. M. Heidegger: *Sein und Zeit*, a.a.O., S. 390, 407; M. Heinz: *Der Zeitbegriff im Frühwerk Martin Heideggers*, in: N. Le niewski, E. Nowak-Juchacz (Hrsg.): *Die Zeit Heideggers*, Frankfurt a. M. 2002, S. 9-33, bes. S. 17.

digkeit"[18] von einer gewissen Ausdehnung, was dem Husserlschen extensionalen Jetzt entspricht. Ihre spezifische interne Modifikation ergibt sich aus der Daseins- und Sorgestruktur: So weist das Auf-sich-zu, das im Vorlaufen und im Vorentwurf auf den Tod besteht, auf Zukunft, das Zurück-auf, das im Bewußtsein und in der Annahme der Faktizität (Geworfenheit) besteht, auf Gewesenheit, und das Begegnen-lassen-von, das sich aus dem Beschäftigtsein mit den Dingen ergibt, auf Gegenwart.[19]

Alle drei Modi gehören zusammen zu einer Einheit und Ganzheit, die sich weder als bloßes Nacheinander noch als aggregatives Zusammenbestehen[20] noch als Reduktion der Modi aufeinander verstehen läßt, sondern allein als Gleichursprünglichkeit der Modi in Form einer Überlagerung und Überlappung derselben.

Folglich macht sich ihre Zusammengehörigkeit bemerkbar durch Verweis und Übergreifen aufeinander und Transparenz füreinander. So gehören Zukunft und Gewesenheit aufgrund der Tatsache zusammen, daß Zukunft Möglichkeit schlechthin bedeutet und in einem faktisch Seienden gründet, das sich ausschließlich von der Möglichkeit her versteht. „Wenn nämlich das Auszeichnende dieses Seienden darin besteht, dass alle Bestimmungen seines Seins Möglichkeiten seiner selbst sind, dann muss alles, was das Dasein schon war, ganz in das Möglichsein einbezogen sein und kann nicht schon im vornhinein in seiner sachlichen Bestimmtheit festliegen."[21] Ebenso ist bezüglich der Gegenwart und ihres Verhältnisses zur Gewesenheit und Zukunft davon auszugehen, daß das Dasein als Begegnenlassen von innerweltlich Seiendem Gewesenheit und Zukunft voraussetzt, und dies insofern, als das Begegnenlassen im Horizont des Um-zu erfolgt und dies nicht ohne Zukunft und Gewesenheit zu verstehen ist. So sind die jeweiligen Zeitekstasen lediglich Aspekte einer mehrschichtigen Einheit, einer dreidimensionalen Erstrecktheit, innerhalb deren sie sich verschieben.

Der Gebrauch des Ausdrucks ‚Zeithorizont' läßt erahnen, daß die ekstatischen Eröffnungsweisen nicht unbegrenzt sind, sondern wie jeder Horizont, der eine Begrenzung anzeigt (ὁρίζειν = ‚begrenzen'), endlich ist. Dies resultiert bereits aus der Daseinsstruktur, die ein Vorlaufen auf den Tod – das definitive Ende – ist und das Zurückkommen von diesem auf das Faktum der Geburt, den Anfang bzw. das andere Ende. Die das Dasein charakterisierende Zeitlichkeit ist eine endliche, geschlossene Gestalt. Sie ist nicht nur an der Gestalt der Handlung orientiert, sondern sie ist selbst eine solche Struktur, so daß man Heideggers Zeittheorie eine gestalttheoretische Zeitauffassung nennen kann.

Unter den gleichursprünglichen Zeitekstasen kommt der Zukunft gleichwohl ein Primat zu. Auch dies erklärt sich letztlich aus dem Handlungsentwurf der Sorge, die ein Um-zu und Um-willen ist. Mit dieser Konzeption einer in sich dynami-

---

18 M. Heidegger: *Sein und Zeit*, a.a.O., S. 390.
19 Vgl. a.a.O., S. 328 f.
20 Vgl. a.a.O., S. 329.
21 M. Heinz: *Der Zeitbegriff im Frühwerk Heideggers*, a.a.O., S. 21. „Gewesen ist nur je nach der Weise der Zeitigung der Zukunft und nur in dieser" evident.

schen, nicht statischen, auf Zukunft hin gerichteten Struktur hat Heidegger unverkennbar Anleihen bei dem jüdisch-christlichen Geschichtsmodell der Eschatologie gemacht, das mit Endzeiterwartungen operiert und Geschichte als eine endliche versteht, die eingespannt ist zwischen einen Anfang mit ihrer Erschaffung und ein Ende mit dem jüngsten Tag.

Eine Schwierigkeit wird sein, aus dieser endlichen, zukunftsgerichteten Zeitgestalt, die für Heidegger die Basis aller anderen Zeitvorstellungen bildet, herauszukommen zur unendlich gleichförmigen, homogenen, kontinuierlichen Vulgärzeit, der mengentheoretischen Jetztfolge, was sicherlich nur über Stufen zu erreichen ist.

## 4. Besorgte Zeit – Weltzeit

Die erste und naheliegendste Stufe auf dem Weg zur Vulgärzeit im Ausgang vom besorgenden, zeitkonstituierenden Dasein beschreibt Heidegger als besorgte, konstituierte Zeit – was Husserls Übergang von der ersten zur zweiten Stufe, dem konstituierenden Bewußtsein zum konstituierten, entspricht. Heidegger weist darauf hin, daß wir im alltäglichen Leben ständig mit der Zeit umgehen, Zeit planen, Zeit berechnen, uns Zeit nehmen, uns Zeit lassen oder auch nicht, Zeit verbringen, kurzum, in allen Formen des Besorgens mit der Zeit umgehen, die dadurch zu einer ‚besorgten' wird.

Diese sogenannte besorgte Zeit charakterisiert Heidegger in ihrer vollen Struktur durch vier Merkmale:[22] 1. Datierbarkeit, 2. Gespanntheit, 3. Öffentlichkeit und 4. Weltlichkeit, von denen sich die beiden ersten als spezifische Strukturmerkmale erweisen, die beiden anderen als epistemische Momente des Verstehens.

1. Mit Datierbarkeit ist gemeint, daß die ins Auge gefaßte Zeit auf ein Datum hin orientiert ist, wie groß oder klein, kurz oder lang dies auch sein mag, ob astronomisch-kalendarisch begründet oder nicht. Der Zeitpunkt ist das Ziel dieser immer noch endlichen, geschlossenen Zeitgestalt, aufgrund dessen sie ihren sachlichen und strukturellen Zusammenhang mit der Entwurfsstruktur des Besorgens dokumentiert, das stets eine zielgerichtete Handlung oder ein entsprechendes Verhalten mit einem Zweck (um-zu) ist. Diese phänomenologisch nachweisbare Analogie zwischen besorgendem, zielgerichtetem Dasein und besorgter, datierter Zeit erklärt, daß letztere als „*Widerschein* der *ekstatischen* Verfassung der Zeitlichkeit"[23] angesehen werden kann, also noch Strukturen der alten, ursprünglichen Auffassung trägt, wenngleich defizitäre. „Die Struktur der Datierbarkeit der ‚jetzt', ‚dann' und ‚damals' ist der Beleg dafür, daß diese, *vom Stamme der Zeitlichkeit, selbst Zeit*

---

22 Vgl. M. Heidegger: *Sein und Zeit*, a.a.O., S. 414, 416.
23 A.a.O., S. 408.

*sind.*"²⁴ Auf der anderen Seite impliziert sie bereits Strukturen der fortgeschrittenen Zeitauffassung, der Vulgärzeit oder Jetztzeit. Die ihr eigentümlichen, genuinen Strukturen, die den Modi der Zukunft, Gegenwart und Gewesenheit der ursprünglichen Zeit entsprechen, benennt Heidegger mit ‚dann', ‚damals', ‚zuvor', ‚jetzt',²⁵ was soviel meint wie „dann, wann die Sonne aufgeht und es Zeit zum Tagwerk ist", „damals, als Winter war", „zuvor (bevor) dies seine Erledigung fand, geschah das und das", „jetzt, da es kalt ist" usw. Obgleich diese Strukturen noch ganz in den Kontext des Um-zu des Besorgens gehören, sollen sich nach Heidegger in ihnen Jetzt-Strukturen andeuten, und zwar im ‚damals' das Jetzt-nicht-mehr, im ‚jetzt' das Jetzt-jetzt, im ‚dann' das Jetzt-noch-nicht. Mit der Bezogenheit auf ein Jetzt ist das Vordringen der Gegenwart gegenüber der Zukunftsorientiertheit der ursprünglichen Zeitlichkeit verbunden.

2. Da die Datierbarkeit (‚dann', ‚jetzt', ‚damals') die ursprünglichste, noch ganz grobe Zeitangabe ist, ist mit ihr Erstrecktheit verbunden, und zwar eine von wechselnder relativer Spannweite: ‚Jetzt' kann sowohl die kurze Pause zwischen zwei Sätzen bedeuten wie auch die Essenszeit, die man zum Essen braucht, wie auch den indifferenten Abend, wie auch den ganzen Sommer.²⁶ Auch dieses Strukturmoment entspricht noch der ekstatischen Erstrecktheit und Horizontalität der ursprünglichen Zeitlichkeit.

3. Das Moment der Öffentlichkeit meint, daß die ausgesprochenen Zeitangaben (Datierungen) im durchschnittlichen, alltäglichen Leben für jeden im Miteinandersein verständlich sind. In gewissen Grenzen sind sie eindeutig, so daß man mit ihnen rechnen kann, sich nach ihnen richten kann, sie im besorgenden, alltäglichen Leben nutzen kann.

4. Und Weltlichkeit bedeutet, daß die Zeit, mit der man im besorgenden Alltag umgeht, nicht als die eigene Zeit verstanden wird, nicht als ‚seine', sondern als öffentliche, durch das Man geprägte. Es ist die Zeit, mit der ‚man' rechnet und die ‚es also gibt'. Obgleich sich diese weltliche Zeit aus der Sorge- oder Besorgen-Struktur mit ihrem Um-zu erklärt, folglich als Bewandtniszusammenhang oder Mittel-Zweck-Relation auftritt, bildet ihren Hintergrund die astronomisch-kalendarische Zeit, die sich aus der Rotation der Erde mit ihrem Wechsel von Tag und Nacht oder, wie Heidegger vom phänomenologischen Standpunkt sagt, aus dem Sonnenumlauf ergibt. Als geworfen in die Welt und sich um sich selbst kümmernd (besorgend), erschließt sich das Dasein diesen Lebens- und Zeitrhythmus. Die öffentliche, weltliche Zeit, die über den Einzelnen und seine Erschließungskompetenz hinausgeht, ermöglicht die Innerzeitigkeit, in der alles Zuhandene und Vorhandene auftritt, zu der nicht nur das geschichtliche Sein, sondern auch die außergeschichtliche Natur gehört. Wegen dieser Weltlichkeit nennt Heidegger sie ‚Weltzeit'.

---

24 A.a.O..
25 Vgl. a.a.O., S. 406, 408.
26 Vgl. a.a.O., S. 409.

## 5. Die Vulgärzeit

Die letzte und äußerste Stufe der Ableitungen aus der ursprünglichen Zeitlichkeit des Daseins betrifft die Vulgärzeit, die mit der Uhrzeit zusammenfällt. Sie resultiert aus der Präzisierung und Egalisierung des natürlichen Tag-und-Nachtrhythmus, welcher durch die Erfindung und Einführung der Uhr mechanisch vertaktet, monotonisiert, in gleichmäßige Quanten eingeteilt, kurzum, chronometrisiert wird. Historisch gesehen geschah das über diverse Stufen, angefangen von der antiken Sonnenuhr, die den Schatten eines von der Sonne beschienenen Stabes auf der gegenüberliegenden Seite auf einer Skala wandern ließ, dessen Kontur die Stunden und Minuten, also das Wieviel der Zeit, anzeigte, über die im Mittelalter erfundene Räderuhr, bis hin zur digitalen, elektronischen Quarzuhr oder Atomuhr, deren atomare Ausschläge von ungeheurer Geschwindigkeit und Genauigkeit sind. Mit der mechanischen Vertaktung des natürlichen Rhythmus von Tag und Nacht gewinnt die Uhr und das ihr zugehörige Zeitverständnis die Herrschaft über den natürlichen Lebensbereich, indem sie die Nacht, die für diesen dunkel und unzugänglich ist, zum Tag macht. Auf diese Weise löst sich der Mensch nicht nur von den natürlichen Vorgängen, sondern erhebt sich auch über sie. Durch die absolute Gleichförmigkeit findet die Zeit kein natürliches Ende mehr, sondern öffnet sich sowohl nach vorwärts wie nach rückwärts zur unendlichen homogenen, kontinuierlichen Reihe, der Linearzeit. Während die ‚besorgte' Zeit der vorhergehenden Stufe durchaus noch nicht durchgehend zusammenhängend, sondern löchrig vorgestellt wurde,[27] gestaltet sich die jetzt behandelte Zeit als kontinuierlicher Zusammenhang, der sich ins Unendliche erstreckt und entsprechend unendlich teilbar, metrisierbar und quantifizierbar ist.

Wichtiger noch für den Status dieser Zeit als die Präzisierung ist die Transformation ihrer Zuhandenheit in die Vorhandenheit. Fungierte die Uhr ursprünglich als Gebrauchsgegenstand, als sogenanntes Zeug, nämlich Meßzeug, so avanciert sie jetzt zum bloß noch Vorhandenen, das nicht mehr im umsichtig praktischen Umgang verwendet, also ‚besorgt', sondern nur noch theoretisch „*betrachtet* und begafft"[28] wird. Indem der Blick des Betrachters dem Uhrzeiger auf dem Zifferblatt folgt und bei jedem Punkt ein Jetzt und jetzt wieder Jetzt markiert, fixiert er seinen Blick auf eine rein vorhandene Jetztreihe. Zeit ist hier das Nacheinander immer gleicher entstehender und vergehender und damit vorhandener Jetzte. Das ontologisch Entscheidende liegt für Heidegger darin, daß das Seiende, aus dem die Messung und Zählung erfolgt, als Vorhandenes in seiner Anwesenheit und Gegenwärtigung begegnet, d.h. mit Auszeichnung der Gegenwart.

Die gemessene, die gezählte Zeit, die das Wieviel der Einteilungen registriert, erweist sich von ihrer Struktur her als verschieden von der ursprünglichen endlichen, zukunftsgerichteten Zeit. Die ursprüngliche Geschlossenheit und Endlich-

---

27 Vgl. a.a.O.
28 A.a.O., S. 74.

keit ist aufgegeben zugunsten einer offenen Unendlichkeit. Die einzige Erinnerung an ihre Herkunft mit der Privilegierung der Zukunft ist ihre Irreversibilität.[29]

Für Heidegger ist die beschriebene Zeit nicht nur die von uns im Alltag verwendete – daher der Name ‚Vulgärzeit' –, sondern die von der Tradition präferierte, wobei er sich auf Aristoteles' Zeitdefinition in *Physik*, IV, 11 (219 b 1f) beruft, die die Zeit als „Zahl (Gezähltes) der Bewegung hinsichtlich ihres Früher und Später" bestimmt.

Die Tradition hat diese Zeit die ‚verräumlichte' genannt, weil hier die Zeit auf den Raum projiziert wird, die Messung an zurückgelegten Raumstrecken vorgenommen, die Zählung am Ortswechsel eines räumlichen Dinges, nämlich des Zeigers, bestimmt wird, womit in jeder Hinsicht Raum vorausgesetzt wird.[30] Für Heidegger erklärt sich diese Verräumlichung und Verdinglichung ontologisch weniger aus der Projektion auf den Raum als vielmehr aus der Gegenwart und Anwesenheit des betreffenden Seienden, also aus dem Zusammenhang mit der Gegenwärtigung. Hier legt sich übrigens auch die traditionelle Vorstellung vom *nunc stans*, der stehenden Gegenwart, nahe, ebenso die traditionelle Vorstellung der Ewigkeit.[31]

## 6. Begründung des Übergangs

Für den Übergang von einer Stufe zur anderen, von der ursprünglichen Zeitlichkeit über die Innerzeitigkeit zur Jetztfolge, macht Heidegger zunehmende Defizienzerscheinungen verantwortlich. Er erklärt die Genesis als Abfall, als Verstellung, Verdeckung, Verbergung, analog der Seinsvergessenheit, deren ursprüngliche Fundamente es in einer radikalen Umkehr wieder freizulegen gilt. „Der vulgäre Zeitbegriff verdankt seine Herkunft einer Nivellierung der ursprünglichen Zeit", heißt es in *Sein und Zeit*.[32] Daher wird der Nachweis des Ursprungs des vulgären Zeitbegriffes zugleich zur „Rechtfertigung der früher vollzogenen Interpretation der Zeitlichkeit als *ursprünglicher Zeit*"[33]. Diese Konnotierung erklärt sich daraus, daß wir im alltäglichen Leben selbstvergessen den Dingen hingegeben und in ihnen aufge-

---

29 In der modernen Physik wird die Frage nach der Irreversibilität der Zeit, die sich aus dem zweiten Hauptsatz der Thermodynamik ergibt und mit der Entropie zusammenhängt, kontrovers diskutiert. Astronomisch gesehen werden zu kleine Zeitabschnitte betrachtet, um wirklich von Irreversibilität sprechen zu können. Großräumiger gesehen könnte sich der Prozeß prinzipiell umkehren.
30 Vgl. M. Heidegger: *Sein und Zeit*, a.a.O., S. 418.
31 Vgl. a.a.O., S. 427 Anm. 1.
32 A.a.O., S. 405.
33 A.a.O.

gangen sind, also uneigentlich leben und erst wieder zur Eigentlichkeit, d.h. zur Besinnung und Reflexion gebracht werden müssen.

So sehr Heidegger einerseits eine Destruktion der traditionellen Geschichte betreibt, so sehr ist er andererseits bemüht, dieser ihr Recht, nämlich ihr jeweils beschränktes Recht, zu konzedieren. Es geht ihm nicht um eine Suspendierung der Uhrzeit überhaupt, sondern um ihre angemessene Einstufung in eine Hierarchie der Zeitvorstellungen, und so findet sich denn auf Seite 415 von *Sein und Zeit* eine überraschende Bemerkung vom „Vorzug" der Uhrzeit, wobei die Anführungszeichen die Ambivalenz, wenn nicht die Ironie dieser Bemerkung andeuten. Der Vorzug der Uhrzeit, dieser unendlich offenen, gleichförmigen, kontinuierlichen und quantifizierbaren Zeit, besteht darin, daß sie die Nacht zum Tag macht und sich damit über die natürliche Ordnung der Dinge, den Wechsel von Tag und Nacht, hinwegsetzt. Unabhängig von der Natur, diese beherrschend, ist sie ein Machtinstrument unserer Zeitplanung und unseres Umgangs mit Zeit, die den Menschen zum *maître et possesseur de la nature* avancieren läßt. Diese Zeit ist ganz auf Verfügung, Effizienz und Ökonomie abgestellt, nämlich in möglichst kurzer Zeit möglichst viel zu schaffen und „zu erraffen"[34]. In Anbetracht der Tatsache, daß Bedeutsamkeit und Geeignetheit bzw. Ungeeignetheit der ursprünglichen Zeit hier völlig mißachtet werden und nur noch die Funktionalität der Zeitpunkte im Hinblick auf Planung und Machbarkeit interessiert, kann eine solche Zeit nur als beschnittene bezeichnet werden, nämlich beschnitten um die Dimension der Situierung in lebensweltlichen Kontexten. Grund dieser Beschneidung ist letztlich der defizitäre Mensch, der seine Endlichkeit, seinen bevorstehenden Tod verdrängt. Im Ausleben seiner Hybris und Maßlosigkeit dokumentiert sich zugleich seine Verkümmerung. – Hier klingt Heideggers spätere Technikkritik an, die ihn die neuzeitliche Technik als ‚Gestell', als Manipulation hat sehen lassen, mittels dessen der Mensch sich über die Natur zu erheben und sie zu beherrschen trachtet.[35]

Versucht man eine Einordnung dieser Konnotierung – der negativen wie positiven –, so handelt es sich um eine axiologische Auffassung, um eine praktisch-ethische Bewertung der verschiedenen Zeitstufen und des Menschen auf ihnen, nicht um eine strukturalistische Ableitung, die den Übergang von einer endlichen, geschlossenen, zukunftsorientierten Zeit zu einer unendlich offenen, homogenen, kontinuierlichen, quantifizierbaren Zeit vornähme und damit die Beziehung einer existentialistisch interpretierten zu einer physikalisch-mathematisch orientierten nach strukturellen Kriterien zeigte. Den Aufweis einer solchen strukturellen Ableitung ist Heidegger schuldig geblieben, abgesehen von ganz wenigen Hinweisen. Diesbezüglich hatte es Husserl einfacher, da er die newtonische Raum-Zeit, die er in der natürlichen Einstellung vorfand, in der Innerzeitigkeit wiederentdeckte.

---

34 A.a.O., S. 425.
35 Vgl. zu dieser impliziten, indirekten Technikkritik B. Irlenborn: *Zeitrechnung und Zeitkritik beim frühen Heidegger*, in: R. Le niewski, E. Novak-Juchacz (Hrsg.): *Die Zeit Heideggers*, a.a.O., S. 161-171.

Hier bleibt ein Defizit bei Heidegger zu verzeichnen, das zukünftige Forschung wird ausfüllen müssen, vorausgesetzt, daß sie an diesem Ansatz grundsätzlich festhält.

# Literaturhinweise zu den einzelnen Kapiteln

*Vorsokratiker*

Diels/Kranz: *Die Fragmente der Vorsokratiker*, griechisch und deutsch, von Hermann Diels, hrsg. von Walther Kranz, Bd. 1, 18. Aufl. Hildesheim 1989, Bd. 2, 17. Aufl. Hildesheim 1989.
Ariotti, P. E.: *The Concept of Time in Western Antiquity*, in: Fraser, Julius Thomas; Lawrence, Nathaniel (Hrsg.): *The Study of Time II*, Proceedings of the Second Conference of the International Society for the Study of Time, Lake Yamanaka – Japan, Heidelberg, New York, Berlin 1975, S. 69-80.
Asmis, Elizabeth: *What is Anaximander's Apeiron*, in: *Journal of the History of Philosophy*, Bd. 19 (1981), S. 279-297.
Bignone, Ettore: *Empedocle*. Studio critico, traduzione e commento delle testimonianze e dei frammenti, Turin 1916.
Buchheim, Thomas: *Die Vorsokratiker*. Ein philosophisches Porträt, München 1994.
Burnet, John: *Die Anfänge der griechischen Philosophie* (*Early Greek Philosophy*), aus dem Englischen übersetzt von E. Schenkl, 2. Aufl. Leipzig, Berlin 1913.
Cassirer, Ernst: *Philosophie der symbolischen Formen*, Teil 2: *Das mythische Denken*, 8. unveränd. Aufl. Darmstadt 1987.
Cleve, Felix M.: *The Giants of Pre-sophistic Greek Philosophy*. An Attempt to Reconstruct their Thoughts, Bd. 1, 3. Aufl. The Hague 1973.
Emlyn-Jones, Chris J.: *Heraclitus and the Identity of Opposites*, in: *Phronesis*, Bd. 21 (1976), S. 89-114.
Fränkel, Hermann: *Die Zeitauffassung in der frühgriechischen Literatur*, in: ders.: *Wege und Formen frühgriechischen Denkens*, München 1955, S. 1-22.
Freudenthal, Gad: *The Theory of the Opposites and an Ordered Universe*. Physics and Metaphysics in Anaximander, in: *Phronesis*, Bd. 31 (1986), S. 197-228.
Gebser, Jean: *Ursprung und Gegenwart*, 3 Bde., Schaffhausen 1986, 2. Aufl. 1999.
Gigon, Olaf: *Untersuchungen zu Heraklit*, Leipzig 1935.
ders.: *Der Ursprung der griechischen Philosophie*. Von Hesiod bis Parmenides, Basel 1945.
Gloy, Karen (Hrsg.): *Rationalitätstypen*, Freiburg, München 2000
dies.: *Vernunft und das Andere der Vernunft*, Freiburg, München 2001
dies.: *Zeit*. Eine Morphologie, Freiburg, München 2006.
Hammer, Thomas: *Einheit und Vielheit bei Heraklit von Ephesus*, Würzburg 1989.
Hölscher, Uvo: *Weltzeiten und Lebenszyklus*. Eine Nachprüfung der Empedokles-Doxographie, in: *Hermes*, Bd. 93 (1965), S. 7-33 (jetzt auch: *Anfängliches Fragen*. Studien zur frühen griechischen Philosophie, Göttingen 1968, S. 173-212).
Hübner, Kurt: *Die Wahrheit des Mythos*, München 1985.

Jähne, Armin: *Zeitwahrnehmungen im frühen Griechenland*, in: Chvojka, Erhard; Schwarcz, Andreas; Thien, Klaus (Hrsg.): *Zeit und Geschichte*. Kulturgeschichtliche Perspektiven, Wien, München 2002, S. 59-71.
Leisegang, Hans: *Denkformen*, Berlin, Leipzig 1928.
Mackenzie, Mary M.: *Heraclitus and the Art of Paradox*, in: *Oxford Studies in Ancient Philosophy*, Bd. 6 (1988), S. 1-37.
Mitevski, Vitomir: *Heraclitus' Logos as a Principle of Change*, in: *Antiquité Vivante*, Bd. 44 (1994), S. 45-64.
Momigliano, Arnaldo: *Zeit in der antiken Geschichtsschreibung*, in: ders.: *Wege in die Alte Welt*, Frankfurt a. M. 1995, S. 59-63.
O'Brien, Denis: *Empedocles' Cosmic Cycle*, Cambridge 1969.
Reinhardt: *Heraklits Lehre vom Feuer*, in: *Hermes*, Bd. 77 (1942), S. 1-27.
ders.: *Parmenides und die Geschichte der griechischen Philosophie*, 2. Aufl. Frankfurt a. M. 1959.
Riedel, Manfred: *Arché und Apeion*. Über das Grundwort des Anaximander, in: *Archiv für Geschichte der Philosophie*, Bd. 69 (1987), S. 1-17.
Seligman, Paul: *The Apeiron of Anaximander*. A Study in the Origin and Function of Metaphysical Ideas, London 1962.
Whitrow, Gerald James: *Reflections on the History of the Concept of Time*, in: Fraser, Julius Thomas; Haber, Francis C.; Müller, Gert Heinz (Hrsg.): *The Study of Time*. Proceedings of the First Conference of the International Society for the Study of Time, Oberwolfach, Germany, Heidelberg, New York, Berlin 1972, S. 1-11.
Zeller, Eduard: : *Die Philosophie der Griechen*, 1. Teil, 2. Abt.: *Allgemeine Einleitung. Vorsokratische Philosophie*, 2. Hälfte, 7. Aufl. Darmstadt 1963 (fotomechanischer Nachdruck der von Walter Nestle hrsg. 6. Aufl. Leipzig 1920).

*Platon*

Platon: *Opera*, recognovit Ioannes Burnet, 5 Bde., Oxford 1900-1907, wiederholte Aufl.
ders.: *Sämtliche Werke*, nach der Übersetzung von Friedrich Schleiermacher und Hieronymus Müller, 5. Bde., Hamburg 1959.
Böhme, Gernot: *Zeit und Zahl*. Studien zur Zeittheorie bei Platon, Aristoteles, Leibniz und Kant, Frankfurt a. M. 1974.
Bostock, David: *Plato on Change and Time in the Parmenides*, in: *Phronesis*, Bd. 23 (1978), S. 229-242.
Brague, Rémi: *Du temps chez Platon et Aristote*. Quatre études, Paris 1982.
Bröcker, Walter: *Platos Gespräche*, Frankfurt a. M. 1964, 2. Aufl. 1967.
Callahan, John F.: *Four Views of Time in Ancient Philosophy*, Cambridge (Mass.) 1948.
Cornford, Francis Macdonald: *Plato's Cosmology*. The Timaeus of Plato translated with a running commentary 1957, 7. Aufl. London, Henley 1977.

Gauss, Hermann: Philosophischer *Handkommentar zu den Dialogen Platos in 3 Teilen*, Bern 1954-1961.
Gloy, Karen: *Studien zur platonischen Naturphilosophie im Timaios*, Würzburg 1986.
Mesch, Walter: *Reflektierte Gegenwart*. Eine Studie über Zeit und Ewigkeit bei Platon, Aristoteles, Plotin und Augustinus, Frankfurt a. M. 2003.
Rau, Catherine: *Theories of Time in Ancient Philosophy*, in: *Philosophical Review*, Bd. 62 (1953), S. 514-525.
Rudolph, Enno: *Zeit und Ewigkeit bei Platon und Aristoteles*, in : ders. (Hrsg.): *Zeit, Bewegung, Handlung*. Studien zur Zeitabhandlung des Aristoteles, Stuttgart 1988.
Wyller, Egil A.: *Platons Parmenides in seinem Zusammenhang mit Symposion und Politeia*. Interpretationen zur Platonischen Henologie, Oslo 1960.


*Aristoteles*

Aristoteles: *Physics,* a revised text with introduction and commentary by William David Ross, Oxford 1936, repr. 1979.
Wagner, Hans: *Aristoteles' Physikvorlesung,* Darmstadt 1967.
Annas, Julia: *Aristotle, Number and Time*, in: *Philosophical Quarterly*, Bd. 25 (1975), S. 97-113.
Baekers, Stephan F.: *L'équivoque du temps chez Aristote*, in: *Archives de Philosophie,* Bd. 53 (1990), Nr. 3, S. 461-477.
Barbari , Damir: *Anblick, Augenblick, Blitz*. Ein philosophischer Entwurf zum Seinsursprung, Tübingen 1999.
Barreau, Hervé : *L'instant et le temps selon Aristote*, in: *Revue Philosophique de Louvain*, Bd. 66 (1968), S. 213-238.
Beierwaltes, Werner: Ἐξαίφνης *oder: Die Paradoxie des Augenblicks*, in *Philosophisches Jahrbuch*, 74. Jg. (1966/67), S. 271-283.
Böhme, Gernot: *Zeit und Zahl*. Studien zur Zeittheorie bei Platon, Aristoteles, Leibniz und Kant, Frankfurt a. M. 1974.
Brague, Rémi: *La phénoménologie comme voie d'accès au monde grec*. Note sur la critique de la Vorhandenheit comme modèle ontologique dans la lecture heideggerienne d'Aristote, in: Jean-Luc Marion, Guy Planty-Bonjour (Hrsg.): *Phénoménologie et Metaphysique*, Paris 1984, S. 247-273.
ders.: *Du temps chez Platon et Aristote*, 2. Aufl. Paris 2003.
ders.: *Sur la formule aristotélicienne HO POTE ON*, in: Brague, Rémi: *Du temps chez Platon et Aristote*, 2. Aufl. 2003, S. 97-144.
Bröcker, Walter: Aristoteles, Frankfurt a. M. 1935.
Buchheim, Thomas: *Die Virtualität der Zeit nach Aristoteles*. Online-Text unter www.thomas-buchheim.de/Zeit.PDF (zuletzt am 20. Februar 2007).
Callahan, John F.: *Four Views of Time in Ancient Philosophy*, Cambridge (Mass.) 1948.

Conen, Paul F.: *Die Zeittheorie des Aristoteles*, München 1961.
Dubois, Jacques: *Le temps et l'instant selon Aristote*, Paris 1967.
Goldschmidt, Victor: *Temps physique et temps tragique chez Aristote*, Paris 1982.
Kuhlmann, Hartmut: „*Jetzt*"? Zur Konzeption des νῦν in der Zeitabhandlung des Aristoteles, in: Rudolph, Enno (Hrsg.): *Zeit, Bewegung, Handlung.* Studien zur Zeitabhandlung des Aristoteles, Stuttgart 1988, S. 63-96.
Link, Christian: *Der Augenblick.* Das Problem des platonischen Zeitverständnisses, in: *Die Erfahrung der Zeit.* Gedenkschrift für Georg Picht, hrsg. von Christian Link, Stuttgart 1984, S. 51-84.
Marquardt, Udo: *Die Einheit der Zeit bei Aristoteles*, Würzburg 1993.
Mesch, Walter: *Reflektierte Gegenwart.* Eine Studie über Zeit und Ewigkeit bei Platon, Aristoteles, Plotin und Augustinus. Frankfurt a. M. 2003.
Most, Glenn W.: *Ein Problem der aristotelischen Zeitabhandlung*, in: Rudolph, Enno (Hrsg.): *Zeit, Bewegung, Handlung. Studien zur Zeitabhandlung des Aristoteles*, Stuttgart 1988, S. 11-25.
Owen, Gwilyn L. E.: *Plato and Parmenides on the Timeless Present*, in: *The Monist*, Bd. 50 (1966), S. 317-340.
Puder, Martin: *Die Synkopierung von* ἐξαίφνης *und* νῦν *in Platons „Parmenides" und am Schluss von Faust 2.* Notiz zum Aufsatz von Werner Beierwaltes über das ἐξαίφνης (*Philosophisches Jahrbuch*, 74. Jg. Halbband II, S. 271), in: *Philosophisches Jahrbuch*, 76. Jg. (1968/69), S. 420-422.
Sorabji, Richard: *Time, Creation and the Continuum*, Chicago 1983.
Strobach, Nico: *The Moment of Change.* A Systematic History in the Philosophy of Space and Time, Dordrecht, Boston, London 1998.
Szegedi, Nora: *Die Seele und die Zeit.* Unterschiede zwischen Heideggers und Ricoeurs Deutung der Aristotelischen Definition der Zeit, in: *Mesotes*, Bd. 2 (1992), S. 116-121.
Volpi, Franco: *Chronos und Psyche.* Die aristotelische Aporie von Physik IV, 14, 223 a 16-29, in: Rudolph, Enno (Hrsg.): *Zeit, Bewegung, Handlung.* Studien zur Zeitabhandlung des Aristoteles, Stuttgart 1988, S. 26-62.
Waterlow, Sarah: *Aristotle's Now*, in: *Philosophical Quarterly*, Bd. 34 (1984), No. 135, S. 104-128.
Wieland, Wolfgang: *Die aristotelische Physik.* Untersuchungen über Grundlegung der Naturwissenschaft und die sprachlichen Bedingungen der Prinzipienforschung bei Aristoteles, Göttingen 1962.

*Plotin*

Plotin: *Opera*, ed. Paul Henry et Hans-Rudolf Schwyzer (Editio maior), 2 Bde., Paris, Bruxelles 1951 und 1959.
ders.: *Über Ewigkeit und Zeit (Enneade III 7)*, übersetzt, eingeleitet und kommentiert von Werner Beierwaltes, Frankfurt a. M. 1967, 3., erg. Aufl. 1981.

Callahan, John F.: *Four Views of Time in Ancient Philosophy*, Cambridge (Mass.) 1948.
Cho, Kyu-Hong: *Zeit als Abbild der Ewigkeit*. Historische und systematische Erläuterungen zu Plotins Enneade III 7, Frankfurt a. M. 1999.
Clark, Gordon H.: *The Theory of Time in Plotinus*, in: Philosophical Review, Bd. 53 (1944), S. 337-358.
Heinemann, Fritz: *Plotin*. Forschungen über die Plotinische Frage, Plotins Entwicklung und sein System, Leipzig 1921.
Jonas, Hans: *Plotin über Ewigkeit und Zeit,* in: *Politische Ordnung und menschliche Existenz*, Festgabe für Eric Voegelin zum 60. Geburtstag, hrsg. von Alois Dempf, Hannah Arndt, Friedrich Engel-Janosi, München 1962, S. 295-319.

*Augustin*

Augustinus Aurelius: *De civitate dei*, hrsg. von Beradus Dombart und Alfons Kalb; Turnhout 1955.
ders.: *Vom Gottesstaat*, eingeleitet und übertragen von Wilhelm Thimme, 2 Bde., Zürich 1955.
ders.: *Confessiones – Bekenntnisse*, lateinisch und deutsch, eingeleitet, übersetzt und erläutert von Joseph Bernhart, München 1955, 3. Aufl. 1966.
Berlinger, Rudolf: *Zeit und Zeitlichkeit bei Augustin*, in: *Zeitschrift für philosophische Forschung*, Bd. 7 (1953), S. 493-510.
Boros, Ladislaus: *Das Problem der Zeitlichkeit bei Augustinus*, Diss. München 1954.
Brunner, Peter: *Zur Auseinandersetzung zwischen antikem und christlichem Zeit- und Geschichtsverständnis bei Augustin*, in: *Zeitschrift für Theologie und Kirche*, Bd. 14 (1933), S. 253-286.
Callahan, John F.: *Four Views of Time in Ancient Philosophy*, Cambridge (Mass.) 1948.
ders.: *Gregory of Nyssa and the Psychological Views of Time*, in: *Proceedings of the XIth International Congress of Philosophy*, Florence 1960, S. 59-66.
Duchrow, Ulrich: *Der sogenannte psychologische Zeitbegriff Augustins im Verhältnis zur physikalischen und geschichtlichen Zeit*, in: *Zeitschrift für Theologie und Kirche*, Bd. 63 (1966), S. 267-288.
Dyson, Robert W.: *St. Augustine's Remarks on Time*, in: *The Downside Review*, Bd. 100 (1982), S. 221-230.
Flasch, Kurt: *Augustin*. Einführung in sein Denken, Stuttgart 1980, 3. bibliographisch erg. Aufl. 2003.
ders.: *Was ist Zeit?* Augustinus von Hippo. Das XI. Buch der Confessiones. Historisch-systematische Studie, Frankfurt a. M. 1993.
Gilson, Etienne: *Notes sur l'être et le temps chez St. Augustin*, in: *Recherches Augustiniennes*, Bd. 2 (1962), S. 204-223.
Gutwengler, Engelbert: *Der Zeitbegriff bei Augustinus*, Diss. Würzburg 1953.

Haeffner, Gerd: *Bemerkungen zur augustinischen Frage nach dem Wesen der Zeit im XI. Buch der Confessiones*, in: *Theologie und Philosophie*, Bd. 63 (1988), S. 569-578.
Herrmann, Friedrich-Wilhelm v.: Augustinus *und die phänomenologische Frage nach der Zeit*, Frankfurt a. M. 1992.
Janich, Peter: *Augustins Zeitparadox und seine Frage nach einem Standard der Zeitmessung*, in: *Archiv für Geschichte der Philosophie*, Bd. 54 (1972), S. 168-186.
Kreuzer, Johann: *Augustins Theorie der Zeit*, in: Alliez, Eric u.a. (Hrsg.): *Metamorphosen der Zeit*, München 1999, S. 243-259.
Lechner, Odilo: *Idee und Zeit in der Metaphysik Augustins,* München 1964.
Rudolph, Enno: *Einheit und Differenz*. Anmerkungen zu Augustins Zeitauffassung im XI. Buch der „Confessiones", in: Gloy, Karen und Rudolph, Enno (Hrsg.): *Einheit als Grundfrage der Philosophie*, Darmstadt 1985, S. 102-119.
Schobinger, Jean-Pierre: *Augustins Begründung der „inneren Zeit"*, in: *Schweizer Monatshefte*, Bd. 46 (1966/67), S. 179-192.
Simon, Werner: *Zeit und Zeitbewußtsein nach den „Confessiones" des Aurelius Augustinus*, in: *Wissenschaft und Weisheit*, Bd. 49 (1986), S. 30-43.
Steinhoff, Martin: *Zeitbewußtsein und Selbsterfahrung*. Studien zum Verhältnis von Subjektivität und Zeitlichkeit im vorkantischen Empirismus und in den Transzendentalphilosophien Kants und Husserls, 2 Bde., Würzburg 1983, bes. 30 ff.


*Newton*

Newton, Isaac: *Philosophiae naturalis principia mathematica*, Cambridge 1676, dt. *Mathematische Prinzipien der Naturlehre*, hrsg. von Jakob Philipp Wolfers, Darmstadt 1963 (unveränderter fotomechanischer Nachdruck der Ausgabe Berlin 1872).
ders.: *Optics*: or, *A treatise of the Reflections, Refractions, Inflections and Colours of Light*, in: ders.; *Opera quae exstant omnia*, Faksimile-Neudruck der Ausgabe von Samuel Horsley, London 1779-1785 in 5 Bden., Stuttgart-Bad Cannstatt 1969, Bd. 4.
Breger, Herbert: *Zeitvorstellungen in der frühneuzeitlichen Naturwissenschaft und Mathematik*, in: Heinemann, Gottfried: *Zeitbegriffe*. Ergebnisse des interdisziplinären Symposiums „Zeitbegriff der Naturwissenschaften, Zeiterfahrung und Zeitbewußtsein" (Kassel 1983), Freiburg, München 1986, S. 187-209.
Capeillères, Fabien: *Kant philosophie newtonien*, Paris 2004.
Gloy, Karen: *Die Leibniz-Clarke-Kontroverse*, in: dies.: *Studien zur theoretischen Philosophie Kants*, Würzburg 1990, S. 16-25.
Heuser, Harro: *Der Physiker Gottes*. Isaac Newton oder Die Revolution des Denkens, Freiburg i. Br. 2005.
Nolen, Désiré: *Die Lehrer Kants*, übersetzt, eingeleitet und hrsg. von Klaus H. Fischer, Schutterwald/Baden 2005.

Stein, Howard: Newtonian Space-Time, in: Palter, Robert (Hrsg.): The Annus Mirabilis of Sir Isaac Newton 1666-1966, Cambridge (Mass.) 1967, S. 258-284.

*Kant*

Kant, Immanuel: *Gesammelte Schriften*, hrsg. von der Königlich Preußischen Akademie der Wissenschaften, Bd. 1 ff, Berlin 1902 ff.
ders.: *Kritik der reinen Vernunft*, 2. verb. Aufl. Riga 1787, unveränderter Neudruck der von Raymund Schmidt besorgten Ausgabe (nach der zweiten durchgesehenen Auflage von 1930), Hamburg 1956.
Axelos, Christos: *Kausalverknüpfung und objektive zeitliche Sukzession bei Kant*, in: *Studia philosophica*, Bd. 18 (1958), S. 15-26.
Baumanns, Peter: *Anschauung, Raum und Zeit bei Kant*, in: Heidemann, Ingeborg und Ritzel, Wolfgang (Hrsg.): *Beiträge zur Kritik der reinen Vernunft 1781-1981*, Berlin, New York 1981, S. 69-125.
Bröcker, Walter: *Kant über Metaphysik und Erfahrung*, Frankfurt a. M. 1970.
Carrier, Martin: *How to tell causes from effects*. Kant's causal theory of time and modern approaches, in: *Studies in History and Philosophy of Science*, Bd. 34 (2003), S. 59-71.
Düsing, Klaus: *Objektive und subjektive Zeit*. Untersuchungen zu Kants Zeittheorie und zu ihrer modernen kritischen Rezeption, in: *Kant-Studien*, Bd. 71 (1980), S. 1-34.
Ewing, Alfred Cyril: *Kant's Treatment of Causality*, London 1924, 2. Aufl. Oxford 1969.
Falkenstein, Lorne: *Kant, Mendelssohn, Lambert, and the Subjectivity of Time*, in: Journal of the History of Philosophy, Bd. 29, Nr. 2 (1991), S. 227-251.
ders.: *Kant's First Argument in the Metaphysical Expositions*, in: Proceedings of the Sixth International Kant Congress II, 1, Lankam MD 1989, S. 219-227.
Gloy, Karen: *Die Kantische Theorie der Naturwissenschaft*, Berlin, New York 1976.
dies.: *Studien zur theoretischen Philosophie Kants*, Würzburg 1990.
Hacyan, Shahen: *On the Transcendental Ideality of Space and Time in Modern Physics*, in: *Kant-Studien*, Bd. 97 (2006), S. 382-395.
Kaulbach, Friedrich: *Kants Beweis des „Daseins der Gegenstände im Raum außer mir"*, in: *Kant-Studien*, Bd. 50 (1958/59), S. 323-347.
ders.: *Die Metaphysik des Raumes bei Leibniz und Kant*, Köln 1960.
ders.: *Das Prinzip der Bewegung in der Philosophie Kants*, in: *Kant-Studien*, Bd. 54 (1963), S. 3-16.
ders.: *Der philosophische Begriff der Bewegung*. Studien zu Aristoteles, Leibniz und Kant, Köln, Graz 1965.
Krüger, Gerhard: *Über Kants Lehre von der Zeit*, in: *Anteile*. Festschrift für Martin Heidegger zum 60. Geburtstag, Frankfurt a. M. 1950, S. 178-211.

Reichenbach, Hans: *Philosophie der Raum-Zeit-Lehre*, Berlin, Leipzig 1918 (wiederabgedruckt in ders.: *Gesammelte* Werke, hrsg. von Andreas Kamlah und Maria Reichenbach 1977), Bd.2, Braunschweig 1977).

ders.: *Relativitätstheorie und Erkenntnistheorie a priori*, Berlin 1920.

Riehl, Alois: *Der philosophische Kritizismus*. Geschichte und System, 3 Bde., 2. Aufl. Leipzig 1908-1926.

Rohs, Peter: *Transzendentale Ästhetik*, Meisenheim a. Glan 1973.

ders.: *Transzendentale Apperzeption und ursprüngliche Zeitlichkeit*, in: *Zeitschrift für philosophische Forschung*, Bd. 31 (1977), S. 191-216.

Sachta, Peter: *Die Theorie der Kausalität in Kants „Kritik der reinen Vernunft"*, Meisenheim a. Glan 1975.

Scholz, Heinrich: *Das Vermächtnis der Kantischen Lehre vom Raum und von der Zeit*, in: *Kant-Studien*, Bd. 24 (1924), S. 21-69.

ders.: *Eine Topologie der Zeit im Kantischen Sinne*, in: *Dialectica*, Bd. 9 (1955), S. 66-113.

Steinhoff, Martin: *Zeitbewußtsein und Selbsterfahrung*. Studien zum Verhältnis von Subjektivität und Zeitlichkeit im vorkantischen Empirismus und in den Transzendentalphilosophien Kants und Husserls, 2 Bde., Würzburg 1983, bes. S. 163 ff.

Strawson, Peter Frederick: *The Bounds of Sense*. An Essay on Kant's Critique of Pure Reason, London 1966.

Willaschek, Markus: *Der transzendentale Idealismus und die Idealität von Raum und Zeit*, in: *Zeitschrift für philosophische Forschung*, Bd. 51 (1997), S. 537-564.

*Husserl*

Husserl, Edmund: *Zur Phänomenologoes des inneren Zeitbewusstseins (1893-1917)*, hrsg. von Rudolf Boehm, in: ders. *Gesammelte Werke* (*Husserliana*), Bd. 10, Haag 1966 (Neudruck 1969).

ders.: *Texte zur Phänomenologie des inneren Zeitbewusstseins (1893-1917)*, hrsg. und eingeleitet von Rudolf Bernet, Text nach Husserliana, Bd. X, Hamburg 1985

ders.: *Phänomenologie der Lebenswelt*. Ausgewählte Texte II, mit einer Einleitung hrsg. von Klaus Held, Stuttgart 1986, S. 23-31.

Becker, Ralf: *Sinn und Zeitlichkeit*. Vergleichende Studien zum Problem der Konstitution von Sinn durch die Zeit bei Husserl, Heidegger und Bloch, Würzburg 2003, bes. S. 57 ff.

Beils, Karl Bernhard: *Transzendenz und Zeitbewußtsein*. Zur Grenzproblematik des transzendental-phänomenologischen Idealismus, Bonn 1987.

Bernet, Rudolf: *Die ungegenwärtige Gegenwart*. Anwesenheit und Abwesenheit in Husserls Analyse des Zeitbewußtseins, in: *Phänomenologische Forschungen*, Bd. 14 (1983), S. 16-57.

ders.; Kern, Iso; Marbach, Eduard: *Edmund Husserl*. Darstellung seines Denkens, Hamburg 1989, S. 96-107.

Bieri, Peter: *Zeit und Zeiterfahrung.* Exposition eines Problembereichs, Frankfurt a. M. 1972, bes. S. 188-200.
Brand, Gerd: *Welt, Ich und Zeit,* Den Haag 1955.
Bröcker Walter: *Husserls Lehre von der Zeit,* in: *Philosophia Naturalis,* Bd. 4 (1957), S. 374-379.
Diemer, Alwin: *Edmund Husserl.* Versuch einer systematischen Darstellung seiner Philosophie, Meisenheim a. Glan 1956.
Eigler, Gunther: *Metaphysische Voraussetzungen in Husserls Zeitanalysen,* Meisenheim a. Glan 1961.
Held, Klaus: *„Lebendige Gegenwart".* Die Frage nach der Seinsweise des transzendentalen Ich bei Edmund Husserl, entwickelt am Leitfanden der Zeitproblematik, Diss. Düsseldorf 1963, publiziert Den Haag 1966.
Herrmann, Friedrich-Wilhelm v.: *Augustinus und die phänomenologische Frage nach der Zeit,* Frankfurt a. M. 1992, bes. S. 145 ff.
Obsieger, Bernhard: *Die Anschauung des Werdens. Zu Husserls Theorie des Zeitbewusstseins,* in: *Phänomenologische Forschungen,* Jg. 2006, S. 159-187.
Orth, Ernst Wolfgang (Hrsg.): *Zeit und Zeitlichkeit bei Husserl und Heidegger,* Freiburg i. Bg., München 1983.
Pieper, Hans-Joachim: *Zeitbewußtsein und Zeitlichkeit.* Vergleichende Analysen zu Edmund Husserls „Vorlesungen zur Phänomenologie des inneren Zeitbewußtseins" (1905) und Maurice Merleau-Pontys „Phänomenologie der Wahrnehmung" (1945), Frankfurt a. M., Berlin, Bern, New York, Paris, Wien 1993.
Potępa, Maciej: *Der Begriff der Zeit bei Husserl,* in: Leśniewski, Norbert; Nowak-Juchacz, Ewa (Hrsg.): *Die Zeit Heideggers,* Frankfurt a. M., Berlin, Bern, Brüssel, New York, Oxford, Wien 2002 (Dia-Logos, Bd. 2), S. 89-111.
Schnell, Alexander: *Das Problem der Zeit bei Husserl.* Eine Untersuchung über die husserlschen Zeitdiagramme, in: *Husserl Studies,* Bd. 18 (2002), S. 89-122.
Seebohm, Thomas M.: Zur *Kritik der hermeneutischen Vernunft,* Bonn 1972, bes. S. 60 ff.
Steinhoff, Martin: *Zeitbewußtsein und Selbsterfahrung.* Studien zum Verhältnis von Subjektivität und Zeitlichkeit im vorkantischen Empirismus und in den Transzendentalphilosophien Kants und Husserls, 2 Bde., Würzburg 1983, bes. Bd. 2, S. 614 ff.

*Heidegger*

Heidegger, Martin: *Gesamtausgabe,* Ausgabe letzter Hand, Frankfurt a. M. 1975 ff.
ders.: *Der Zeitbegriff in der Geschichtswissenschaft* (1916), in: *Frühe Schriten (1912-1916),* hrsg. von Friedrich-Wilhelm v. Herrmann (*Gesamtausgabe,* Bd.1), Frankfurt a. M. 1978.
ders.: *Der Begriff der Zeit. Vortrag vor der Marburger Theologischen Gesellschaft Juli 1924,* hrsg. von Hartmut Tietjen, 2. Aufl. Tübingen 1995.

ders.: *Prolegomena zur Geschichte des Zeitbegriffs. Marburger Vorlesung SS 1925*, hrsg. von Petra Jaeger (*Gesamtausgabe*, Bd. 20), Frankfurt a. M. 1979.

ders.: *Sein und Zeit* (1927), 18. Aufl. Tübingen 2001.

ders.: *Die Grundprobleme der Phänomenologie. Marburger Vorlesung SS 1927*, hrsg. von Friedrich-Wilhelm v. Herrnmann (*Gesamtausgabe*, Bd. 24), Frankfurt a. M. 1975.

Figal, Günter: *Martin Heidegger*. Phänomenologie der Freiheit, Frankfurt a. M. 1991.

ders.: *Martin Heidegger zur Einführung*, Hamburg 1992. 3. verb. Aufl. Hamburg 1999.

Fleischer, Margot: *Die Zeitanalysen in Heideggers „Sein und Zeit"*. Aporien, Probleme und ein Ausblick, Würzburg 1991.

Heinz, Marion: *Der Zeitbegriff im Frühwerk Martin Heideggers*, in: Leśniewski, Norbert; Nowak-Juchacz, Ewa (Hrsg.): *Die Zeit Heideggers*, Frankfurt a. M. 2002, S. 9-33.

Irlenborn, Bernd: *Zeitrechnung und Zeitkritik beim frühen Heidegger*, in: Leśniewski, Norbert; Novak-Juchacz, Ewa (Hrsg.): *Die Zeit Heideggers*, Frankfurt a. M. 2002, S. 161-171.

Kisiel, Theodore: *Der Zeitbegriff beim frühen Heidegger (um 1925)*, in: ders.: *Zeit und Zeitlichkeit bei Husserl und Heidegger*, Freiburg, München 1983, S. 192-211.

ders.: *The Genesis of Heidegger's Being and Time*, Berkeley, Los Angeles, London 1993, First Paperback Printing 1995.

Orth, Ernst Wolfgang (Hrsg.): *Zeit und Zeitlichkeit bei Husserl und Heidegger*, Freiburg i. Br., München 1983.

Pöggeler, Otto: *Heidegger und die hermeneutische Theologie*, in: *Verifikationen*. Festschrift für Gerhard Ebeling zum 70. Geburtstag, hrsg. von Eberhard Jüngel, Johannes Wallmann und Wilfrid Werbeck, Tübingen 1982, S. 475-498.

Tugendhat, Ernst: *Heidegger und Bergson über die Zeit*, in: *Das Argument*, Bd. 194 (1992), S. 573-584.